KATHRIN PASSIG | ALEKS SCHOLZ

Handbuch für Zeitreisende

Von den Dinosauriern bis zum Fall der Mauer

Rowohlt · Berlin

Originalausgabe
Veröffentlicht im Rowohlt · Berlin Verlag, Juni 2020
Copyright © 2020 by Rowohlt · Berlin Verlag GmbH, Berlin
Innengestaltung und Icons Daniel Sauthoff
Satz Questa bei Dörlemann Satz, Lemförde
Druck und Bindung CPI books GmbH, Leck, Germany
ISBN 978-3-7371-0085-4

Die Rowohlt Verlage haben sich zu einer nachhaltigen Buchproduktion
verpflichtet. Gemeinsam mit unseren Partnern und Lieferanten setzen
wir uns für eine klimaneutrale Buchproduktion ein, die den Erwerb von
Klimazertifikaten zur Kompensation des CO_2-Ausstoßes einschließt.
www.klimaneutralerverlag.de

MIX
Papier aus verantwor-
tungsvollen Quellen
FSC® C083411

Inhalt

TEIL I

113 Ideen für Zeitreisen:
Sehen, Staunen, Erleben
29

TEIL II

Weltverbesserung:
So einfach ist das
173

TEIL III

Praktische Informationen
für Zeitreisende
253

Einleitung:
Warum Sie dieses Buch brauchen

Die goldene Ära des Zeitreisens ist angebrochen. Zeitreisen sind heute sicherer, komfortabler und erschwinglicher denn je. Das eröffnet endlose Möglichkeiten für aufregende oder erholsame Ausflüge in die Vergangenheit. Vorbei die Zeiten, in denen man immer wieder in dieselben Jahre reiste, weil das Angebot überschaubar war. Vorbei auch das Problem mit den Nachbarn, die genau dieselben Fotos von ihren Urlauben mitbrachten wie Sie. Für eine Weile sah es so aus, als bestünde die Menschheitsgeschichte nur aus wenigen Momenten: Sonnenbaden auf der Doggerbank, großer Brand von Rom, Ausbruch des Vesuvs, Krönung von Queen Victoria und diese eine Minute, in der die Schiffe von Kolumbus vor der Küste der Bahamas auftauchen.

Heute haben Sie die Qual der Wahl zwischen Hunderten Reisezielen auf allen Kontinenten, verteilt über Millionen Jahre Erdgeschichte. Wir erleben den Übergang von der Pauschalreise zum Individualurlaub. Zeitreisende genießen ein ungeahntes Maß an Freiheit bei der Gestaltung ihres Urlaubs in der Vergangenheit. Mehr Freiheit bedeutet aber auch mehr Verantwortung, mehr Vorbereitung und mehr Wissen. Mit anderen Worten: Sie benötigen dringend einen neuen Reiseführer.

Dieses Buch ist eine Anleitung zum Zeitreisen in die Vergangenheit. Es richtet sich an Leserinnen und Leser, die ein Interesse an Zeitreisen oder ein Interesse an der Vergangenheit haben, also praktisch an alle. Wollten Sie schon immer herausfinden, wie Bachs Kantaten zu Bachs Zeiten geklungen haben, aufgeführt unter Leitung des Komponisten? Möchten Sie einmal vom Schnauben der Auerochsen geweckt werden? Mit Emmi Noether mathematische Rätsel diskutieren? Das Elmo-Ereignis aus nächster Nähe besichtigen? Urlaub auf einem mittelalterlichen isländischen Bauernhof machen? Kakao trinken mit Kukulkan? Der Entstehung des Mittelmeers beiwohnen? Eine Erde sehen, die nur aus brodelnder Lava besteht? Städte besuchen, die es nicht mehr gibt? Zivilisationen, die vergangen und vergessen sind? Oder nur die Lieblingseissorte aus Ihrer Kindheit noch einmal probieren? Gefällt Ihnen die Idee, in die gute alte Zeit zurückzukehren, wo auch immer sie sein mag? Möchten Sie ganz abschalten, kein Internet, kein Telefon, kein Handy, weil nichts davon erfunden ist? Die Kinder in einer Zeit ohne Atombomben und Umweltverschmutzung aufwachsen lassen? Alles, was Sie brauchen, ist eine Zeitmaschine und dieses Buch.

Es enthält viele neue Ideen für Zeitreisen, jeweils mit detaillierten Hintergrundinformationen und nützlichen Ratschlägen. Sie haben die Wahl zwischen ausgetretenen Pfaden und exotischen Zielen, zwischen Erholung und Extremsport, zwischen kurzen Wochenendausflügen und langen Expeditionen. Wer für ein Wochenende ins Königreich Neapel verreist, kann alles im Voraus buchen und wird vor Ort kaum Überraschungen erleben. Andere Reisen in die Vergangenheit können unbequem oder gar lebensgefährlich sein. Sind die Bewohner von Tiwanaku Menschenfresser, Außerirdische oder zuvorkommende Gastgeber? Wovon kann man sich in der Kreidezeit ernähren? Wie vermeidet man die unsäglich hässlichen Krankheiten, von denen es in manchen Vergangenheiten nur so wimmelt? Soll man sich in die Nähe von Kriegen wagen oder lieber nicht? Was isst man, wo schläft man, und wie benimmt man sich? Der umfangreiche Ratgeberteil am Ende des Buchs gibt Antworten.

Dies ist kein normaler Zeitreiseführer. Deshalb werden Sie ein paar der erwartbarsten Reiseziele hier nicht finden. Sie brauchen uns nicht, um das antike Rom, das alte Byzanz, die Seidenstraße oder den Hof von Versailles zu Zeiten Ludwigs XIV. zu besuchen. Wir legen den Schwerpunkt auf neue Erlebnisse, überraschende Einblicke in die Geschichte und neue Aspekte altbekannter Urlaubszeiten.

Dabei raten wir zu einer Abkehr von den üblichen Vorurteilen. Für die einen war früher alles besser, für die anderen besteht das Vergangene ausschließlich aus Seuchen, Kriegen und schlecht beheizten Wohnzimmern. Beide Ansichten sind nicht völlig unberechtigt, aber sie beruhen auf einem einseitigen Bild. Die Vergangenheit ist kein Entwicklungsland und nicht nur eine etwas dümmere Version der Gegenwart. Sie ist auch kein Zoo, kein Kuriositätenkabinett, kein exotisches Land, sondern eine eigene Welt, so wie unsere. Genauer gesagt *ist* sie unsere Welt, und Zeitreisende sollten sich dessen immer bewusst sein.

Außerdem wollen wir zu einem verantwortungsvollen Umgang mit der Vergangenheit anregen. Das heißt unter anderem: keine albernen anachronistischen Scherze.

Kein Anlegen von Steinkreisen, nur um die Historiker der Zukunft zu verwirren. Kein Zurücklassen von Müll, kein Schmuggel mit Objekten aus der Vergangenheit. Und bitte in der Vergangenheit nicht als Prophetin auftreten, die alles schon weiß, bevor es geschieht.

Wir möchten, dass Sie im Urlaub etwas dazulernen, mehr noch, es wäre gut, wenn die Welt nach Ihrem Urlaub ein klein bisschen besser wäre, oder zumindest nicht schlechter. Sie werden selbst nichts davon haben, weil die Gegenwart, in die Sie nach dem Urlaub zurückkehren, durch Ihr Tun unangetastet bleibt (warum das so ist, werden wir noch erklären). Die gute Tat in der Vergangenheit ist pure Selbstlosigkeit. Sind Sie dazu imstande?

Sie sollten jedoch wissen, an welchen Stellen Sie verbessernd eingreifen können, und auch dafür bietet dieses Buch eine Anleitung. Möchten Sie dem Fortschritt mit einem sanften Schubs auf die Sprünge helfen? Vielleicht können Sie sich nützlich machen, indem Sie Informationen aus der Vergangenheit in die Gegenwart transportieren, zum Wohle der Wissenschaft? Können Sie Personen in der Vergangenheit von Dummheiten abhalten? Wo fängt man am besten damit an? Oder haben Sie höhere Ansprüche? Möchten Sie den Buchdruck ein paar tausend Jahre früher erfinden und damit den Lauf der Geschichte beschleunigen? Oder Hitler aus dem Weg räumen und damit den Holocaust ungeschehen machen? Kann man das überhaupt? Können Sie das?

Zeitreisen sind heute so sicher wie Bahnreisen. Sie können sich darauf verlassen, dass die hier beschriebenen Routen in die Vergangenheit geprüft und getestet sind. Alle von zugelassenen Zeitreiseanbietern verwendeten Strecken müssen hohe Standards an Stabilität und Haltbarkeit erfüllen. Sie können auch sicher sein, dass die Route noch existiert, wenn Sie zurück in die Gegenwart möchten. Nur noch selten stranden Touristen in der Vergangenheit und müssen mühsam auf dem konventionellen Weg, einen Tag nach dem anderen, zurückreisen. Nur noch selten landen sie versehentlich im falschen Jahr, zum Beispiel im Berlin des Jahres 1945 statt 1845, was für Touristen einen enormen Unterschied macht. Sie bekommen heute ziemlich sicher das, was Sie gebucht haben.

Das größte Risiko für Zeitreisende ist weiterhin die Geschichte selbst. Unsere Kenntnisse über vergangene Epochen sind immer noch lückenhaft und unsicher. Das klingt paradox, denn noch nie war die Vergangenheit so leicht zugänglich wie heute. Aber zum einen gibt es einfach sehr viel vergangene Zeit, deren Erforschung in die knappen Arbeitstage an einer Universität passen muss, zusammen mit Lehre und Verwaltung. Dieses Problem verschärft sich weiter, seit das Eröffnen von Tourismusunternehmen sich als wesentlich lukrativer erwiesen hat als eine universitäre Laufbahn als Historiker, Archäologin oder Paläontologe. Vereinfacht gesagt: Je weiter man zurückkreist, umso wackliger wird der Stand der Wissenschaft. Gute Reiseführer (so wie dieser) werden Sie auf diesen Umstand hinweisen und Ihnen sagen, an welchen Stellen wir etwas nicht genau wissen.

Der Vorteil des Zeitreisens: Wenn ein Urlaubsort einmal gut erforscht ist, dann besteht keinerlei Gefahr, am Ende etwas völlig anderes vorzufinden. Hotels können nicht teurer werden oder gar verschwinden. Vulkane können es sich nicht anders überlegen und drei Wochen früher ausbrechen. Die Informationen in Zeitreiseführern veralten nur, wenn die Geschichtsforschung vorankommt, aber nicht, weil sich die Vergangenheit auf einmal ändert.

Welche Zeitform beim Schreiben über die erlebte Vergangenheit zu verwenden ist, darüber streiten sich Enthusiasten und Expertinnen seit langer Zeit. Wie schreibt man über ein Ereignis, das vergangen und abgeschlossen ist, wenn man gerade dabei zusieht? Ist das noch Vergangenheit oder schon Gegenwart? Wie beschreibt man ein Ereignis, das in der eigenen Vergangenheit liegt, das man aber vermeidet, indem man zurückkreist und eine andere Entscheidung trifft, zum Beispiel nicht das rote, sondern das grüne Kabel durchtrennt? Ist das noch Zukunft oder schon Vergangenheit? Manche gehen so weit, völlig neue Zeitformen einzuführen. In Douglas Adams' Buch «Das Restaurant am Ende des Universums», einem frühen Tatsachenbericht über extreme Zeitreisen, erwähnt der Autor das Werk eines gewissen Dr. Dan Streetmaker mit dem Titel «Das Handbuch der 1001 Tempusbildungen für den Reisenden durch die Zeit», das unter anderem die Zeitform des *Futurum des semiconditional modifizierten sub-umgedrehten Intentionals des subjunktiven Praeteritum Plagalis* erklärt. Der Autor bemerkt allerdings auch, dass alle nachfolgenden Seiten in diesem Handbuch leer bleiben, weil danach sowieso niemand mehr weiterliest. In Wahrheit gibt es schon ohne Zeitreisen viel zu viele Zeitformen. Man benötigt für Zeitreisen keine neuen. Im Zweifelsfall kann man dazusagen, welches Jahr man meint und in welchem Jahr man sich gerade aufhält, eine Präzision, die man mit Grammatik allein kaum erzielen wird. Penible Gemüter können zusätzlich zu jedem Satz vierdimensionale Koordinaten im Raum-Zeit-Kontinuum angeben.

Große Teile dieses Buches sind im Präsens geschrieben, obwohl alle Reiseziele in der Vergangenheit liegen. Für Zeitreisende handelt es sich in jedem Fall um Gegenwart. Wer über die Vergangenheit in der Vergangenheitsform redet, kommt leicht auf die Idee, sie sei fixiert und unveränderbar, eine Art geschützte Zone, in der alles immer gleich bleibt und die eigenen Entscheidungen keinerlei Konsequenzen haben, weil sowieso alles so geschehen wird, wie es in den Geschichtsbüchern steht. Wer die Geschichte als Vergangenes abhakt, wird sie für etwas Langweiliges, Statisches, Lebloses halten. Oder andersherum, in den Worten des britischen Historikers Ian Mortimer: «Sobald man sich die Vergangenheit als etwas Geschehendes vorstellt (und nicht als Geschehenes), wird es möglich, Geschichte ganz neu wahrzunehmen.»

Eine letzte Bemerkung. Falls Sie zu den Leuten gehören, die Bücher selten bis zum Ende lesen: Machen Sie, bevor Sie diesen Reiseführer aus der Hand legen, eine kleine Zeitreise in die Zukunft und schauen Sie wenigstens ins Nachwort. Es ist nämlich ganz gut.

Eine kurze Geschichte
der Zeitreise

Zeitreisen sind heute so selbstverständlich geworden, dass es Überwindung kostet, uns eine Welt ohne Urlaub in der Vergangenheit vorzustellen. Aber in einer noch gar nicht lange zurückliegenden Vergangenheit sind Zeitreisen einerseits sehr teuer, andererseits mit vielen technischen Unwägbarkeiten verbunden. Noch ein paar Jahre davor streiten sich Wissenschaftler darüber, ob Zeitreisen prinzipiell möglich sind, und wenn ja, was das für Konsequenzen haben könnte. Die Geschichte des Zeitreisens ist selbst eine faszinierende Zeitreise, mit erstaunlichen Entdeckungen, aber auch vielen Irrwegen.

Die seriöse Wissenschaft des Zeitreisens beginnt mit Albert Einsteins Relativitätstheorien, von denen es zwei gibt, eine Spezielle und eine Allgemeine. Die Spezielle Relativitätstheorie erschließt schon im 20. Jahrhundert einen Weg, ein kleines bisschen in die Zukunft zu verreisen. Laut dieser Theorie hängt das Vergehen der Zeit davon ab, wie schnell man sich fortbewegt. Ein Mensch, der in einem Raumschiff die Erde verlässt und mit erheblicher Geschwindigkeit zu einem anderen Planeten verreist, wird langsamer altern als einer, der auf der Erde bleibt. Wenn das Raumschiff zurückkehrt, dann ist auf der Erde mehr Zeit vergangen als im Raumschiff. Reisende befinden sich – aus ihrer Sicht – in der Zukunft. Diesen Effekt weist man im Jahr 1971 zum ersten Mal nach, indem man sehr genaue Uhren eine Weile in Flugzeugen hin- und herbewegt. Man kann natürlich auch in die Zukunft gelangen, indem man sich hinsetzt und einfach abwartet. Wir können gar nicht anders, als in die Zukunft zu reisen, eine Sekunde pro Sekunde.

So viel zur Zukunft. Die Vergangenheit ist, was Zeitreisen angeht, deutlich interessanter. Aus der Speziellen Relativitätstheorie lernt man, dass Licht eine bestimmte Geschwindigkeit hat. Die Teilchen des Lichts legen 300 000 Kilometer pro Sekunde zurück. Deshalb sieht man bekanntlich in die Vergangenheit, wenn man zum Nachthimmel aufblickt. Der Stern Sirius ist 8,6 Lichtjahre entfernt, man sieht ihn also so, wie er vor 8,6 Jahren war. Rigel, der hellste Stern im Sternbild Orion, ist knapp tausend Lichtjahre entfernt; man sieht ihn so, wie er im 11. Jahrhundert war. (Allerdings verändern sich Sterne äußerst langsam. Die allermeisten von ihnen sehen vor tausend Jahren im Wesentlichen so aus wie heute.) Der irische Wissenschaftler de Selby, erdacht von seinem Landsmann Flann O'Brien, erkennt als Erster, dass ein Spiegelbild das eigene Gesicht in der Vergangenheit zeigt, wiederum wegen der begrenzten Lichtgeschwindigkeit. Angeblich benutzt de Selby eine immense Anordnung von Spiegeln, um sich selbst im Alter von zwölf Jahren betrachten zu können.

Richtige Reisen in die Vergangenheit beruhen auf einer anderen Theorie und einer anderen Technik. Um in die Vergangenheit zu gelangen, benötigt man Einsteins Allgemeine Relativitätstheorie, in der die Zeit eine der vier Dimensionen im Raum-Zeit-Kontinuum darstellt. Vorher und Nachher sind dann so etwas Ähnliches wie Hinten und Vorne oder wie Oben und Unten, bestimmte Richtungen in der Raumzeit. Außerdem spielt die Schwerkraft eine wichtige Rolle. Die Anwesenheit von etwas Schwerem krümmt diese Raum-Zeit-Struktur, in etwa so, wie man Sofakissen verbeult, wenn man sich draufsetzt. Setzt man sich in diese gekrümmte Raumzeit hinein, dann rutscht man an einen anderen Ort – oder in eine andere Zeit. Wir kennen das im Prinzip alle: Wenn man von einem Haus springt, befördert einen die Schwerkraft nach unten, ohne weiteres Zutun. Die Allgemeine Relativitätstheorie sagt uns, dass man ganz ähnlich auch durch die Zeit fallen kann, zumindest theoretisch. Die technische Herausforderung besteht darin, diesen Vorgang zu kontrollieren.

Die Vorhersagen der Allgemeinen Relativitätstheorie mit ihrer gekrümmten Raumzeit werden im 20. und 21. Jahrhundert vielfach bestätigt. Lichtstrahlen verbiegen sich in der Nähe von sehr schweren Dingen, etwa Sternen. Uhren laufen tatsächlich ein wenig schneller, wenn man sich weiter weg vom Zentrum der Erde aufhält, zum Beispiel auf einem Berg, weshalb man die Höhe von Bergen mit einer (sehr genauen) Uhr messen kann, wie deutsche Physiker im Jahr 2018 demonstrieren. Wegen dieses Effekts ist der Kern der Erde ein paar Jahre jünger als die Kruste. Die Kollision von großen Massen erzeugt Wellen in Raum und Zeit, so wie die Wellen, die man erzeugt, wenn man Steine ins Wasser wirft, nur ganz anders. Diese Wellen werden zum ersten Mal im Jahr 2016 direkt nachgewiesen. Die Allgemeine Relativitätstheorie ist eine phantastisch zuverlässige Theorie, auch wenn sie anfänglich völlig absurd erscheint. Diese Eigenschaft teilt sie mit vielen anderen Ideen in der Physik des 20. Jahrhunderts.

Auch die ersten spekulativen Ideen über Zeitmaschinen beruhen auf der Allgemeinen Relativitätstheorie. Seit Einstein darf man, ohne verlacht zu werden, behaupten, dass es Schleifen in Raum und Zeit geben kann – zumindest im Prinzip. Man verbiegt den Raum oder die Zeit immer mehr, bis sich zwei Punkte, die eigentlich viele Lichtjahre oder normale Jahre voneinander entfernt sind, ganz nah kommen. Leicht vorstellbar wird dieser Vorgang, wenn man statt der vierdimensionalen Raumzeit ein zweidimensionales Blatt Papier verwendet. Man klappt es zusammen, bis die beiden Enden sich berühren. Der Weg von einem Ende zum anderen ist jetzt viel kürzer. Der eine Rand der Galaxie liegt in der gefalteten Welt womöglich direkt neben dem anderen, obwohl beide Orte viele Tausend Lichtjahre entfernt sind. Das Mittelalter liegt direkt neben der Gegenwart.

Solche Abkürzungen in der Zeit sind lange als «Wurmlöcher» bekannt, ein Begriff, den der Physiker John Archibald Wheeler im Jahr 1957 einführt. Ein Wurmloch ist gedacht als ein Tunnel, in dem die Zeit anders abläuft als außerhalb, eine Autobahn durch die Zeit. Mit echten Würmern und Löchern hat die Zeitreise natürlich äußerst wenig zu tun. Heute kennen wir diese Hochgeschwindigkeitsrouten in der Raumzeit als «Polzunov-Tunnel», benannt nach Ivan Polzunov, dem russischen Erfinder der Dampfmaschine, der 1766 vor Vollendung der Maschine an Tuberkulose stirbt. Wie so oft hat der Namensgeber nichts mit der Erfindung zu tun, ein Prinzip, das als «Stiglers Gesetz» in die Geschichte eingeht (benannt nach Stephen Stigler, der es allerdings Robert Merton zuschreibt). Wie dem auch sei, man stellt sich jedenfalls lange vor, dass Zeitreisen irgendetwas mit Wurmlöchern zu tun haben. Allerdings ist die Herstellung von Wurmlöchern extrem energieaufwendig und nicht sehr umweltfreundlich. Daher ist man mittlerweile von diesem Verkehrsweg abgekommen.

Sobald man in der Wissenschaft ernsthaft anfängt, über Zeitreisen nachzudenken, tauchen noch ganz andere Probleme auf. Das bekannteste unter ihnen ist das sogenannte Großmutterparadox: Wenn ich in die Vergangenheit reise und dort meine Großmutter umbringe, bevor sie meine Mutter oder meinen Vater gebären kann, dann verhindere ich meine eigene Existenz – und damit auch meine Anwesenheit in der Vergangenheit. Das heißt, ich kann meine Großmutter gar nicht umbringen. Diese vertrackte Angelegenheit war in der Fachliteratur unter dem Namen Großvaterparadox bekannt, bis klar wurde, wie viele Menschen gar nicht von ihrem vermeintlichen Großvater abstammen, sondern von jemand ganz anderem. Am Problem ändert sich durch die Umbenennung allerdings nichts. Bringe ich die Großmutter um, gerate ich in eine teuflische Schleife, aus der es scheinbar kein Entkommen gibt.

Das kann man natürlich nicht zulassen. Dinge, die einmal geschehen sind, können nicht ungeschehen gemacht werden. Lange Zeit rätseln Wissenschafter, wie sich solche Paradoxa vermeiden lassen, und sie finden einige kreative Lösungen. Der russische Astrophysiker Igor Novikov formuliert das Selbstkonsistenzprinzip, dem zufolge Vorgänge, die zu Paradoxa führen, unmöglich sind. Novikovs Beispiel ist das einer Billardkugel, die in ein Wurmloch gestoßen wird, dort mit einer früheren Version von sich selbst zusammenstößt und sich dadurch selbst davon abhält, überhaupt erst in das Wurmloch zu fallen – eine weniger brutale und mathematisch einfachere Version des Großmutterparadoxons. Diese Möglichkeit, behauptet

Novikov, ist einfach durch die Gesetze der Natur ausgeschlossen. Zeitreisenden wären damit nur ganz bestimmte Handlungen erlaubt. Der Mord an der eigenen Großmutter ist nicht nur durch das Strafgesetzbuch (oder seine Äquivalente in der Vergangenheit), sondern auch durch die Gesetze der Physik untersagt. Es ist, als würde man in eine autoritäre Diktatur verreisen, wo einem die Handlanger des Diktators ständig auf die Finger hauen, nur dass der Diktator und seine Handlanger in diesem Fall unsichtbar sind. Die Vergangenheit diktiert, was dem Zeitreisenden erlaubt ist. Novikov ist uns heute eher bekannt, weil er im Jahr 1964 vorschlägt, dass es neben Schwarzen Löchern auch Weiße Löcher geben könnte. Dieser Theorie ist mehr Erfolg beschieden. Weiße Löcher sind heute kaum noch aus unserem Alltag wegzudenken.

Andere Physiker kommen auf andere Ideen, um chronologische Paradoxa rund um Großeltern und Billardkugeln zu vermeiden. Manche hoffen darauf, dass Zeitreisen unmöglich sind, aus irgendeinem zu dieser Zeit unentdeckten Grund. Wieder andere vermuten, dass Zeitreisen zwar möglich sind, sich die Zeitmaschine aber automatisch zerstört, sobald man sie einschaltet. Beide Hypothesen haben den Vorteil, dass sie ein weiteres Problem mit Zeitreisen elegant aus der Welt schaffen: Wenn Zeitreisen in die Vergangenheit möglich sind, warum ist dann die Gegenwart nicht von Zeittouristen überlaufen? Menschen, die seltsame Gewänder tragen, alles besser wissen und Krankheiten aus der Zukunft einschleppen? Im Jahr 2009 richtet der legendäre Physiker Stephen Hawking eine Party aus, zu der die Einladungen erst hinterher verschickt werden, eine Feier also, zu der nur Menschen aus der Zukunft eingeladen sind. Niemand erscheint. Der Humor von Physikern ist zu allen Zeiten schwer zu verstehen.

All das sind Ideen, die uns heute absurd vorkommen. Aber es gibt auch Perioden in der Menschheitsgeschichte, in denen es ausgeschlossen scheint, Bilder und Informationen innerhalb von Sekundenbruchteilen von einer Seite der Erde zur anderen zu schicken. Es gibt Zeiten, in denen es unmöglich scheint, zum Planeten Jupiter zu reisen, der schließlich nur sechshundert bis tausend Millionen Kilometer von der Erde entfernt ist. Leute, die Zeitreisen für unmöglich halten, sind nicht automatisch naiv oder geistig zurückgeblieben. Sie leben nur in einer anderen Zeit.

Die ungelösten Probleme mit dem Zeitreisen haben in der Vergangenheit übrigens auch ihre Vorteile. Schriftsteller und Drehbuchautoren können so ohne große Verrenkungen logische Fehler in ihren Handlungen beseitigen oder erklären. Egal, ob sie versehentlich die Heldin umbringen, die Welt zerstören oder vergessen, das blutige Messer an den Tatort zu legen, mit dessen Hilfe später der Mord aufgeklärt wird: Mit Hilfe einer Zeitmaschine kommt alles wieder ins Reine.

Neben der Allgemeinen Relativitätstheorie ist die Quantenmechanik die zweite Säule der Physik des 20. Jahrhunderts. Auch hier arbeiten sich die Fachleute an grundlegenden Schwierigkeiten ab. Die meisten glauben zunächst an etwas, das man oft den «Kollaps der Wellenfunktion» nennt – einen Vorgang, bei dem sich eine Überlagerung von mehreren möglichen, aber unbeobachtbaren Versionen der Welt in eine einzige verwandelt. Der Kollaps findet statt, sobald man etwas misst oder beobachtet.

Wenn man Elektronen oder ähnlich kleine Dinge beobachtet, kann man leicht auf solche Ideen kommen: Schießt man einen Strahl Elektronen auf einen Schirm, der zwei Löcher hat, dann sieht die Verteilung der Elektronen hinter dem Schirm so aus, als wären die Teilchen durch beide Löcher gleichzeitig gegangen – aber nur, solange man nicht konkret nachsieht, was mit einzelnen Teilchen geschieht. Sobald man das tut, fliegen die Elektronen nur durch eines der Löcher. Die seltsame Quantenwelt des Sowohl-als-auch verschwindet, sie «kollabiert». Der Kollaps der Wellenfunktion ist ein Versuch, die rätselhafte Welt der Quanten zu verbinden mit der Welt der normalen Dinge, die sich so anders verhalten und entweder hier oder dort, links oder rechts, rot oder blau, ganz oder kaputt sind, aber nie beides zugleich. Heute liegt der Kollaps der Wellenfunktion auf dem Schrotthaufen der Wissenschaftsgeschichte, zusammen mit Phlogiston, Äther und Marskanälen.

Erwin Schrödinger, einer der vielen Väter der Quantenmechanik, veranschaulichte den Konflikt zwischen Quantenwelt und normaler Welt mit Hilfe einer Katze, die in einer Kiste eingesperrt und dort einem todbringenden Quantenprozess ausgesetzt ist, der entweder stattfindet oder nicht. Wer sich fragt, wie winzige Teilchen den Tod einer Katze herbeiführen können: Man nehme ein radioaktives Atom, das innerhalb einer Stunde entweder zerfällt oder aber auch nicht. Wenn das Atom zerfällt, sendet es ein Teilchen aus, das wiederum einen Mechanismus in Gang bringt, an dessen Ende Gift freigesetzt wird. Am Ende dieser Stunde ist das Atom sowohl zerfallen als auch intakt, die Katze sowohl tot als auch lebendig. Die Katze ist nicht einfach nur eine Katze, sondern eine komplizierte Wellenfunktion, die eine Überlagerung aus mehreren Katzenversionen beschreibt. Erst wenn man die Kiste öffnet, entscheidet sich die Welt für eine Version. Das ist der Kollaps der Wellenfunktion. (Der Tod der Katze dient in diesem Gedankenexperiment übrigens nur als dramatisches Element, man könnte eine analoge Geschichte auch mit zwei lebenden Katzen erzählen. Der amerikanische Physiker Sean Carroll hat das im Jahr 2014 getan: mit einer Katze, die sich unter dem Sofa und gleichzeitig unter dem Tisch befindet. Diese Version wird heute aus ethischen Gründen in Lehrbüchern bevorzugt.)

Vielleicht geht es aber auch ganz ohne Kollaps, das vermuten schon einige Physiker im 20. Jahrhundert. Vielleicht ist die Quantenwelt die einzig relevante, die einzige, die es wirklich gibt, und es gibt zwei Versionen des Elektrons, eines für jedes Loch. Es gibt zwei Versionen von Schrödingers Katze, vor und nach dem Öffnen der Kiste. Die Katze ist tot in einem Teil der Welt und lebendig in einem anderen. Carrolls Katze ist unter dem Sofa in einem Teil der Welt und unter dem Tisch in einem anderen, auch nachdem wir nachgesehen haben. Die Katze gibt es weiter in beiden Zuständen. Aber dafür gibt es jetzt zwei Versionen des Beobachters, einen, der eine lebendige Katze aus der Kiste lässt, und einen anderen, der eine tote Katze vorfindet. Überhaupt gibt es von allem entsetzlich viele Versionen, die alle parallel existieren. Die sogenannte Vielwelten-Interpretation der Quantenmechanik erzeugt eine elegante, sanfte, überschwängliche Realität, in der es einfach alles gibt, ohne harte Übergänge zwischen Quanten und Katzen.

Die Möglichkeit von multiplen Welten oder Universen oder Multiversen wird im frühen 21. Jahrhundert immer populärer in der wissenschaftlichen Literatur. Der Physiker Max Tegmark unterscheidet vier unterschiedliche Arten von Multiversen, die alle ineinander verschachtelt sind. Laut Tegmark gibt es einerseits eine Vielzahl von Universen wie unseres, so wie es in einem Hochhaus viele Wohnungen gibt. Zudem existiert womöglich eine Vielzahl von Universen, in denen ganz andere physikalische Gesetze gelten und die deshalb völlig anders aussehen als unseres. Die allermeisten davon sind leer und unbewohnt. Dazu kommen die schon erwähnten quantenmechanischen multiplen Welten mit multiplen Katzen, zunächst postuliert von Hugh Everett III. in den 1960ern und später weiter ausgedacht von Heinz-Dieter Zeh und David Deutsch. Obendrauf setzt Tegmark noch ein mathematisches Super-Multiversum, das alle vorigen Multiversen enthält. Der Physiker und Autor Brian Greene schließlich erwähnt in seinem Buch «Die verborgene Wirklichkeit» sogar neun Arten von parallelen Welten (von denen mehrere gar nichts mit Quantenmechanik zu tun haben).

Warum wir das alles erzählen? Mit Hilfe der Vielwelten-Interpretation der Quantenmechanik kann man zum ersten Mal über Zeitreisen nachdenken, ohne entweder in logische Fallen zu stolpern oder aber die Freiheit von Zeitreisenden einzuschränken. In einer Version der Vergangenheit wird Großmutter von ihrem zeitreisenden Enkel umgebracht. In der anderen Version findet die Zeitreise nie statt, die Großmutter bleibt lange genug erhalten, um Nachkommen zur Welt zu bringen, und stirbt schließlich genau so, wie man immer glaubte, im Krieg oder im Pflegeheim. Die Geschichtsbücher bleiben intakt. Das Paradox ist aufgelöst. Gleichzeitig wird klar, warum man in der Vergangenheit nicht auf andere Reisende aus der Zukunft trifft – sie sind in einer Parallelwelt unterwegs, nicht weit entfernt, gleich nebenan, aber doch ungreifbar, wie die zweite Katze, die unter dem Sofa oder unter dem Tisch ist, jedenfalls nicht dort, wo wir sie gerade sehen.

Es gibt von Anfang an Widerstand gegen die Idee der Parallelwelten. Manche halten die Vielwelten-Interpretation für pure Verschwendung. Warum sollen wir uns unendlich viele Katzen ausdenken, nur um ein paar Unstimmigkeiten zu erklären? Die Befürworter erwidern: In Wahrheit denkt man sich die Katzen nicht aus, sie sind da. Die einfachste Erklärung der Welt besteht darin, ihre Existenz zu akzeptieren. Viel schlimmer ist es, sich den Kollaps der Wellenfunktion auszudenken.

Dann wiederum gibt es Leute, die einer Version des Universums eine Sonderstellung einräumen möchten: Die Schattenwelten mit ganz anderen Katzen sind sicher irgendwie nicht richtig da, so das Argument, nur so wie ein Traum, aus dem man gerade erwacht ist. So geht es nicht, sagen die Freunde der Parallelwelten. Jede Welt und jeder einzelne Moment in jeder Welt ist genau gleich bedeutungsvoll oder bedeutungslos. Es sind tatsächlich parallele Welten, nicht eine Hauptwelt und viele Nebenwelten. «Andere Zeiten sind nur Sonderfälle von anderen Universen», sagt David Deutsch im Jahr 1997, und er meint damit: Alle möglichen Parallelwelten sind schon da. Das Einzige, was man verändert, ist die eigene Erfahrung.

Aus diesen Diskussionen folgt unmittelbar die Frage, wie man sich in so einer Welt voller Parallelwelten verhalten soll, eine der großen philosophischen Debatten des 21. Jahrhunderts und unmittelbar relevant für Zeitreisende. Wenn alle Versionen der Welt schon existieren, so wie David Deutsch behauptet, dann gibt es auch die, in der Sie (oder eine Version von Ihnen) Ihre Großmutter (oder eine Version der Großmutter) umbringen. Sie haben keinerlei Einfluss darauf. Ob Sie Ihre Großmutter jetzt umbringen oder nicht, die Welt bleibt dieselbe. Was sollte Sie also davon abhalten? Wie viel Einfluss haben Sie als Zeitreisender auf die Welt? Welchen Einfluss haben Sie überhaupt, wenn jede Entscheidung, die Sie treffen, nur eine neue Version von Ihnen hervorbringt? Wer ist diese Person überhaupt, die da etwas entscheidet? Warum spüren Sie so gar nichts von den anderen Versionen? Sind Sie all die Versionen von sich, oder nur eine? Was bedeutet es, wenn ein Zehntel von Ihnen die Großmutter umbringt, der Rest aber nicht? (Lesen Sie mehr dazu im Kapitel «Neun Mythen über Zeitreisen».)

So geht die Debatte über einige Zeit. Man kommt zu keinem richtigen Ergebnis, aus zwei Gründen. Zum einen weiß man zu wenig, zum Beispiel über die Funktionsweise des menschlichen Bewusstseins und die Art und Weise, wie wir Entscheidungen treffen. Zum anderen arbeitet man mit falschen Voraussetzungen. Die Allgemeine Relativitätstheorie und die Quantenmechanik sind, wie wir heute wissen, falsch, oder netter ausgedrückt: unvollständig. Sie sind wie alte Ritterburgen – historische Monumente, die man bestaunt und bewundert, in denen man aber nicht wohnen möchte. Um die Welt zu erklären, braucht man eine Kombination aus beiden Theorien. Das wissen schon die Physiker des 20. Jahrhunderts. Sie suchen nach einer allgemein-relativistischen Quantentheorie oder einer gequantelten allgemeinen Relativitätstheorie. In Wahrheit findet man kurze Zeit später etwas völlig Neues.

Die alten Theorien haben noch kein Konzept von der Art Zeitreisen, wie wir sie heute betreiben. Die Vergangenheit zu besuchen, irgendein Jahr der Vergangenheit, scheint unmöglich oder sogar undenkbar. Man weiß noch nichts von der Transitzone, die alle Parallelwelten umgibt und die wir beim Zeitreisen durchqueren. Im Jahr 2013 spekulieren die Physiker Juan Maldacena und Leonard Susskind, es sei immerhin möglich, dass weit entfernte Punkte im Universum miteinander in Kontakt stehen. Nicht nur seien sie verbunden über die oben erwähnten Wurmlöcher, sondern auch in ihren kleinsten Teilchen miteinander verschränkt. Wenn man sich etwas anstrengt, kann man hier die ersten Ausläufer der Transitzone erkennen, die uns den Weg in die Vergangenheit eröffnet. Es ist die Morgendämmerung des modernen Zeitreisens.

Die Idee von unendlich vielen Welten, in denen es unendlich viele Versionen von einem selbst und allem anderen gibt oder zumindest geben könnte, bleibt lange schwer glaubhaft und schwer fassbar, auch wenn sie uns heute so natürlich vorkommt. Die Intuition ist geprägt von den vorherrschenden Ideen der Zeit, und es dauert oft eine Weile, bis man die beste Erklärung auch intuitiv für die richtige hält. Das heliozentrische Weltbild, bei dem die Erde sich in rasender Geschwindigkeit um die Sonne bewegt, leuchtet den meisten von uns heute unmittelbar ein, obwohl es genau betrachtet ganz schön unplausibel ist. Man merkt ja gar nichts von der Karussellfahrt! Nach langem Streiten und Hadern, nach dem Entwerfen und Verwerfen von bizarren Theorien landet die Wissenschaft irgendwann in der richtigen Zukunft. Und viel später stellt sich heraus, dass doch alles ganz anders ist.

TEIL I

113 Ideen für Zeitreisen:
Sehen, Staunen, Erleben

Die Welt versammelt
an einem Ort

Weltausstellungen gehören zu den unkompliziertesten Reisezielen der Vergangenheit. Viele Besucher sind zum Teil von weit her angereist und nicht ganz der örtlichen Mode entsprechend gekleidet. Unbeholfenes Verhalten, mangelnde Erfahrung im Umgang mit der Währung und ahnungslose Fragen zu den Ausstellungsstücken fallen nicht weiter auf. Zur Not kann man sich als Bestandteil eines entlegenen oder futuristischen Exponats ausgeben. Lassen Sie sich nicht durch den Anblick von Dampfmaschinen, Glühbirnen oder Robotern zu der Annahme verleiten, dass Sie sich quasi zu Hause befinden. Bringen Sie Wasserfilter mit und trinken Sie nur gefiltertes oder abgekochtes Wasser. Noch während der Weltausstellung in Chicago 1933 gibt es eine Amöbenruhr-Epidemie mit achtundneunzig Toten, weil das Trinkwasser in zwei Hotels mit Abwasser kontaminiert ist. (Meiden Sie, falls Sie dorthin reisen, das Auditorium Hotel und das Congress Hotel.) Folgen Sie den anderen Besuchern und beobachten Sie, worauf sich deren Interesse richtet und warum. Es ist nicht immer das, was man aus heutiger Sicht erwarten würde. Dass Maschinen Lärm erzeugen, beeindruckt das Publikum im 19. Jahrhundert beispielsweise wesentlich mehr als in der Gegenwart.

LONDON 1851

Wann: 1. Mai bis 15. Oktober

Eintritt: Die Eintrittspreise liegen zwischen einem Pound für die Tageskarte an den ersten beiden Tagen und einem Shilling (20 Shilling = 1 Pound) an späteren Wochentagen.

Die erste Weltausstellung ist aus heutiger Sicht faszinierend langweilig. Es geht vor allem um Alltagsgegenstände: Geschirr, Möbel, Tapeten, Papier, das durch Anwendung von Leinöl und Hitze wasserfest gemacht wird, Kerzenleuchter, Stoffe, Statuen, einige besonders große Kohlebrocken und die ersten kostenpflichtigen öffentlichen Toiletten (Benutzung 1 Penny; 12 Pence = 1 Shilling). Die Herstellung von Textilien unter Zuhilfenahme von Spinn- und Webmaschinen – für Zeitgenossen eine der ausstellenswertesten Erscheinungen des Fortschritts – ist schwer zu würdigen für Zeitreisende, die nicht gerade auf historische Textilproduktion spezialisiert sind. Viele andere Bereiche der Wirtschaft sind selbst in Großbritannien, dem Vorreiterland der Industrialisierung, noch gar nicht besonders industrialisiert, von den übrigen Ausstellerländern ganz zu schweigen. Sehenswert ist hier also vor allem, dass es eigentlich nichts zu sehen gibt.

Außer natürlich den Tempest Prognosticator, ein Wettervorhersagegerät auf Blutegel-Basis: Die tortenähnliche Konstruktion aus Mahagoni und Messing enthält zwölf kreisförmig angeordnete Gläser, in denen je ein Blutegel in etwas Regenwasser lebt. Bei sinkendem Luftdruck klettern die Egel in den Gläsern nach oben. Im Hals jedes Glases ist eine kleine Nadel aus Fischbein angebracht, über die

die Egel eine Glocke in der Mitte des Geräts läuten können. Der *Tempest Prognosticator* lässt sich auch ohne Zeitreise als Nachbau im «Barometer World»-Museum in Devon besichtigen, dort allerdings ohne Egel.

NEW YORK 1853/54
Wann: 14. Juli bis 30. November 1853, 1. Januar bis 15. April und 4. Mai bis 1. November 1854
Eintritt: um die 50 Cent

Die Exponate der «Exhibition of the Industry of All Nations» sind nicht viel interessanter als die in London zwei Jahre zuvor. Aber die Ausstellung bietet eine gute Gelegenheit, Manhattan zu einer Zeit zu erleben, in der Kirchtürme die Skyline dominieren. Es gibt noch keine Hochhäuser, keine verspiegelten Fassaden. Das Südende der Insel ähnelt, abgesehen von den vielen Pferdefuhrwerken, dem Berlin der Gegenwart: gepflasterte Straßen, vier- bis fünfstöckige Häuser. Schon am Central Park endet die durchgehende Bebauung und geht in Wiesen, Bauernhöfe, Dörfer und Villenviertel über. Der Central Park selbst wird erst einige Jahre später eröffnet. Zu beiden Seiten der Insel verkehren Segel- und Dampfschiffe in großer Zahl. Die Staten Island Ferry, bis heute ein bei Touristen beliebtes Verkehrsmittel, existiert bereits; für 6 Cent können Sie die einfache Strecke mit einem Raddampfer zurücklegen. Die beste Aussicht über New York genießen Sie vom Latting Observatory. Die 96 Meter hohe Holzkonstruktion wurde extra für die Weltausstellung errichtet, sie ist das höchste Gebäude in New York und dient Gustave Eiffel als Vorbild für den Eiffelturm. Allerdings gibt es den ersten Passagieraufzug erst drei Jahre später (verpassen Sie nicht Elisha Otis' Demonstration einer Sicherheitsbremse für abstürzende Aufzüge auf genau dieser Weltausstellung). Der Aufstieg zu Fuß ist, wie die «New York Times» berichtet, «ein wenig ermüdend, befördert aber die Verdauung».

PARIS 1855

Wann: 15. Mai bis 15. November

Eintritt: Je nach Termin und Wochentag zwischen 20 Centimes und 5 Francs

Die Pariser Weltausstellung im Jahr 1855 bietet eine günstige Gelegenheit zur Urlaubsfinanzierung. Das Metall Aluminium, bis dahin nur wenigen Chemikern ein Begriff, wird hier in Form von zwölf kleinen Barren zum ersten Mal der Öffentlichkeit vorgestellt. Das weckt das Interesse der Oberschicht an Knöpfen und Schmuck aus Aluminium. Napoleon III. (nicht *der* Napoleon, aber sein Neffe) erhofft sich vom neuen Material militärische Vorteile. Für eine kurze Zeit ist das neue Metall teurer als Gold, erst ab 1856 sinkt der Preis. Die Weltausstellung in Paris ist der richtige Moment, zerkratztes Alu-Campinggeschirr zu einem sehr stattlichen Preis zu verkaufen.

LONDON 1862

Wann: 1. Mai bis 1. November, täglich außer sonntags

Eintritt: wechselnd, ab einem Shilling

In den elf Jahren seit der ersten Weltausstellung in London ist die industrielle Revolution vorangekommen. Es gibt einen elektrischen Telegraphen zu bestaunen, einen dampfbetriebenen Kühlschrank und das erste Plastik namens «Parkesine» (eine Art Zelluloid). Der Designer William Morris ist mit seiner Firma Morris, Marshall, Faulkner & Co. vertreten (Abteilung «Glas für Dekorations- und Haushaltszwecke», Ausstellernummer 6734). In der Abteilung «Photographische Apparate und Photographie» (Ausstellernummer 3011) kann man ein kleines Stück von Charles Babbages mechanischer Rechenmaschine *Difference Engine* besichtigen. Allerdings ist das Fragment zu diesem Zeitpunkt bereits ein Museumsstück, der Bau der vollständigen Rechenmaschine scheiterte aus verschiedenen Gründen, darunter Geldmangel. Der Erfinder ist selbst nicht anwesend und arbeitet sowieso längst an einer verbesserten Version, die ebenfalls nicht fertig wird. Wenn Sie ihm Ratschläge erteilen möchten, tun Sie das am besten per Post. Seine Adresse ist 1 Dorset Street, Marylebone, London. Aber beeilen Sie sich, Babbage stirbt 1871. Die unvollendete *Difference Engine* wird zwischen 1985 und 2002 im Londoner Science Museum nach Babbages Plänen schließlich doch noch gebaut. Man kann sie dort ganz ohne Zeitreise besuchen.

INTERNATIONALE ELEKTRIZITÄTS-AUSSTELLUNG, PARIS 1881

Wann: 15. August bis 15. November

Eintritt: Je nach Wochentag und Tageszeit zwischen 50 Centimes und 1,50 Francs

Keine offizielle Weltausstellung, aber sehenswert für alle, die eine Zeit kennenlernen wollen, in der Elektrizität und ihre Anwendungen noch echte Begeisterung hervorrufen.

Unter anderem stellt Thomas Alva Edison die Glühlampe vor, Alexander Graham Bell das erste kommerzielle Telefon, Werner von Siemens steuert eine erste elektrische Straßenbahn mit Oberleitung bei und Gustave Trouvé zeigt ein experimentelles Elektroauto. Mit dem von Clément Ader entwickelten Theatrophon kann man der Live-Übertragung einer in zwei Kilometer Entfernung aufgeführten Oper lauschen. Kopfhörer gibt es noch nicht, man muss sich zwei Hörmuscheln an die Ohren halten. Publikum und Berichterstatter sind beeindruckt. Das Theatrophon mit Münzeinwurf wird in den nächsten Jahrzehnten in Frankreich, Belgien, Großbritannien und Schweden sehr beliebt, anderswo setzt es sich nicht durch.

PARIS 1889

Wann: 6. Mai bis 31. Oktober

Eintritt: ein Franc, an manchen Tagen müssen zwei Tickets gelöst werden

---

Diese «Exposition universelle» feiert das hundertjährige Jubiläum der Französischen Revolution und ist deshalb im Ausland umstritten. Den brandneuen Eiffelturm, das höchste Bauwerk der Welt, muss man in der ersten Woche der Weltausstellung noch zu Fuß besteigen, da die Aufzüge nicht rechtzeitig fertig geworden sind. Nachts ist der Turm beleuchtet. Sie dürfen ihn fotografieren und die Fotos nach Belieben verwenden. Machen Sie davon Gebrauch, in der Gegenwart stellt das nämlich aus Bildrechtegründen ein Problem dar: Die Betreibergesellschaft beansprucht das Urheberrecht für nächtliche Aufnahmen des beleuchteten Eiffelturms.

Im Palais des Beaux-Arts gibt es konservative akademische Malerei zu sehen. Impressionismus ist dort nicht zu finden, weshalb der Maler Paul Gauguin im nahegelegenen Café des Arts (gegenüber vom Pressepavillon, außerhalb des Messegeländes) die «Exposition Volpini» veranstaltet. Dort hängen um die hundert Bilder verschiedener Impressionisten. Verkauft wird kein einziges. Einerseits könnten Sie also durch den Kauf einiger Bilder die Impressionisten ermutigen. Andererseits sollten Sie diese Bilder nicht mit nach Hause nehmen, so groß die Versuchung auch sein mag (siehe das Kapitel «Mitnehmen und Mitbringen»). Verschenken Sie sie im Jahr 1889 weiter, am besten an jemanden, der sie auch zu schätzen weiß und nicht gleich zum Flohmarkt tragen wird.

Im «village nègre» werden vierhundert Menschen aus verschiedenen französischen Kolonien in sechs Dörfern ausgestellt. Es ist einer der größten Menschenzoos dieser Zeit, aber keineswegs der einzige. Wie bei allen solchen Exponaten sind die gezeigten Rituale, Geräte, Kostüme, Tänze und Tätigkeiten zum größten Teil französische Erfindungen, die mit dem Alltag in den jeweiligen Kolonien wenig zu tun haben. Das Exponat soll dem Publikum den Unterschied zwischen französischem Fortschritt und fremder Barbarei verdeutlichen und so die Kolonialherrschaft rechtfertigen. Das ist nicht nur ein Problem dieser speziellen Ausstellung. Falls Sie bereits vorangegangene Weltausstellungen bereist haben, werden Ihnen auch dort Raubkunst und Ergebnisse der Ausbeutung von Kolonien begegnet sein – und beides finden Sie noch in den Museen der Gegenwart. Auch Buffalo Bills vielbesuchte «Wild West Show» ist ein fragwürdiges Unternehmen, das Sie nicht unbedingt unterstützen sollten. Im Unterschied zum französischen Publikum von 1889 haben Sie die Möglichkeit, sich ein realistischeres Bild von der Geschichte Nordamerikas zu verschaffen, und sind nicht auf solche Inszenierungen angewiesen. Machen Sie davon Gebrauch.

CHICAGO 1893

Wann: 1. Mai bis 3. Oktober

Eintritt: 50 Cent, Kinder 25 Cent

Die «World's Columbian Exposition» findet nicht in Kolumbien statt, sondern in den USA; der Name bezieht sich auf die 400 (genau genommen 401) Jahre zurückliegende Landung von Kolumbus in Amerika. Auch hier beeindrucken einige Exponate durch große Langweiligkeit – so trägt der Staat Michigan einen elf Meter hohen Stapel Baumstämme bei, «eines der Weltwunder», wie es heißt. Aluminium («Geruchlos! Geschmacklos! Formbar! Elastisch!») ist immer noch das Metall der Zukunft, dank effizienterer Herstellungsverfahren aber nicht mehr teurer als Gold. Whitcomb Judsons neue Erfindung, der Reißverschluss, wird präsentiert, lässt das Publikum aber kalt Erst dreißig Jahre später setzt er sich durch. Teile der Veranstaltung ähneln einem Vergnügungspark, unter anderem enthält die Ausstellung ein Riesenrad, elektrisch beleuchtete Alpenpanoramen und einen zwölf Meter hohen Germania-Tempel aus Stollwerck-Schokolade. Auf dieser Weltausstellung lernen sich Thomas Edison und Ludwig Stollwerck kennen und entwickeln in der Folge gemeinsam die «Sprechende Schokolade», eine abspielbare Schokoladenschallplatte in «Qualität Extra-Zart».

Frauen sind mit einem gesonderten Ausstellungsgebäude vertreten. Das geschieht nicht zum ersten Mal – schon auf der Weltausstellung in Wien 1873 gibt es einen «Pavillon der Frauenarbeiten», in dem vor allem nichtkommerzielle Handarbeiten ausgestellt werden. 1876 sieht es im Women's Building der Weltausstellung in Philadelphia noch ähnlich aus, aber das Bild der zum Privatvergnügen stickenden Frau wird schon etwas weniger energisch vertreten. In Chicago ist das Gebäude selbst erstmals von einer Architektin entworfen worden, der einundzwanzigjährigen Sophia Hayden. Hayden hat am Massachusetts Institute for Technology in Boston studiert und sich bei einem Wettbewerb im Vorfeld gegen zwölf Mitbewerberinnen durchgesetzt. Im Women's Building geht es nicht mehr ausschließlich um Handarbeiten, sondern auch um von Frauen patentierte technische Entwicklungen. Unter den Ausstellerinnen insbesondere aus dem Kunst- und Designbereich ist allerdings umstritten, ob es nicht sogar schädlich ist, die eigenen Arbeiten hier zu präsentieren anstatt im allgemeinen Teil der Messe. Im Rahmen des «World's Congress of Representative Women», der vom 15. bis 22. Mai stattfindet, können Sie im Women's Building zahlreichen prominenten Frauenrechtlerinnen begegnen; Susan B. Anthony (die hundert Jahre später auf der Dollarmünze zu sehen sein wird) spricht am 18. Mai um 10 Uhr.

Falls Sie sich fragen, warum die afroamerikanische Bevölkerung der USA – immerhin etwa acht Millionen Menschen – in dieser Weltausstellung so gut wie nicht vertreten ist, sollten Sie den Haiti-Pavillon besuchen. Ida B. Wells, eine Journalistin, Bürgerrechtlerin und ehemalige

Sklavin, ist vor Ort, um gegen diesen Zustand zu protestieren. Gemeinsam mit anderen hat sie ein kurzes Buch verfasst und herausgegeben, das genau diese Frage beantwortet: «The Reason Why the Colored American is not in the World's Columbian Exposition». Im Haiti-Pavillon erhalten Sie es in den letzten drei Monaten der Weltausstellung kostenlos. Wells händigt Ihnen das Buch dort persönlich aus und signiert es auf Wunsch sicher auch.

PARIS 1900

Wann: 14. April bis 12. November. Ein Besuchstermin in der zweiten Hälfte der Laufzeit ist ratsam, denn in der ersten Hälfte wird an einigen Stellen noch gebaut. Erscheinen Sie aber auch nicht zu spät, denn die Ausstellung gerät bald in finanzielle Nöte, und ein Teil der Attraktionen muss wegen mangelnder Rentabilität geschlossen werden. Viele Pariser haben Anteile an der Ausstellung erworben und verlieren ihr investiertes Geld, was zumindest in Frankreich dazu führt, dass die Begeisterung für Weltausstellungen nachlässt.

Eintritt: ein Franc. In den frühen Morgen- und späten Abendstunden müssen zwei Eintrittskarten gelöst werden.

Die «Exposition universelle» von 1900 bietet die Gelegenheit, ein Verkehrsmittel zu benutzen, das «Rue de l'Avenir» heißt, Straße der Zukunft. Leider stirbt es gleich danach wieder aus. Der dreieinhalb Kilometer lange hölzerne Fahrsteig (Benutzung 50 Centimes) ist in sieben Metern Höhe auf einem ebenso hölzernen Gerüst angebracht und besteht aus einem langsamen und einem schnelleren

Laufband. Der kanadische Filmpionier James Henry White ist im Auftrag der Firma von Thomas Edison vor Ort und dokumentiert es in einem kurzen Film. Der Film bleibt erhalten und ist in der Sammlung der Library of Congress zu betrachten, ebenso wie einige andere Filme und Fotografien, die White rund um die Weltausstellung anfertigt.

Ansonsten gibt es in Paris zu sehen: ein sechzig Meter langes sinnloses Teleskop, das nach der Ausstellung gleich wieder verschrottet wird, mit Dampfmaschinen betriebene Autos, die ersten Tonfilme und die Simulation eines Ballonflugs in einem echten Ballonkorb, um den herum ein 360-Grad-Film projiziert wird. Wer dieses Exponat, das *Cinéorama*, besichtigen möchte, muss sich beeilen. Es wird schon am vierten Tag der Ausstellung aus Sicherheitsgründen geschlossen, weil die Kohlebogenlampen der Projektoren zu heiß werden. Weniger riskant ist eine simulierte Reise mit der Transsibirischen Eisenbahn in drei echten Luxuswaggons, an deren Fenstern Gebüsch und aufgemalte Landschaften in verschiedenen Geschwindigkeiten vorbeigezogen werden. Das *Maréorama* simuliert eine Dampfschiffreise mit ebenfalls aufgemalten Meer- und Hafenszenerien, rauchenden Schornsteinen und einem schwankenden Deck. Es gibt viel Art Nouveau und immer noch Menschenzoos.

Zu den Highlights gleich mehrerer Weltausstellungen gehören die «Kristallpaläste»: Dabei handelt es sich um gewaltige Konstruktionen aus Gusseisen, Holz und Glas, die beim Publikum äußerst beliebt sind. Die Begeisterung für Glaspaläste beginnt in London im Jahr 1851, mit dem eigens für die Weltausstellung im Hyde Park errichteten

Crystal Palace, der mehr als fünfhundert Meter lang und einundvierzig Meter hoch ist. Im Innern des Palastes finden sich ganze Bäume, aber die damit ebenfalls eingebauten Vögel werden zum Problem. Ähnliche Glaspaläste entstehen auf der Weltausstellung in New York im Jahr 1853 sowie in München (1854), Toronto (1858), Montreal (1860), Madrid (1887). Abgesehen vom letztgenannten fallen alle diese Gebäude später Bränden zum Opfer. Deshalb ist ein Besuch mit der Zeitmaschine empfehlenswert – jedenfalls wenn Sie sich für historische Monumentalbauten aus Glas interessieren.

Ein unvergessliches Wochenende

Reisende haben oft viel zu wenig Zeit, sich in Ruhe alles anzusehen. Wer kann schon monatelang durchs wilde Schottland ziehen, wie der Engländer Samuel Johnson im Jahr 1773? Wer hat zwei Jahre Zeit, wie Maria Sibylla Merian und ihre Tochter von 1699 bis 1701 nach Surinam und wieder zurück zu reisen? Vielleicht möchten Sie nicht gleich die gesamten Sommerferien in der Vergangenheit verbringen, sondern nur kurz ausprobieren, wie sich das anfühlt. Hier drei unverbindliche Vorschläge für unkomplizierte, interessante Wochenendausflüge.

Granada, 1350 bis 1450

Im frühen 8. Jahrhundert erobern Krieger aus Nordafrika, später Mauren genannt, die heutigen Gebiete von Spanien und Portugal. Die Mauren sind Anhänger des Islam, einer brandneuen Religion, die es bis dahin in Europa nicht gibt. Nicht einmal hundert Jahre sind vergangen seit dem Tod von Mohammed, dem Gründer des Islam. Zu dieser Zeit leben auf der Iberischen Halbinsel die Westgoten. Dreihundert Jahre zuvor sind es die Vandalen. Die nächsten fünfhundert Jahre die Mauren. Völker, Armeen und Könige geben sich die Klinke in die Hand. Unter der Ägide der Mauren erlebt das Gebiet lange Perioden der Stabilität und zivilisatorische Glanzzeiten, mit Zeichen des Fortschritts, von denen man anderswo in Europa nur träumen kann:

Straßenlaternen, gepflasterte Wege, Bibliotheken, Kanalisation, Kunst, Wissenschaft.

Im 11. Jahrhundert entsteht bei den christlichen Machthabern der Nachbarländer der unbändige Wunsch, die Iberische Halbinsel in Besitz zu nehmen oder, wie sie es sehen, das Land für das Christentum zurückzuerobern. Nach und nach drängen die christlichen Armeen die Mauren zurück, in langen, verwickelten, komplizierten Kriegen. Mitte des 13. Jahrhunderts sind die meisten großen Städte in der Hand der Christen. Zur selben Zeit, im Jahr 1232, entsteht ein neuer maurischer Staat, wie Phönix aus der Asche: das Emirat von Granada, beherrscht von der Familie der Nasriden. Das Emirat umfasst die heutigen Städte Granada, Malaga und Almería im Osten von Andalusien, geschützt von hohen Bergen, mit fruchtbaren Ebenen und Häfen an der Mittelmeerküste. Die Nasriden halten einen brüchigen Frieden mit dem Feind nebenan, unter anderem, indem sie ihm größere Mengen Gold schicken. Das Emirat überdauert mehr als zweihundertfünfzig Jahre. Es ist der letzte islamische Staat in Westeuropa – und ein hervorragendes Ziel für Zeitreisende.

Wenn Sie lediglich einen oberflächlichen Eindruck von der maurischen Kultur in Europa bekommen möchten, benötigen Sie gar keine Zeitreise. Sie können genauso gut die erhaltenen Monumente in der Gegenwart betrachten. Die Alhambra, der Palast der Nasriden, eine Art Stadt innerhalb der Stadt Granada, ist heute viel leichter zu besichtigen als zur Zeit des Emirats. Zugegeben, viele der kostbaren Malereien sind mittlerweile verblichen oder übermalt, Wände zerbröckelt, Türme zerstört. Die später hinzugekommenen Renaissancebauten sehen ganz schön hässlich aus. Dafür haben Sie Ihre Ruhe. Gerade in den letzten hundertfünfzig Jahren der Nasriden wird in der Alhambra fröhlich vergiftet, erdolcht und intrigiert. Beinahe jeder Herrscher stirbt eines unnatürlichen frühen Todes. Auch nach dem Ende der Nasriden wohnen in der Alhambra vor allem bis an die Zähne bewaffnete Soldaten. Erst im späten 19. Jahrhundert entwickelt sich die Alhambra zu einem legitimen Tourismusziel.

Wenn Sie mehr über die Nasriden erfahren möchten, dann sollten Sie etwa sechshundertfünfzig Jahre in die Vergangenheit reisen. Im Jahr 1333 beginnt mit der Machtübernahme von Yusuf I. die goldene Ära von Granada. Innerhalb der nächsten zwanzig Jahre wird die Alhambra vollendet. Die erste Pestwelle erreicht Granada im Jahr 1348, im selben Jahr wie England und Frankreich. Der Politiker, Poet, Gelehrte und überhaupt universal talentierte Ibn al-Khatib aus Granada ist davon überzeugt, dass die Pest eine ansteckende Krankheit ist, und hat dafür handfeste empirische Beweise. Damit stellt er sich gegen das weit verbreitete Dogma, das Krankheiten als Strafe Gottes sieht.

Als Besucher sollten Sie die Pestjahre meiden und in sicherem Abstand nach 1350 zu den Mauren reisen. Abgesehen davon kann Ihnen in Granada an einem Wochenende nicht viel passieren – solange Sie sich nicht in die Nähe der Grenze wagen, an der es auch in Friedenszeiten immer wieder zu Scharmützeln mit den Spaniern kommt, und solange Sie sich von den Herrscherfamilien fernhalten, bei denen es beinahe wöchentlich Mord und Totschlag gibt.

Es ist ein großartiges Jahrhundert in Granada. Während

der Herrschaft der späten Nasriden wohnen etwa fünfzig-
tausend Menschen in der Stadt. Zum Vergleich: London
erreicht im 14. Jahrhundert zum ersten Mal hunderttausend Einwohner, wird dann jedoch von der Pest entvölkert. Köln, Neapel, Prag haben in etwa so viele Einwohner
wie Granada. Konstantinopel, Paris, Mailand sind größer.
Die Menschen wohnen dicht gedrängt, in Häusern mit
wenigen Fenstern, die über Kanäle mit fließendem Wasser versorgt werden. Die Straßen sind für mittelalterliche
Verhältnisse sauber. Während es in London vielerorts bes-
tialisch nach Kloake stinkt, wird in Granada das Abwasser unterirdisch abgeführt. Am Ende des 15. Jahrhunderts
besucht der Nürnberger Gelehrte Hieronymus Münzer die
Stadt und ist begeistert: «Ich glaube nicht, dass es in ganz
Europa etwas Ähnliches gibt. Alles ist von solcher Pracht,
so majestätisch, so erlesen gestaltet, dass man sich im
Paradies wähnt.»

Beim Spaziergang durch das Granada der Nasriden
können Sie leicht das Gefühl bekommen, immer beobachtet zu werden. Ständig ist irgendetwas weiter oben als man
selbst, Terrassen, Balkone, Hügel. Die verwinkelten Gas-
sen der Stadt wirken wie Teile eines Labyrinths, in dem
sich Licht und Schatten, Berg und Tal abwechseln. Die
Architektur reflektiert die ständige Bedrohung durch den
Feind vor den Toren.

Im Zentrum der Stadt finden Sie die phantastische,
riesige Moschee, sechzig mal hundert Meter groß. Nach
1492 wird die Moschee durch die neue Kathedrale ersetzt,
darum ist sie wirklich nur in der Vergangenheit zu besichtigen. Ringsum können Sie sich in Vorstädten verlaufen,
die über die Ebene und die Hügel verteilt sind. Im Viertel

Albaicín haben Sie den besten Ausblick auf die Alhambra mit ihren Türmen und Zinnen. Die Stadtteile haben ihre eigenen Mauern, die tagsüber offen sind, aber nachts geschlossen werden.

Direkt neben der Moschee, in der Alcaicería, wird an hunderten Ständen mit Seide gehandelt, einem der wesentlichen Produkte der Stadt. Nebenan, in der Calle Oficios, steht seit 1349 die *Madraza*, die muslimische höhere Schule, an der unter anderem Philosophie, Astronomie, Mathematik gelehrt wird. Märkte gibt es im Zentrum und in vielen Vororten, laute, geschäftige Orte. Abgesehen von der großen Moschee finden Sie Dutzende kleinere, mit Minaretten, von denen mehrmals täglich zum Gebet gerufen wird. In den Straßen treffen Sie Menschen von unterschiedlicher Herkunft und Lebensart, reiche Händler, Soldaten, Handwerker, die je nach Gewerbe in speziellen Straßen oder Vierteln wohnen, sowie Landarbeiter, die in Dörfern vor den Stadtmauern leben. Frauen genießen wesentlich mehr Rechte als in der christlichen Umgebung, aber wie sich das auf ihre Präsenz im Stadtbild Granadas auswirkt, müssen Sie vor Ort herausfinden.

Die Bevölkerung ist muslimisch, abgesehen von wenigen sesshaften Juden und zeitweilig anwesenden Christen. Das Emirat ist ein fortschrittliches Land: Es gibt eine amtliche Sprache, an die sich keiner hält. Offiziell spricht man das, was wir heute «Klassisches Arabisch» nennen, die Sprache, auf der das moderne Standardarabisch beruht. Hören werden Sie auf den Straßen aber vor allem Andalusisches Arabisch, das heute beinahe ausgestorben ist. Wenn Sie ein bisschen Arabisch sprechen, können Sie sich vermutlich verständlich machen, zumindest wenn Ihr Gegenüber ein wenig Geduld mitbringt. Verstehen werden Sie allerdings wenig. Aber das ist heute auch noch so, wenn Sie ein fremdes Land aufsuchen und nur die offizielle Version der Sprache kennen. Vielleicht kommen Sie gelegentlich mit ein paar Vokabeln aus dem modernen Spanisch durch, aber viel können Sie damit nicht ausrichten. Ansonsten bleibt Ihnen natürlich immer noch die Verständigung mit Händen und Füßen. Wenn Ihnen daran liegt, längere Gespräche mit den Einheimischen zu führen, dann erkundigen Sie sich bei Ihrem Reiseveranstalter nach den gängigen Preisen für einen Dolmetscher.

Sie könnten den Bewohnern von Granada davon erzählen, dass ihre schöne Stadt hundert Jahre später den Spaniern gehören wird. Sie könnten von der Verfolgung und Diskriminierung der andalusischen Muslime nach 1492 berichten. Erwarten Sie sich nicht zu viel davon: Entweder ahnen einige das schon, oder man wird es Ihnen nicht glauben, oder aber es interessiert keinen. Das Jahr 1492 ist schließlich noch weit weg. Menschen sind nicht besonders gut darin, über Zeiträume von Jahrzehnten oder Jahrhunderten zu planen. Selbst wenn Sie ein paar Leute davon überzeugen können, dass bald Hunger, Krieg, Elend, Vertreibung oder Unterdrückung drohen, werden die wenigsten lieber freiwillig fünfzig Jahre vorher in die Fremde ziehen. Wer es dennoch ausprobieren möchte, kann seine Überredungskünste schon einmal in der Gegenwart an Leuten testen, die in Überschwemmungsgebieten oder in der Nähe von Vulkanen wohnen.

Reisende, die sich nicht entscheiden können, ob sie das Wochenende mit Kultur, Natur oder Party verbringen möchten, sollten sich Neapel genauer ansehen, vielleicht in der zweiten Hälfte des 18. Jahrhunderts. Bis 1759 ist Karl III. König von Neapel, aber dann erbt er den spanischen Thron und überlässt die herrliche Stadt zähneknirschend seinem Sohn Ferdinand III., der erst acht Jahre alt ist. Neapel ist zu diesem Zeitpunkt mit vierhunderttausend Einwohnern die drittgrößte Stadt Europas. Die meisten der Einwohner leben in Armut, aber wenn Sie es schaffen, sich in den Kreisen der Elite zu bewegen, wird es Ihnen an nichts mangeln. Jedenfalls solange Sie den Gestank aushalten – die geruchsneutrale Entsorgung von Abwässern und Abfällen gehört leider nicht zu den Stärken von Neapel.

Ansonsten ist es unglaublich schön in der Stadt. «Nirgendwo in Europa griffen Kultur und Natur dramatischer ineinander, keine Königsstadt des Kontinents kannte so blaues Wasser und so strahlenden Himmel», schreibt der Historiker Leonhard Horowski in seinem Buch «Das Europa der Könige». Die Paläste der Stadt quellen über von Kunstwerken. Während Mitteleuropa sich durch die Kleine Eiszeit friert, bietet Neapel angenehme Temperaturen, umgeben von Meer auf der einen und Bergen auf der anderen Seite. Direkt neben der Stadt erhebt sich der Vesuv, ein Vulkan, der immer wieder zum Leben erwacht, die Erde aufbricht, Staubwolken ausatmet und glühende Steine spuckt.

Sie werden eine Zeit erleben, in der Berge nicht ausschließlich als furchteinflößend und hinderlich gelten wie in der ferneren Vergangenheit, sondern immer öfter als erhaben und beeindruckend, wenig später sogar als romantisch. Ihre Gastgeber werden es also verstehen, wenn Sie Ihrer Bewunderung für den Vulkan Ausdruck verleihen, was noch hundert Jahre früher für Befremden gesorgt hätte. Zudem sind Sie nicht der einzige Besucher – Bildungsreisen nach Neapel gehören zum guten Ton, unter anderem bei Engländern, die sich genau wie Sie als Touristen bezeichnen (obwohl sie mit der Kutsche oder dem Schiff anreisen, nicht mit der Zeitmaschine).

Am Abend treffen sich die Touristen mit den lokalen Würdenträgern im Teatro di San Carlo, einem gigantischen Opernhaus, eröffnet im Jahr 1737. Oper ist so etwas wie der Superheldenfilm des 18. Jahrhunderts, nur mit singenden Kastraten. Mit sechs Stockwerken, hundertachtzig Logen, mehr als tausend Sitzplätzen und verschwenderischer Vergoldung kommt das Teatro größer, prächtiger und wahnsinniger daher als alle anderen Häuser dieser Art in Europa. Die Bühne ist groß genug für spektakuläre Schlachtenszenen mit hunderten Statisten und echten Pferden. Tatsächlich bemerkt der Komponist Louis Spohr im Jahr 1817, das Teatro di San Carlo sei zu groß für die Oper, weil leise Stellen sich in der riesigen Halle verlören. Erwarten Sie nicht, dass Opern so klingen, wie Sie es von modernen Aufzeichnungen kennen. Bewundern Sie stattdessen die bombastische Architektur, die zu sensationellen Klangeffekten führt. (Lesen Sie mehr zu diesem Thema im Kapitel «Konzerte ohne Klingeltöne».)

Wer im 18. Jahrhundert nach Neapel reist, befindet sich im Zentrum der musikalischen Welt, jedenfalls wenn man

«Welt» im etwas eigenartigen Sinne von «drei oder vier Königreiche in Europa» versteht. Die besten Komponisten Europas drängen sich darum, eine Oper für Neapel zu schreiben. Ortsansässige Komponisten wie Scarlatti, Pergolesi, Durante, Paisiello werden weltberühmt. Der neapolitanische Stil, eine Mischung aus spätem Barock und früher Klassik, beeinflusst Quantz und Gluck, später Haydn und Mozart.

Wenn Sie ein Instrument beherrschen, das zu dieser Zeit in Mode ist, zum Beispiel Querflöte, Geige oder Cello, können Sie sich bei Sir William Hamilton beliebt machen, der seit 1764 als britischer Botschafter in Neapel lebt. Hamilton ist ein ehrgeiziger Hobby-Musiker, außerdem ehrgeiziger Hobby-Vulkanologe und ehrgeiziger Hobby-Antiquitätensammler. Andererseits sind die regelmäßigen Partys in Hamiltons diversen Villen bei den englischen Touristen so beliebt, dass Sie vermutlich auch ohne Querflöte daran teilhaben können.

Stonehenge, 3000 bis 2000 vor unserer Zeitrechnung

Und jetzt etwas völlig anderes. Fahren Sie übers Wochenende zum Zelten in die Gegend, die wir heute England nennen, vier- bis fünftausend Jahre zurück in die Vergangenheit. Es ist die Zeit, in der Stonehenge entsteht, im heutigen Wiltshire im Süden der Insel. Garantiert nicht finden werden Sie Opernhäuser, Burgen, Perücken, Moscheen, Querflöten, lange Tischreden oder die Pest. Vielleicht sehen Sie stattdessen Tiere, die im heutigen Großbritannien schon lange ausgestorben sind: zum Beispiel den bei Zeitreisenden beliebten Auerochsen, den Urahnen des modernen Rindes, ein großes Tier, das aber friedlich ist, solange man es nicht nervt. Die Einheimischen werden Sie ganz sicher nicht verstehen, egal, welche Sprache Sie reden. Um Geld müssen Sie sich auch nicht kümmern, das ist noch nicht erfunden. Stattdessen wird mit irgendwelchen nützlichen Dingen Tauschhandel betrieben. Es ist in mancher Hinsicht eine überaus praktische Zeit.

Im Gegensatz zu heute ist England überwiegend bewaldet. Wenn Sie das Zelt vergessen, bauen Sie sich einen Unterstand aus Ästen und Zweigen. Brennholz gibt es genug, nur ist es leider oft nass. Wenn Sie Glück mit dem Wetter haben, können Sie Ihre Mahlzeiten über dem Lagerfeuer kochen. Ansonsten ernähren Sie sich einfach von mitgebrachten Erdnüssen und Käsebroten.

Sie befinden sich in der späten Phase der Jungsteinzeit. Die Bewohner der Insel haben das Herumstreunen aufgegeben und gehen zu einer sesshaften Lebensweise über. Tiere werden domestiziert, Getreidesorten gezüchtet, Felder angelegt, Wälder gerodet, Siedlungen gebaut. Irgendwann in der Mitte dieses Jahrtausends tauchen auf den Britischen Inseln die sogenannten Glockenbecher auf, charakteristische Gefäße aus Keramik, die man heute über ganz Europa verstreut findet. Zusammen mit den Bechern kommen neue, hellhäutige Menschen über den Kanal. Innerhalb von ein paar hundert Jahren verändert sich die gesamte Bevölkerung des Landes. Wie das genau vonstattengeht, weiß man heute nicht genau. Es besteht unter anderem die Möglichkeit, dass die neuen Bewohner eine Krankheit mitbringen und die alten Bewohner, die dagegen noch nicht immun sind, damit anstecken. Wenn Sie vorwiegend dunkelhäutigen, schwarzhaarigen Menschen begegnen, dann sind die Glockenbechermenschen jedenfalls noch nicht eingetroffen. Gegen Ende dieses Jahrtausends lernen die Menschen, wie man Bronze aus Kupfer und Zinn herstellt, und damit endet die schöne Steinzeit.

Viel werden Sie von all dem nicht mitbekommen. Vielleicht leben in England ein paar hunderttausend Menschen, also hundertmal weniger als heute. Falls Sie wirklich jemanden treffen, halten Sie sich nicht zu lange auf – Sie haben schließlich keine Zeit, eine fremde Sprache zu lernen, sich an die fremden Speisen zu gewöhnen und fremde Krankheiten auszukurieren. Suchen Sie sich stattdessen einen friedlichen Platz in der Nähe der Lichtung, auf der Stonehenge entsteht. Betrachten Sie die Pflanzen, die Vögel, die Insekten. Beobachten Sie die Geschehnisse aus der Ferne.

Die Ruine von Stonehenge können Sie natürlich bequem in der Gegenwart bewundern. Aber Stonehenge sieht nicht immer so aus. Es handelt sich eher um ein Projekt als um ein Bauwerk. Der Ort liegt heute wie damals auf einer unbewaldeten Ebene, eine Gegend, die schon weit vor Stonehenge von Menschen aufgesucht und besiedelt wird. Vor fünftausend Jahren finden sich hier bereits menschengemachte Strukturen: Siedlungen, Felder, Gräber. In den folgenden fünfhundert Jahren entstehen die frühen Versionen von Stonehenge. Zunächst sind es Gräben, Wälle und Löcher, dann werden hölzerne Pfähle eingesetzt. Um das Jahr 2600 vor unserer Zeitrechnung, vielleicht aber auch später, kommen die ersten Steine hinzu. Immer mehr gewaltige Felsbrocken werden herangeschafft, verarbeitet, eingesetzt, umsortiert. Gleichzeitig entstehen immer mehr Strukturen um das Zentrum herum. Etwa im Jahr 1700 vor unserer Zeit wird zum letzten Mal etwas verändert, bald darauf endet die Aktivität. Der Bau von Stonehenge ist eine langsame Evolution. Millionen von Arbeitsstunden werden investiert, die meisten davon in den späteren Phasen. Über tausend Jahre hinweg wird der Ort immer tiefer in die Geschichte gemeißelt (ohne Meißel, mit Werkzeugen aus Stein und Holz).

Ziemlich sicher können Sie Monumente betrachten, die heute nicht mehr existieren. Außerdem werden Sie womöglich erfahren, wofür Stonehenge verwendet wird. Vielleicht erleben Sie Begräbnisse oder langwierige Prozessionen. Vielleicht treffen Sie die Steinzeitversion von Pilgern oder die Steinzeitversion von Astronomen oder beides. Vielleicht ist während Ihres Besuchs niemand dort. Unbestritten ist dagegen, dass die Sonnenwende eine Rolle spielt. Manche Strukturen zeigen in Richtung des Sonnenaufgangs am längsten Tag des Jahres oder, wenn man sich umdreht, in Richtung des Sonnenuntergangs am kürzesten Tag des Jahres. Zufall kann das kaum sein. Um diese beiden Tage herum ist daher mit verstärkter Aktivität zu rechnen. Viele Fachleute glauben heute, dass Stonehenge viel mit der Wintersonnenwende zu tun hat und wenig mit der Sommersonnenwende. Vielleicht ist die Gegend im Sommer leer. Wenn Sie den Ort dagegen Ende Dezember aufsuchen, bestehen größere Chancen zu erleben, wie er ursprünglich benutzt wurde. Dafür ist das Wetter nicht gerade zum Zelten geeignet. Packen Sie Gummistiefel, regendichte Kleidung und eine warme Mütze ein.

Die DDR, das vergessene Land

Man muss nicht in die ferne Vergangenheit reisen, um fremde, bizarre Welten zu entdecken. Ein Beispiel: die sogenannte Deutsche Demokratische Republik, ein Land, das es seit 1990 nicht mehr gibt. Zeitreisen in die DDR sind beliebt, weil sie so unkompliziert sind. Sie können einigermaßen problemlos mit den Einheimischen kommunizieren. Sie können sich darauf verlassen, dass es Straßen, Eisenbahnen, Supermärkte gibt, oder jedenfalls etwas ganz Ähnliches. Und doch sind Sie an einem völlig fremden Ort.

Zwischen 1949 und 1990 gibt es zwei Staaten, die sich «deutsch» nennen. Einer davon verschluckt im Jahr 1990 den anderen. Dieser verschluckte Staat, die DDR, ist in vieler Hinsicht genau so, wie man sich Deutschland in der zweiten Hälfte des 20. Jahrhunderts vorstellt: schlechte Luft, Autos, die wie Schachteln aussehen, schlechte Straßen, überhaupt gar kein Handyempfang, schlechte Eiswaffeln, kein Farbfernsehen, und alle tragen dieselben Hosen. Insofern ist die DDR auch nur ein beliebiges Land in der Vergangenheit.

In anderer Hinsicht wirkt die DDR wie ein Land aus der Zukunft. Seit den 1960er Jahren werden dort Glas, Papier, Metall gesammelt und wiederverwertet. Die meisten Frauen sind berufstätig, überhaupt gibt es fast niemanden ohne Arbeitsstelle. Obdachlosigkeit existiert praktisch nicht. Alle Kinder gehen in die Krippe und in den Kindergarten, kostenfrei. Lebensmittel, Wohnraum, Bücher, öffentliche Verkehrsmittel sind spottbillig. Jeder ist krankenversichert, jeder hat Anspruch auf Rente. Arztbesuche und Krankenhausaufenthalte sind für alle kostenlos. Aus der Sicht des oberflächlichen Betrachters, und Touristen sind natürlich immer oberflächliche Betrachter, wirkt die DDR wie eine utopische Science-Fiction-Vision, ein sozialistischer Zukunftstraum.

Diese Errungenschaften haben zum Teil praktische Gründe. Die DDR verfügt über ein seltsames Sortiment aus Rohstoffen. Braunkohle und Uran gibt es in begeisternden Mengen, andere Bodenschätze sind dagegen knapp. Daher versucht man sich frühzeitig am Recycling. Wenn Frauen nicht zu Hause bleiben, hat man doppelt so viele Arbeitskräfte. Umfängliche Kinderbetreuung hat für den Staat den Vorteil, dass er weite Teile der Kindererziehung übernehmen kann, ohne dass die Eltern «ja, aber» sagen.

Drei Dinge werden Ihnen sofort auffallen. Zum Ersten der Geruch: Die Luft riecht seltsam verbrannt. Die DDR erzeugt den Großteil ihrer Energie mit der schon erwähnten heimischen Braunkohle, die zum Beispiel in den Kachelöfen der Wohnungen verbrannt wird. Die Zweitaktmotoren, die in den gebräuchlichen Autos wie Trabant und Wartburg eingebaut sind, verbrennen ein Gemisch aus Benzin und Öl. Beides erzeugt Gerüche, die wir heute nicht mehr gewohnt sind. Zum Zweiten fehlen dem Land die grellen Farben: Die Häuser sind meist grau, die Bausubstanz schlecht, und nur manchmal wird die Steinwüste durch rote Transparente oder Flaggen verschönert. Zum Dritten ist die Provinz dominiert von riesigen landwirtschaftlichen Nutzflächen, die von «Landwirtschaftlichen Produktionsgenossenschaften» («LPGs») bewirtschaftet werden. Das Land wirkt deutlich weniger zergliedert, als Sie das vielleicht gewohnt sind.

Hier einige Sehenswürdigkeiten in der DDR:

Paraden und Demonstrationen

Zu wichtigen staatlichen Feiertagen, etwa am 1. Mai (Tag der Arbeit) und am 7. Oktober (Jahrestag der Großen Sozialistischen Oktoberrevolution), empfiehlt es sich, in einer beliebigen Stadt die Feierlichkeiten aufzusuchen. Sie werden Menschen sehen, die in Sonntagskleidung mit Spruchbändern und Plakaten durch die Straßen ziehen, manchmal sogar mit Fackeln. Im Unterschied zu öffentlichen Kundgebungen, wie wir sie heute kennen, wird hier nicht gegen, sondern für den Staat demonstriert. Vorsicht: Die Sicherheitsvorkehrungen am Rande der Demos sind vermutlich höher als normal. Aber es sollte kein Problem sein, für eine Weile in der Menge unterzutauchen.

SERO-Sammlungen

Die schon erwähnte Sammlung von Sekundärrohstoffen, in der DDR-Sprache «SERO» genannt, geschieht in privat geführten Sammelstellen, die definitiv einen Besuch wert sind. Sie sehen aus wie Recycling-Zentren, aber die Kundschaft bekommt Geld fürs Abliefern von Zeitungen, leeren Flaschen, Dosen, Schrott und gebrauchter Kleidung. Man legt sein altes Zeug auf eine Waage und kriegt pro Kilogramm etwa 50 Pfennig (Textilien), 30 Pfennig (gebündelte Zeitungen), 20 Pfennig (Bücher). Zum Vergleich: In der DDR der 1980er Jahre bekommt man für 5 Pfennig ein Brötchen, für 15 Pfennig eine Kugel Eis, für 20 Pfennig eine Fahrkarte für die Berliner U- oder S-Bahn, für 50 Pfennig ein ganzes Mischbrot und für eine Mark (= 100 Pfennig) eine Bratwurst. An manchen Tagen veranstalten die örtlichen Jugendorganisationen großangelegte Aktionen, bei denen Kinder mit Handwagen von Haus zu Haus ziehen, um Zeitungsstapel und Altglas einzusammeln. Dies sind spektakuläre Ereignisse, die Sie sich nicht entgehen lassen sollten. Außerdem bieten Ihnen die SERO-Sammelstellen eine Möglichkeit, unkompliziert und ohne Verdacht zu erzeugen einen kleinen Vorrat an DDR-Währung anzulegen.

Schlangen vor Läden

An bestimmten Tagen bilden sich vor den Geschäften der DDR lange Schlangen, was immer bedeutet, dass irgendein Produkt verkauft wird, das es sonst nicht gibt. Die Grundversorgung ist in der DDR meistens gewährleistet, dagegen sind viele exotische Dinge praktisch nie oder äußerst selten zu bekommen – ein bisschen wie in Großbritannien nach dem Brexit. Heiß begehrt sind Lebensmittel, die aus dem Ausland kommen, etwa Bananen, Kaffee, Orangen. Pro Person wird nur eine bestimmte Menge des begehrten Stoffes ausgegeben. Manchmal bilden sich Schlangen nur, weil das Gerücht umgeht, dass es Bananen geben könnte, nicht, weil wirklich welche im Laden sind. Manchmal kommt man vorne an, und die Bananen sind alle. Manchmal stellt man sich an, ohne zu wissen, was es vorne gibt. Sie haben hier eine einzigartige Gelegenheit, an einem alltäglichen Vorgang in der DDR teilzuhaben. Achtung: Was auch immer es nach dem Anstehen zu kaufen gibt, es wird nicht billig sein (Beispiel: ein Kilo Bananen für fünf Mark; dafür muss man vorher 25 Kilogramm Bücher als SERO verkaufen). Das Mitanstehen in einer Lebensmittelladenschlange ist leider schwer zu planen. Man hat größere Chancen, eine Schlange zu finden, wenn man sich außerhalb Berlins aufhält. In der DDR-Hauptstadt ist die Versorgungslage deutlich besser und Schlangen sind daher seltener.

Abenteuer auf realsozialistischen Straßen

Die Machart der Straßen in der DDR reicht von historisch wertvollem Kopfsteinpflaster über Asphalt bis hin zu riesigen Betonplatten. Schlaglöcher, die geradezu abgrundtief erscheinen, sind nicht selten. Oft ändert sich der Straßenbelag alle paar Meter, und gleichzeitig ändern sich auch die Geräusche und die Vibrationen für den, der auf den Straßen unterwegs ist. Wer Gelegenheit hat, mit Bus oder Auto durch die DDR zu fahren, wird sich selbst davon überzeugen können. Fahren Sie eine Weile durch die Gegend. Allein das Durchgeschütteltwerden auf dem Kopfsteinpflaster ist die Reise wert. Besteht die Straße aus Beton, gibt es alle paar Meter eine Ritze, in die das Fahrzeug spürbar hinein- und dann wieder herausfällt. Wer ein Gebiss oder eine Brille trägt, sollte diese eventuell vorher ablegen.

Die DDR ist, bei allem Fortschritt, ein Land voller Zwänge und Engpässe. Man kann nicht alles kaufen, man darf nicht alles sagen, schreiben oder singen, und man kann nicht überall hinreisen. Das werden Sie an vielen Stellen bemerken. Zur Aufrechterhaltung dieser Zwänge setzt der Staat auf Indoktrination einerseits und Überwachung andererseits. Für Sie als Zeitreisende ist Indoktrination kein Thema, im Gegenteil: Öffentliche Aushänge, Schulhofgesänge, Zeitungstitelseiten, die alle daran erinnern, was sie zu denken haben, können im Urlaub unterhaltsam und informativ sein. In totalitären Diktaturen sagen einem die Machthaber angenehm deutlich, was ihr Volk von ihnen halten soll. Anderswo muss man dafür lange recherchieren.

Überwachung dagegen könnte für Sie zum Problem werden. Dafür zuständig ist in der DDR das sogenannte Ministerium für Staatssicherheit, auch «Stasi» genannt. Zunächst die gute Nachricht: Es gibt hier keine handlichen kleinen Kameras, die an allen Ecken hängen. Kreditkarten werden selten verwendet. Geldautomaten gibt es vor 1987 gar nicht und danach nur in großen Städten. Im Internet können Sie auch keine Spuren hinterlassen, weil es – zumindest in der DDR – noch nicht existiert. Digitale Überwachung geht daher kaum. Die schlechte Nachricht: Statt auf Technologie setzt die Stasi auf sogenannte Informelle Mitarbeiter, Personen, die im Auftrag des Staates herausfinden, was so im Land vor sich geht. Mit anderen Worten: Menschen, die in ihrer Freizeit als Spione tätig sind.

Praktisch jede Person, der Sie begegnen, könnte ein Informeller Mitarbeiter sein. Gerüchteweise ist jeder fünfte oder siebte DDR-Bürger im Dienste der Stasi tätig. Diese Zahl mag übertrieben sein, was zum Konzept Überwachung ausdrücklich dazugehört. Der Staat will den Eindruck erwecken, jeder sei ein Spion. Man soll denken, dass immer jemand im Raum ist, der Informationen an die Stasi weiterleitet. Man soll den Verdacht hegen, dass die Stasi immer mithört. Nach dem Untergang der DDR werden hundertsiebzigtausend Informelle Mitarbeiter identifiziert, was ungefähr jedem hundertsten DDR-Bürger entspricht.

Egal, wie viele es wirklich sind: Irgendwann werden Sie mit jemandem zu tun haben, der pflichtbewusst die Anwesenheit von Fremden meldet. Das können zum Beispiel Personen sein, die beruflich viel beobachten, mitkriegen und überhören. Busfahrerinnen, Krankenhauspersonal, Verkäufer, Schaffnerinnen, leider genau die Art Leute, mit denen Sie auf Reisen am häufigsten zu tun haben. Unbemerkt irgendwo zu übernachten gestaltet sich ebenfalls schwierig. Hotels und Herbergen verlangen nach einem Ausweis, und sie behalten die Informationen, die Sie bei der Anmeldung preisgeben, leider nicht für sich. Kommen Sie privat unter, müssen Sie sich vorschriftsmäßig zügig bei einer Behörde oder einem Hauswart melden.

Wenn Sie nur ein Wochenende oder wenige Tage in der DDR verbringen möchten, dann werden Sie von der Überwachung vermutlich nicht viel mitbekommen. Sollten Sie vorhaben, länger in der DDR zu verweilen, raten wir zu Vorsicht. Vielleicht werden Sie nicht selbst in Schwierigkeiten geraten, stattdessen aber die Einheimischen, die Sie beherbergen oder Ihnen helfen. Halten Sie sich am besten nicht in großen Wohnhäusern auf, in denen der Hauswart meist zuverlässig dafür sorgt, dass alles mit rechten Dingen zugeht. Bleiben Sie nicht länger als ein paar Nächte im selben Ort. Freunden Sie sich nicht leichtfertig mit Menschen an.

Welcher Art die Schwierigkeiten sind, in die Sie oder Ihre Gastgeber geraten können, lässt sich nicht leicht prognostizieren. Die Stasi verwendet interessante Strategien, um mit schwierigen Mitbürgern umzugehen. Es gibt durchaus auch Fälle, in denen Staatsfeinde gefoltert, vor Gericht gestellt und anschließend in dunkle Kerker geworfen werden. Speziell in den Anfangsjahren der DDR sind solche altmodischen Methoden verbreitet. Bevorzugt werden aber andere, subtilere Wege der Bestrafung, die die Stasi als «Zersetzung» bezeichnet.

Zersetzung kann viele Formen annehmen. Man möchte ein Auto kaufen, und es dauert nicht zehn Jahre, wie normal, sondern dreißig. Man bekommt keinen Telefonanschluss. Die Kinder kriegen keinen Platz an der Universität. Darüber hinaus werden Gerüchte über den «Feind» gestreut, sein Ruf ruiniert, sein soziales Umfeld zerstört. Aggressivere Mittel der Zersetzung sind anonyme Anrufe oder Briefe, vorgetäuschte oder tatsächliche Überwachung, heimliches Eindringen in die Wohnung, um, sagen wir, die Möbel umzustellen – Methoden, die alle darauf abzielen, die Selbstwahrnehmung des Feindes zu zersetzen und ihn in den Wahnsinn zu treiben. Nichts von dem muss zwangsläufig passieren, aber es ist zumindest möglich. Manchmal dichtet die Stasi einem vermeintlichen Feind sogar an, er sei selbst Teil der Stasi, zum Beispiel durch Gewährung von Privilegien, um so Misstrauen in der Familie oder im Freundeskreis zu stiften. Glauben Sie also nicht alles, was

Sie über die Stasi und ihre vermeintlichen Mitarbeiter zu hören kriegen.

Wenn Sie sich länger mit der DDR beschäftigen, fragen Sie sich vielleicht, ob es möglich ist, den Menschen im Land ein wenig zur Seite zu stehen. Man sollte jedoch nicht mit dem Gedanken spielen, das Regime zu stürzen oder auch nur zu unterwandern. Was auch immer Sie vorhaben, es hat ziemlich sicher schon jemand ausprobiert, der sich mit der Lage besser auskannte. Zudem sind die meisten DDR-Bürger durchaus nicht unzufrieden mit ihrer Situation. Es handelt sich, wie eingangs erwähnt, in vielerlei Hinsicht um einen vorbildlichen Staat. Für die Mehrheit der Einheimischen ist das Leben in der DDR weitgehend sorgenfrei. Dass es nicht alles zu kaufen gibt, hat auch Vorteile: Der Zusammenhalt ist wichtiger. Man tauscht und handelt. Man hilft einander.

Aber es gibt natürlich auch Leute, die nicht glücklich sind mit ihrem seltsamen Staat. DDR-Bürgern ist es nicht gestattet, ohne Genehmigung das Land in Richtung Westen zu verlassen. Und Westen schließt hier Norden und Teile des Südens mit ein. Richtung Osten ist es zeitweilig auch nicht so einfach. Um die Zahl der Flüchtlinge niedrig zu halten, baut der Staat umfangreiche Grenzanlagen auf, zum Beispiel die 1961 entstandene Berliner Mauer. Sie umschließt die westlichen zwei Drittel der Stadt Berlin vollständig. Die Grenze zu Westdeutschland und Westberlin wird gründlich gesichert, mit Hilfe von bewaffneten Grenztruppen, Wachtürmen, Stacheldrahtzäunen, Gräben, Flutlicht, Wachhunden, Landminen, Selbstschussanlagen. Die Zone unmittelbar vor der Grenze heißt aus gutem Grund «Todesstreifen». An der DDR-Grenze sterben fast tausend Menschen, die letzten im Frühjahr 1989.

Die Mauer selbst ist eine populäre Touristenattraktion für Zeitreisende. Die meisten sehen sie sich jedoch von der Westseite aus an. Die Berliner S-Bahn fährt auf verschiedenen Linien dicht an der Mauer entlang, manchmal mitten auf dem Grenzstreifen. Fahren Sie zum Beispiel die Strecke von Gesundbrunnen nach Frohnau im Westen. Ein Teil des Bahnhofs Friedrichstraße ist ans U- und S-Bahn-Netz im Westen angeschlossen; hier können Sie umsteigen, ohne die Grenze zu überschreiten. Wenn Sie schon in der DDR sind, fahren Sie mit der S-Bahn von der Schönhauser Allee nach Pankow, durch die Ulbrichtkurve, benannt nach dem DDR-Staatschef, der den Bau der Mauer anordnete. An Stellen wie der Ulbrichtkurve können Sie sich gefahrlos einen Eindruck von der Todeszone verschaffen.

Wenn Sie Leuten helfen möchten, die aus irgendeinem Grund das Land verlassen wollen und deren Fluchtversuch in den Westen scheitern wird, so müssen Sie sich detailliert mit ihren Plänen befassen. Hier ein Beispiel aus den letzten Monaten der DDR. In der Nacht vom 7. auf den 8. März 1989 versucht das Ehepaar Freudenberg aus der DDR zu fliehen, mit Hilfe eines selbstgebauten Gasballons. Am Abend bringen die beiden den Ballon in die Nähe der S-Bahn-Station Blankenburg im Nordosten Berlins. Sie beginnen damit, ihn mit Gas zu befüllen. Später in der Nacht bemerkt ein Passant, ein Kellner auf dem Heimweg, den mittlerweile erheblich geschwollenen Ballon, der immerhin dreizehn Meter hoch ist. Er ruft die Polizei, die kurz darauf eintrifft. Der Ballon enthält noch nicht genug Gas, um zwei Personen zu tragen. Überstürzt ändert das

Ehepaar den Plan. Winfried Freudenberg steigt allein in den Ballon. In der Eile geht einiges schief. Der Ballon steigt zu hoch, und am Morgen des 8. März stürzt er in Zehlendorf im Westen Berlins ab. Winfried Freudenberg ist sofort tot. Seine Frau bleibt in der DDR zurück und wird wegen versuchter Republikflucht verhaftet.

Sie können natürlich versuchen, das Ehepaar Freudenberg (oder andere Maueropfer der späten achtziger Jahre) davon zu überzeugen, dass die DDR nur noch kurze Zeit überdauern wird. Sie sollten sich aber genau überlegen, wie Sie das anstellen wollen. «Hallo, ich komme aus der Zukunft» ist kein guter Gesprächseinstieg und führt selten zu konstruktiven Ergebnissen (siehe auch Ratgeberteil). Sie könnten als Beweis eine Kopie einer Tageszeitung aus dem Herbst 1989 mitbringen. Aber wer würde so einem Machwerk Glauben schenken? Noch am 19. Januar 1989 behauptet Erich Honecker, der alternde Staatschef, dass die Mauer noch hundert Jahre stehen wird.

Die Geschichte der Freudenbergs eröffnet jedoch einen einfachen Ausweg. Die Flucht wäre vermutlich geglückt, wenn die beiden noch ein wenig mehr Zeit gehabt hätten, um ihren Ballon vollends zu befüllen. Ihr Ziel muss es also sein, den Passanten, der zufällig in der Nähe war, abzulenken. In ein Gespräch verwickeln, nach dem Weg fragen, Irrsinn vortäuschen oder hilflos tun und auf die Barmherzigkeit des Mannes hoffen, alles mögliche Optionen. Es gilt lediglich, ein wenig Zeit zu gewinnen und damit den großen Ballon in ein unsichtbares Objekt zu verwandeln.

Die Fluchtversuche der späten DDR sind gut dokumentiert. Man hat daher die Möglichkeit, sich für einen bestimmten Fall ein genaues Bild des Vorgangs zu machen.

Sie können im Voraus herausfinden, an welchen Schrauben der Geschichte Sie ein wenig drehen müssen, um die jeweilige Person vor dem Tod oder einer unschönen Zukunft zu bewahren – zumindest in der Version der Zeit, in der Sie gerade unterwegs sind (siehe Kapitel «Eine kurze Geschichte der Zeitreise»). Sie machen die Maueropfer damit nicht ungeschehen, aber die Welt für einzelne Menschen ein wenig besser.

Galileo, Maria, James und Emmy

Wissenschaft findet meist im Verborgenen statt. Die Physikerin, der Chemiker, die Geologin, der Biologe arbeiten unter Ausschluss der Öffentlichkeit, und wenn jemand Jahrzehnte später den Nobelpreis bekommt, hören die meisten den Namen zum ersten Mal. Man erfährt überhaupt nur von den gelungenen Experimenten, von den Erfolgsgeschichten, und nichts vom Scheitern, vom Hadern, von den Zweifeln und der Frustration, die der wissenschaftlichen Entdeckung vorausgehen. Zeitreisenden bietet sich die Möglichkeit, die Wissenschaftlerinnen und Wissenschaftler zu besichtigen, bevor sie berühmt und langweilig werden, ihnen dabei zuzusehen, wie sie Formeln aufschreiben, tote Tiere sammeln, Archive anlegen, Flüssigkeiten vermengen oder Gedankenexperimente anstellen. Wahrscheinlich sehen sie dabei auch viel jünger und schöner aus als auf den Fotos von der Nobelpreisverleihung. Hier einige Anregungen für Reisen in die Geschichte der Wissenschaften.

Galileo Galilei, Padua, 1610

Manche halten Galileo Galilei für den Vater der modernen Naturwissenschaft. Aber so einfach ist die Welt nun auch wieder nicht, dass es für jedes abstrakte Ding Vater und Mutter gibt. Galileis Ruhm gründet sich unter anderem auf die ersten astronomischen Beobachtungen mit einem Teleskop, im Winter 1609/10. Ein Besuch bei Galilei in diesem Winter ist ein lohnender Ausflug, aus drei praktischen Gründen. Zum Ersten finden seine astronomischen Entdeckungen in einer relativ kurzen Zeitspanne statt, innerhalb von wenigen Monaten. Man muss nicht jahrelang auf einer dänischen Insel herumsitzen wie bei Tycho Brahe. Zum Zweiten arbeitete Galilei im sonnigen Padua, ein recht angenehmes Reiseziel. Nur die wenigsten möchten Edgeworth David im Jahr 1909 in die Antarktis folgen, um mit ihm am magnetischen Südpol zu stehen. Und zum Dritten ist es problemlos möglich, im Schutz der Dunkelheit bei Galileis Haus vorbeizuschauen.

Zu Beginn des 17. Jahrhunderts ist Padua Teil der Republik Venedig. In ein paar Stunden gelangt man mit Kutsche und Gondel in die Weltstadt Venedig, ein für Galilei nicht unüblicher Ausflug. Dort hört Galilei zum ersten Mal von der Erfindung des Teleskops, von holländischen Kaufleuten, woraufhin er beschließt, selber eines zu bauen. Die besten Tage der Republik sind vorbei, Venedig ist verwickelt in aussichtslose Streitereien mit den Türken. Aber die Stadt ist weiterhin kosmopolitisch und weltoffen. Zeitreisende sind seltsam aussehende Fremde unter vielen anderen. Die Kriege finden woanders statt, und seit 1576 hat man auch Ruhe vor der Pest.

Die Jahre in Padua, von 1592 bis 1610, sind nach Galileis eigener Aussage seine glücklichsten. Noch ist er weitgehend unbekannt. Unschöne Auseinandersetzungen mit der katholischen Kirche liegen in der Zukunft. Galilei wohnt in einem geräumigen Haus, zusammen mit mehreren Studenten. Seinen Lebensunterhalt verdient er mit Vorlesungen über Mathematik und Astronomie an der örtlichen Universität. In seiner Freizeit zeugt er drei Kinder mit einer Frau, die ein paar Straßen von seinem Haus entfernt wohnt. Kinder sind teuer, und Galilei sucht nach einem besseren Job. Vielleicht will er auch berühmt werden, bevor die Pest zurückkommt.

Galileis selbstgebaute Teleskope sind nicht besonders gut. Die handgemachten Linsenfernrohre erreichen Vergrößerungen von drei bis dreißig. Viel ist das nicht. Für hundert Euro kriegt man heute einen Feldstecher mit ähnlicher Vergrößerung, aber deutlich besserer Optik. Man kann davon ausgehen, dass die Sterne, wenn man sie durch Galileis Teleskope betrachtet, hässliche Farbränder haben und der Mond schlimm verzogen aussieht. Aber es reicht, um Dinge zu sehen, die noch kein Mensch erblickt hat, so hofft Galilei jedenfalls. Im August 1609 demonstriert er sein Teleskop zum ersten Mal, bei Tageslicht. In naher Zukunft wird es die Welt erobern. Es wird auf Schiffen auftauchen, auf den Schutzmauern von Festungen und in der Hand von Generälen.

Die beste Zeit, Galilei zu besuchen, ist der Januar 1610. Wie er zwei Monate darauf in dem später berühmten Büchlein «Sidereus Nuncius» protokolliert, entdeckt er vier kleine Lichtpunkte, die zusammen mit Jupiter über den Nachthimmel ziehen und im Laufe der Wochen entlang einer Linie hin- und herwandern – die großen «galileischen» Jupitermonde, die wir heute Europa, Ganymed, Io und Kallisto nennen. Alle vier sind für das bloße menschliche Auge unsichtbar. Außerdem malt Galilei die Oberfläche des Mondes ab und erkennt dreidimensionale Strukturen, Berge und Täler, wie auf der Erde. Der Himmel ist durch das Teleskop betrachtet voll mit Sternen. Es sind zwar hässliche Sterne, wegen der unvollkommenen

Linsen, aber viel mehr, als man ohne Hilfsmittel sehen kann.

Galilei ist nicht der einzige Astronom, der in dieser Zeit den Himmel mit dem Fernrohr betrachtet. Der Engländer Thomas Harriot sieht die Mondkrater vor ihm, im Sommer 1609, der Franke Simon Marius die Jupitermonde im Januar 1610, nur kurz nach Galilei. Die Jesuiten beobachten den Himmel mit ihren eigenen Fernrohren in Rom. Das Teleskop taucht nach seiner Erfindung im Jahr 1608 zügig an diversen Ecken Europas auf. Man kann nicht behaupten, dass die Idee, ein solches Gerät auf Jupiter oder den Mond zu richten, einmalig und bahnbrechend ist. Sie ist eher offensichtlich, und die ersten Entdeckungen sind niedrig hängende Früchte. Wer als Erster zugreift, als Erster publiziert, hat gewonnen.

Galilei ist das wohl klar, und er beeilt sich deshalb mit der Publikation des «Sidereus Nuncius». «Publish or perish», veröffentlichen oder untergehen, das gilt schon für die Naturwissenschaft des 17. Jahrhunderts. Er widmet die Entdeckung dem Großherzog der Toskana, Cosimo II. de' Medici, einem früheren Schüler, der ihm wenige Monate später eine hervorragende neue Stelle am Hof der Medici in Florenz anbietet: keine Lehrverpflichtungen, lebenslange Anstellung, gesichertes Einkommen für immer. Galilei hat erreicht, wovon alle Wissenschaftler träumen. Die Entdeckung der Jupitermonde ist nicht nur ein spektakulärer Fortschritt in der Astronomie, sondern zeigt außerdem, was Wissenschaftler so unternehmen, um ihren Lebensunterhalt zu sichern.

Das Jahr 1610 ist überhaupt eine aufregende Zeit in der Astronomie. Die meisten Astronomen sind immer noch davon überzeugt, dass die Planeten und die Sonne sich um die Erde drehen. Einige wenige, unter ihnen Johannes Kepler und Galilei, sind Anhänger von verschiedenen Versionen einer sechzig Jahre alten Theorie, nach der sich alle Planeten um die Sonne drehen. Wieder andere neigen zu einem Mittelweg – Sonne und Mond drehen sich um die Erde, die anderen Planeten wiederum um die Sonne. Über die Vor- und Nachteile der diversen Systeme wird unter Wissenschaftlern ausgiebig diskutiert. «Außerordentliche Ideen verlangen außerordentliche Beweise» ist eine gute Faustregel, und es gibt noch keine echten Beweise für eine Welt, in der die Erde und alle anderen Planeten um die Sonne rasen. Wenn Sie sich für dieses Thema interessieren, werden Sie an der Universität von Padua zweifellos die Möglichkeit haben, an der Kontroverse um das richtige Weltbild teilzuhaben, sofern Sie Lateinisch verstehen und sprechen.

Die Entdeckung der Jupitermonde ändert an der Debatte um die verschiedenen Weltbilder wenig. Dass Jupiter jetzt Monde hat, sagt kaum etwas darüber aus, ob die Sonne sich um die Erde bewegt oder nicht. Erst muss ein anderer Planet ins Spiel gebracht werden, die Venus. Wenn Venus von der Erde aus gesehen links oder rechts von der Sonne steht, erscheint sie wie ein winziger Halbmond, weil sie nur von einer Seite beschienen wird. Auf ihrem Weg um die Sonne zeigt Venus dieselben Phasen wie der Mond. Würde Venus stattdessen um die Erde wandern, innerhalb der Bahn der Sonne, dann sollte der Planet immer nur als Sichel erscheinen. Galilei, Harriot, Marius und andere verfolgen die Venus durch ihre Fernrohre, irgendwann gegen Ende des Jahres 1610, und die Phasen des Planeten sehen genauso aus, wie man erwarten würde, wenn sich die Venus um die Sonne dreht. Das uralte geozentrische Bild gerät nun ernsthaft ins Wanken. Die Venus zumindest kreist nicht um die Erde. Aber zu diesem Zeitpunkt ist Galilei schon in Florenz, weltberühmt und eher schwer zu besuchen.

Ein Wort der Warnung an die Zeitreisenden: Sie werden Galilei sicher als charismatischen und unterhaltsamen Mann erleben, und Sie könnten auf die Idee kommen, ihn ganz genau nach seinen Instrumenten, Ideen und Theorien zu befragen. Aber gleichzeitig ist Galilei ehrgeizig, geheimnistuerisch und misstrauisch. Er wird nicht einfach so mit jedem über die Jupitermonde reden, jedenfalls nicht vor der Publikation im März 1610. Legendär ist sein Umgang mit Astronomen, die er als Konkurrenten betrachtet. Die Entdeckung der Venusphasen versteckt er in einem Anagramm in einem Brief an Kepler, nur um rechtzeitig zu etablieren, dass die Entdeckung ihm gehört. Jahrelang streitet sich Galilei mit dem Ingolstädter Jesuiten Christoph Scheiner darüber, wer als Erster die Sonnenflecken entdeckt hat. Historisch gesehen ein sinnloser Streit: Es ist wohl der oben erwähnte Thomas Harriot, der sie als Erster sieht.

Jedenfalls verwendet Galilei große Energie darauf, seinen Ruhm zu verteidigen. Er wird Ihnen nicht viel mitteilen, aus Furcht, zu viel zu verraten. Wenn Sie nicht vorhaben, sich an der Uni Padua zu immatrikulieren und Vorlesungen zu besuchen, werden Sie ihn aus der Ferne betrachten müssen, heimlich. Sie werden ihm auf der Straße begegnen. Vielleicht sehen Sie ihn nachts auf dem Balkon, wenn er sein Fernrohr aufstellt. Wir raten zur

Diskretion: Zu viele Zeitreisende sind schon der Spionage verdächtigt worden. Bitte keine Fotos mit versteckten Kameras, kein Stalking, kein langes Herumlungern vor Galileis Haustür. Genießen Sie es stattdessen, an einem Ort zu sein, an dem Wissenschaftsgeschichte geschrieben wird.

Maria Cunitz, Pitschen (Schlesien), 1650

Maria Cunitz befasst sich ebenfalls mit den Planeten, aber ein paar Jahrzehnte nach Galilei. Im Jahr 1650 wird ihr Hauptwerk «Urania propitia» veröffentlicht. Dessen große Leistung besteht darin, die Positionen von Planeten zu bestimmen, also genau die Daten, die man braucht, wenn man herausfinden will, wie das Sonnensystem funktioniert. Cunitz verbessert Fehler in den alten Tabellen, die noch von Kepler stammen, und vereinfacht die Benutzung der Tabellen deutlich. Die Berechnung der Planetenorte ist auch heute mit Hilfe von Computern nicht einfach. Zur damaligen Zeit handelt es sich um eine mathematische Glanzleistung.

Maria Cunitz lebt in Pitschen, das heute in Polen liegt und Byczyna heißt. Im Dreißigjährigen Krieg wird Pitschen von Armeen mehrerer Länder verwüstet. Cunitz und ihr Ehemann Elias von Löwen fliehen für einige Jahre, kehren aber am Ende des Krieges zurück. Vermeiden Sie unbedingt die schlimmsten Wirren, Seuchen und Nöte der Kriegsjahre (mehr dazu im Kapitel «Die Schattenseiten des Krieges») und besuchen Sie Pitschen nach 1648. Maria Cunitz spricht mehrere Sprachen fließend und hat weitreichende Interessen, was es Ihnen eventuell leichter macht, ins Gespräch zu kommen.

Warum haben Sie noch nie von Maria Cunitz gehört? Zum einen, weil es sich für Frauen im Europa des 17. Jahrhunderts nicht ziemte, sich mit Mathematik und Astronomie zu befassen. Die Korrespondenz mit Kollegen läuft daher über ihren Ehemann Elias von Löwen, der im Vorwort zur «Urania propitia» klarstellt, dass er nicht der Autor ist. Zum anderen werden wesentliche Teile der Arbeit von Maria Cunitz im Mai 1656 vernichtet, in einem Großbrand, der die halbe Stadt zerstört. Wir wissen nicht, ob sie noch andere wissenschaftliche Heldentaten vollbracht hat. Vielleicht finden Sie bei Ihrem Besuch mehr darüber heraus.

James Hutton, Edinburgh, 1770er

James Hutton ist Quereinsteiger in die Wissenschaft und vertritt als einer der Ersten die Idee, dass die Erdoberfläche ständig neu geformt wird. Das bedeutet unter anderem: Man kann die Geschichte der Erde verstehen, indem man Prozesse betrachtet, die auch heute noch stattfinden – Erosion durch Wind, Ablagerung von Sedimenten, Vulkanausbrüche. Heute zählt man die Plattentektonik zu diesen Prozessen (siehe Kapitel «Kleinere Reparaturen»). Was mittlerweile so selbstverständlich klingt, ist zu Huttons Zeit brandneu. Die damals populäre Alternative: Alle Steine sind in einem einzigen steinbildenden Großereignis entstanden.

Edinburgh ist im 18. Jahrhundert eines der Zentren

der schottischen Aufklärung. Wenn Sie die Stadt in den 1770er Jahren besuchen, begegnen Sie mit etwas Glück einer ganzen Reihe berühmter Wissenschaftler. Hier sind tatsächlich nur Männer gemeint, einer der weniger aufgeklärten Aspekte der Aufklärungszeit. Zusammen mit dem Ökonomen Adam Smith und dem Chemiker Joseph Black gründet Hutton den «Oyster Club», eine wöchentliche Veranstaltung, bei der gegessen, getrunken und debattiert wird. Unter anderem sind David Hume, James Watt und Benjamin Franklin zu Besuch. Der Oyster Club trifft sich in wechselnden Lokalen in der Altstadt von Edinburgh. Frauen ist die Mitgliedschaft – wie in allen anderen Clubs dieser Zeit – nicht gestattet. Wenn Sie Austern nicht mögen, werden Sie auch Probleme haben.

Spazieren Sie unbedingt zu den Salisbury Crags, einer Felsenformation an der Westseite des Berges Arthur's Seat, der direkt über der Stadt thront. Zum einen haben Sie hier einen phantastischen Blick auf Edinburgh, mit der Nordsee auf einer Seite und Bergen am Horizont auf der anderen. Sie werden die Crags sehen, bevor im 19. Jahrhundert Steine abgetragen und zu Straßenpflaster verarbeitet werden. Zum anderen können Sie problemlos Felsen besichtigen, die Hutton für seine Studien benutzt. Die Felsen enthalten Sedimente, also Steine, die durch Ablagerung entstehen, aber auch Material vulkanischen Ursprungs. Hutton erkennt, dass beide Sorten Stein auf unterschiedliche Weise und zu unterschiedlichen Zeiten entstanden sein müssen. Geologen brauchen Steine, die aus dem Boden ragen, und James Hutton hat solche direkt vor der Haustür. Mit etwas Glück treffen Sie ihn dort oben, einen älteren Herrn, bartlos, mit lichtem Haar, der Steine betrachtet und sich Gedanken macht. Fragen Sie ihn nach seinem Lieblingsstein. Vielleicht wird er Ihnen ein Stück Berg zeigen, das unter den Klippen auf dem Hang liegt und heute «Hutton's Rock» heißt. Die Felsen erlauben eine etwas andere Art Zeitreise innerhalb Ihrer Zeitreise, dreihundert Millionen Jahre weiter in die Vergangenheit, als «Arthur's Seat» ein Vulkan und Schottland ein tropisches Land ist, das in der Nähe des Äquators liegt.

Emmy Noether, Göttingen, 1930

Emmy Noether ist eine der großartigsten Personen in der Mathematik überhaupt. Wer heute Physik studiert, wird zügig auf das Noether-Theorem stoßen, eine tiefe Einsicht in die Gesetzmäßigkeiten des Universums. Das Theorem besagt, dass es in der Natur eine direkte Verbindung gibt zwischen Symmetrien und Erhaltungssätzen, beides fundamentale Charakterzüge von Naturgesetzen. Zum Beispiel: Wenn ein physikalisches Experiment genau gleich abläuft, egal, wo und wann man es im Universum durchführt, dann ist es «translationssymmetrisch», und daraus folgt nach dem Noether-Theorem die Erhaltung von Impuls und Energie. Das heißt, wenn man das eine kennt, entweder die Symmetrie oder den Erhaltungssatz, kann man das andere finden. Das Noether-Theorem liefert eine Art Sonde bei der Erforschung der Naturgesetze.

Noether studiert in Erlangen, wo ihr Vater Professor für Mathematik ist. Sie ist erst die zweite Frau in Deutschland, die einen Doktortitel in Mathematik erhält. Lange Zeit arbeitet sie offiziell als Assistentin ihres Vaters. Im

Jahr 1915 zieht sie nach Göttingen und löst dort mathematische Probleme, anfänglich ebenfalls als Assistentin angestellt. Erst im Jahr 1919 erhält sie nach langem Hin und Her eine Stelle als Privatdozentin. In den 1920ern ist sie unter Mathematikern wohlbekannt, trotzdem erscheinen viele ihrer Werke unter dem Namen von Männern. Auch im 20. Jahrhundert ist es für Frauen nicht einfach, mit Mathematik ihren Lebensunterhalt zu verdienen.

Emmy Noether ist eine enthusiastische Forscherin und Lehrerin. Sie redet schnell und laut, und es dürfte für Laien schwer sein, ihren Erklärungen über mathematische Themen zu folgen. Manche ihrer Studierenden klagen über die unsortierten, chaotischen Vorlesungen, andere loben die offenen, anregenden Diskussionen. Manchmal sieht man Emmy Noether im Gespräch mit Studierenden beim Spaziergang im Park, im Kaffeehaus oder auf der Straße. Von 1922 bis 1932 wohnt Noether nur wenige hundert Meter südöstlich der Innenstadt, im Friedländerweg 57, einem Haus, das der Studentenverbindung «Thuringia» gehört. Das Mathematische Institut befindet sich ab 1929 in einem neuen Gebäude in der Bunsenstraße, gleich um die Ecke.

Göttingen, das ist die Stadt von Carl Friedrich Gauß und außerdem der Ort, an dem die Erforschung des Zeitreisens große Fortschritte macht (siehe «Eine kurze Geschichte der Zeitreise»). Vor dem Ersten Weltkrieg arbeiten hier Hermann Minkowski und Karl Schwarzschild, zwei Wissenschaftler, die ihren Kollegen im Verständnis von Raum und Zeit weit voraus sind. In den 1920er Jahren wird Göttingen das Zentrum der mathematischen Welt. David Hilbert holt nicht nur Noether nach Göttingen, sondern auch Hermann Weyl (bis 1913, dann wieder ab 1930) und John von Neumann (1927/28). Der Ingenieur Ludwig Prandtl leitet das Institut für Strömungsforschung. In der Physik wimmelt es nur so von späteren Nobelpreisträgern: Max Born und James Franck leiten die beiden Institute. Maria Goeppert-Mayer promoviert hier im Jahr 1930. Wolfgang Pauli ist 1921/22 Assistent von Born. In Göttingen entwickelt Werner Heisenberg in den Jahren 1925 und 1926 seine Matrizenmechanik, zusammen mit Born und Pascual Jordan. Wenn Sie sich für die Wissenschaft des Zeitreisens interessieren, werden Sie vielleicht schon beim Lesen dieser Namen in Ekstase verfallen.

Im Frühjahr 1933, nach der Machtübernahme Hitlers, wird ein neues Gesetz erlassen, das es den Nazis erlaubt, unliebsame Personen von Unis zu entfernen, was vor allem Juden trifft und Leute, die man für politische Gegner hält. Es ist das Ende der goldenen Ära der Mathematik in Göttingen. Zusammen mit vielen Kolleginnen und Kollegen muss Emmy Noether ihre Stelle aufgeben. Sie ist Jüdin, zeitweilig aktiv in politisch linken Organisationen, zudem hat sie einige Jahre zuvor Gastvorlesungen in Moskau gehalten (im Winter 1928/29; vermeiden Sie also diese Zeit, wenn Sie Noether in Göttingen besuchen möchten). Das sind gleich drei Gründe für die Nazis, Emmy Noether zu entlassen. Sie zieht schließlich nach Amerika und stirbt 1935 im Alter von nur dreiundfünfzig Jahren an den Folgen einer Krebsoperation.

Ein Paradies im Mittelalter

Das bei Zeitreisebuchungen beliebte «Mittelalter» ist eine Fiktion, die viel mit gegenwärtigen Mittelaltermärkten und -festspielen und wenig mit der Vergangenheit zu tun hat. Das echte Mittelalter, also ungefähr die Zeit zwischen dem 6. und dem 15. Jahrhundert, ist voll mit gewöhnungsbedürftigen Umständen. Viel lässt sich dagegen bei der Reiseplanung nicht unternehmen. Es handelt sich nun einmal um eine Epoche, in der selbst Königinnen unter Bedingungen leben, die zurückgekehrte Urlauber immer wieder zu missmutigen Bewertungen ihres Reiseanbieters verleiten.

Gewöhnungsbedürftig sind für Reisende aus der Gegenwart vor allem die hygienischen Verhältnisse. Dass sich Menschen im Mittelalter überhaupt nicht waschen, ist zwar ein Mythos – Baden erfreut sich einiger Beliebtheit. Aber das Bereitstellen ausreichender Mengen heißen Wassers ist personalintensiv, und es gibt nicht an allen Orten zu jeder Zeit ein Badehaus. Unter diesem Aspekt sind die nordischen Länder empfehlenswerte Mittelalter-Reiseziele: Man badet dort jede Woche, kämmt und wäscht sich täglich und wechselt regelmäßig die Kleidung. In einer englischen Quelle aus dem 13. Jahrhundert heißt es über die «Dänen» (also Leute aus dem Norden, nicht unbedingt aus dem heutigen Dänemark), es sei ihnen durch diese Praktiken gelungen, die Tugend verheirateter Frauen zu zerrütten und die Töchter von Edelleuten zu verführen.

Die Quelle gilt als unzuverlässig und handelt an dieser Stelle von Ereignissen, die zum Aufschreibezeitpunkt schon zweihundert Jahre zurückliegen. Aber dass man im Norden reinlicher lebt als in Mitteleuropa, ist nicht umstritten. Zum Bestattungszubehör der Leute aus dem Norden gehören Rasiermesser, Pinzetten, Ohrenreinigungswerkzeug und Kämme. Sie stellen Seife her und bleichen sich das Haar. Ahmad Ibn Fadlan, ein Gelehrter aus Bagdad, der im Jahr 921 an die Wolga reist und dort Nordländern begegnet, findet ihre Hygienegewohnheiten allerdings abstoßend, denn sie pflegen sich nach dem Sex nicht zu waschen und benutzen morgens alle dieselbe Waschschüssel für Gesicht und Hände. Wer sich an so etwas stört, sollte also eher die islamische Welt als Reiseziel in Erwägung ziehen, zum Beispiel Bagdad, Konstantinopel oder Granada zur Zeit der Nasriden (siehe Kapitel «Ein unvergessliches Wochenende»).

Für alle anderen eignet sich Island als Reiseziel, da es dort wegen der natürlichen heißen Quellen noch etwas reinlicher zugeht als in anderen Ländern des Nordens. Es ist zu allen Zeiten üblich und gilt als gesund, im warmen Wasser zu baden. Auch die Wäsche wäscht man darin. Thermalquellen sind aber selbst in Island nicht so zahlreich, dass jedes Haus über eine eigene verfügt. Planen Sie Ihren Aufenthalt um die bekannten Badestellen herum, wenn Ihnen die Gesellschaft sauberer Menschen oder das Waschen von Bekleidung wichtig ist.

Auch jenseits der Hygienefrage bietet Island viele Vorzüge. Im Vergleich zu den meisten Nachbarländern geht es friedlich zu. Anderswo werden Kriege geführt; in Island besteht das größte Risiko darin, sich in eine private Blutfehde verwickeln zu lassen. Vermeiden sollte man nur die *Sturlungaöld*, eine Phase von 1220 bis etwa 1270, in der reichlich gerauft wird. Am 21. August 1238 (nach isländischer Zeitrechnung, dazu später mehr) findet die Schlacht von Örlygsstaðir statt. Am Kampf beteiligen sich etwa 2700 Personen, es gibt knapp 60 Tote. Am 19. April 1246 wird in Haugsnes noch einmal gekämpft, 110 Menschen sterben. Besonders elaboriert geht es dabei nicht zu: Die meisten Beteiligten sind Bauern, die einander mit Steinen bewerfen.

Das mittelalterliche Island wird halbwegs demokratisch regiert. Frauen können Land, Bücher und Manuskripte besitzen, sich scheiden lassen, ihre Mitgift zurückverlangen und die Geschäfte abwesender oder verstorbener Ehemänner weiterführen. Praktisch ist insbesondere, dass man sich mit modernem Isländisch einigermaßen verständigen kann. Deutsche Zeitreisende können mit Althochdeutsch ohne vorherige Sprachkurse gar nichts anfangen. Allen anderen Bewohnern Europas geht es mit ihren jeweiligen Landessprachen genauso. Aber das gegenwärtige Isländisch ist dem vor tausend Jahren üblichen Altnordischen so ähnlich, dass man es immerhin lesen kann. Nur die Aussprache ist ein bisschen ungewohnt.

Vor dem späten 9. Jahrhundert lohnt sich ein Ausflug nach Island nur für Reisende mit sehr speziellen Interessen (siehe unten), denn das Land ist noch menschenleer. Eventuell findet man vereinzelte irische Mönche vor. Erst ab 874 wird Island – überwiegend von Menschen aus Norwegen und Irland – besiedelt, wobei die irischen Beteiligten nicht freiwillig mitmachen, sondern als Leibeigene importiert werden. Ab 930 sind die meisten landwirtschaftlich nutzbaren Gegenden vergeben. Wer sich dauerhaft hier niederlassen möchte (siehe Kapitel «Für immer dableiben»), sollte also rechtzeitig erscheinen. Das ist auch für Frauen eine Option, wie das isländische *Landnámabók* belegt, eine historische Aufstellung der frühen Siedler und eben auch Siedlerinnen.

Je früher man dran ist, desto leichter ist es, Land unter Umständen sogar gratis zu erhalten. Auch die Nachbarn freuen sich dann noch über Unterstützung, anstatt Neuankömmlinge misstrauisch zu beäugen. Suchen Sie sich einen Wohnort mit eigener warmer Bade- und Waschgelegenheit und vermeiden Sie Stellen, die in der Zukunft (aus der Sicht der Vergangenheit) explodieren oder unter meterhoher Lava verschwinden werden. Die Nachteile Islands sind für Dauercamper und Übersiedler relevanter als für Kurzurlauber: Der Boden ist nicht sehr fruchtbar, das Land enthält übertrieben viele aktive Vulkane, und das Klima ist selbst in Warmzeiten alles andere als mild.

Der Umgang mit den Einheimischen gestaltet sich meist unproblematisch. Sie sind gastfreundlich und daran gewöhnt, auch ausländische Gäste zum Teil wochen- und monatelang zu beherbergen. Allerdings ist die Ernährungslage in vielen Jahren speziell gegen Ende des Winters etwas schwierig. Gäste sollten sich daher bemühen, zur Lebensmittelversorgung beizutragen – und zwar unabhängig von der Reisezeit, denn das, was Sie im Herbst aufessen, wird im Frühjahr fehlen. Insbesondere Lebensmittel, die in Island knapp sind oder gar nicht gedeihen, sind gern gesehen: Wein, Getreide, Honig, Öl, Gewürze. Quantität geht im Zweifelsfall vor Qualität. Vermeiden Sie wie überall, durch dauerhaft haltbare Geschenke aus der Zukunft künftige Archäologen zu verwirren (mehr dazu im Ratgeberteil).

Großzügigkeit beim Verteilen von Geschenken ist eine der angesehensten Charaktereigenschaften, die man in diesem Land an den Tag legen kann. Was als großzügig gilt, hat allerdings mit gegenwärtigen Praktiken wenig zu tun. Geschenke zählen erst dann so richtig, wenn sie für die Schenkenden die Grenze zur Existenzbedrohung streifen. Seien Sie also nicht knausrig mit dem Mitgebrachten. Händigen Sie am besten gleich zu Beginn Ihres Aufenthalts alles, was Sie haben, Ihrem Gastgeber oder Ihrer Gastgeberin aus. Man wird Sie im Gegenzug nicht hungern lassen – oder jedenfalls nicht mehr als alle anderen.

Für allein reisende Frauen empfiehlt sich das sichtbare Mitführen mindestens eines großen Schlüssels, der Ihren Status als wohlhabende Herrin über einen Haushalt symbolisiert. Ein moderner Hausschlüssel ist dafür zu klein und wird vermutlich nicht einmal als Schlüssel erkannt. Konsultieren Sie gegebenenfalls ein Museum, Ihren Reiseveranstalter oder einen Mittelaltermarkt. Achten Sie darauf, keinen verkleinerten Ziergegenstand, sondern einen Schlüssel in Originalgröße zu bekommen.

Allgemein ist bei der Reiseplanung zu beachten, dass Island vom 10. bis zum 18. Jahrhundert seinem eigenen Kalender folgt, in dem Schaltjahre dreiundfünfzig Wochen haben. Wenn Sie zu einem ganz bestimmten Datum vor Ort sein möchten, sollten Sie sich von einem auf die isländischen Verhältnisse spezialisierten Anbieter beraten lassen.

Um die vorchristliche Religion zu besichtigen, müssen Sie Ihren Urlaub vor der Jahrtausendwende antreten: Auf dem Althing im Jahr 1000 (vielleicht auch schon 999, sehen Sie selbst nach) wird nach Einschaltung eines Schiedsrichters, des Gesetzessprechers Thorgeir Thorkelsson, der Übertritt des Landes zum Christentum beschlossen. Das geschieht friedlich, die Anwesenden weigern sich allerdings, sich mit kaltem Wasser taufen zu lassen. Die Massentaufen können erst später in den umliegenden warmen Quellen erfolgen. Privat bleibt die Anbetung der alten Götter weiterhin erlaubt.

Das Althing ist auch sonst ein empfehlenswertes Reiseziel. Es ist nicht nur eines der ältesten Parlamente der Welt, sondern auch eine Art Open-Air-Festival. Ab etwa 930 wird es jährlich Mitte Juni auf dem Þingvellir abgehalten, einem Gebiet etwa vierzig Kilometer östlich von Reykjavík, das deshalb bis heute zu den Hauptsehenswürdigkeiten des Landes gehört. Gegenwärtig kann man dort nur herumschlendern, die Landschaft besichtigen und Erklärungen auf Infotafeln durchlesen. Im Mittelalter geht es deutlich interessanter zu. Die Gesetze werden verkündet, es wird öffentlich Recht gesprochen, gehandelt, getanzt und gefeiert.

Wenn Sie das Þingvellir besuchen, werden Sie wahrscheinlich kein allzu großes Aufsehen erregen. Am Althing nehmen sehr viele Isländer teil: alle, die sich die Teilnahme leisten können und als freie und gesetzestreue Bürger das Recht dazu haben. Frühzeitiges Erscheinen – also vor der Reformationszeit – lohnt sich, denn danach ist das Tanzen verboten. Wer lustige Kreistänze sucht, ist ab diesem Zeitpunkt auf den Färöern glücklicher.

Eine weitere unschöne Folge der Reformation ist die Umgestaltung des Justizsystems. In den ersten Jahrhunderten nach der Besiedlung Islands sind die Rechtsverhältnisse auf dem Althing ausgesprochen menschenfreundlich, selbst im Vergleich zur Gegenwart. In den meisten Fällen müssen Schuldige lediglich eine finanzielle Entschädigung an die Leidtragenden eines Verbrechens entrichten. Die härteste Strafe ist eine vorübergehende oder dauerhafte Verbannung ins Exil. Das bedeutet, dass man in Island von niemandem mehr mit Lebensmitteln oder Unterkunft unterstützt und von jedem totgeschlagen werden darf. Man muss also in ein anderes Land umsiedeln, was die Einwohner Islands als ausgesprochen schmerzhaft empfinden. Eine Exekutive gibt es nicht, um die Urteilsvollstreckung müssen sich Familie und Freunde der klagenden Partei selbst kümmern.

Nach der Reformation entwickelt sich das Rechtssystem und damit auch das Geschehen auf dem Althing in eine unerfreuliche Richtung. «Sittenlose» Frauen werden ertränkt, Hexer verbrannt. Zu den Strafen gehören jetzt Auspeitschen, Brandmarken und das Abschneiden von Körperteilen. Wenn Sie nicht in der Gegenwart in Länder reisen würden, in denen dergleichen praktiziert wird, um dabei zuzusehen, sollten Sie es auch in der Vergangenheit nicht tun.

Im späten 13. Jahrhundert gerät Island unter norwegische Herrschaft. Die neuen Landesherren halten sich nicht an die vertraglichen Vereinbarungen. Politische und juristische Strukturen werden undemokratischer, und die Kirche gewinnt an Macht. Ungefähr zur selben Zeit beginnt die «Kleine Eiszeit», eine mehrere Jahrhunderte andauernde Kaltzeit, die das ohnehin am Rande der landwirtschaftlich nutzbaren Zone liegende Land hart trifft. Die Ernten fallen karger aus, gleichzeitig braucht das Vieh mehr Futter, um die längeren und kälteren Winter zu überstehen. Auch das wirkt sich ungünstig auf die politischen Strukturen aus.

Reisehindernisse sind das alles nicht, aber wenn Sie keine besonderen Präferenzen für eine bestimmte Zeit haben, werden Sie zwischen Landnahme und frühem 13. Jahrhundert wahrscheinlich zufriedenere Menschen vorfinden. Mit Ausnahme der Leibeigenen: Von der Besiedlungszeit bis mindestens ins 12. Jahrhundert wird in Island Sklaverei praktiziert, wobei man die Leibeigenen überwiegend auf den Britischen Inseln raubt oder kauft.

Was Infektionskrankheiten betrifft, sind die frühen Jahre ebenfalls empfehlenswerter. Die Pocken treten erst 1241 auf, die Pest kommt zum ersten Mal 1402 nach Island, dann noch einmal 1494. Der erste Seuchenzug ist tödlicher als der zweite. Meiden sollten Sie beide. Bedenken Sie aber, dass Sie leicht selbst diejenige Person sein können, die eine Krankheit zum ersten Mal nach Island bringt. Beachten Sie unbedingt die Hinweise im Ratgeberteil.

Die heißen Quellen sind praktisch, deuten aber auf eine weitere Gefahr hin. Island liegt auf dem Mittelatlantischen Rücken, der Stelle, an der zwei Platten der Erdkruste aneinanderstoßen. Die Nordamerikanische und die Eurasische Platte driften auseinander, und lassen heißes flüssiges Gestein aus dem Erdinnern nach oben durch. Warme Quellen und Geysire sind eine direkte Folge. Weniger hilfreiche Auswirkungen: Erdbeben und Vulkanausbrüche. Die geologischen Besonderheiten sind vor allem dann ein Problem, wenn man direkt an einem Vulkan wohnt und jeden Moment damit rechnen muss, dass Haus und Weideland unter Lavaströmen verschwinden.

Vielleicht möchten Sie während Ihres Islandaufenthalts

etwas für die Forschung tun. Die Geschichte Islands ab der Besiedlung ist dank der Aufschreibefreude der Isländer gründlich dokumentiert, aber was geschah vorher? An fünf verschiedenen Orten entlang der Südküste hat man römische Münzen aus dem 3. Jahrhundert gefunden. Bisher ist ungeklärt, ob diese Münzen von früheren Besuchern stammen oder erst später im Zuge der Besiedlung auf die Insel gelangt sind. Wenn Sie die Vorstellung nicht stört, Ihren Urlaub mehr oder weniger allein auf Island zuzubringen, können Sie versuchen, mehr über die Geschichte der Insel vor dem Jahr 874 herauszufinden.

Falls Sie sich für Volksbräuche und -sagen interessieren, können Sie der *Nábrók* nachforschen, dem isländischen Äquivalent zur neuzeitlichen Winkekatze. Es handelt sich um eine Hose, die aus der Beinhaut eines Toten hergestellt wird und demjenigen, der sie trägt, eine stets gefüllte Geldbörse verschaffen soll. Die Geldbörse besteht in diesem Fall aus dem Hodensack des Verstorbenen. Im Hexereimuseum Hólmavík ist ein Nachbau einer solchen Hose ausgestellt. Ob jemals eine Totenhose außerhalb von Sagen und Legenden hergestellt und getragen wurde, ist einerseits ungeklärt, andererseits aber auch schwer herauszufinden.

Was bisher über die Besiedlung Islands bekannt ist, stammt vorwiegend aus dem schon erwähnten *Landnámabók* und dem *Íslendingabók*. Das *Íslendingabók* wurde um 1120 von Ari Þorgilsson, einem isländischen Historiker, verfasst. An der Niederschrift des *Landnámabók* war Ari vermutlich zumindest beteiligt. Keine der ursprünglichen Fassungen des *Íslendingabók* ist erhalten, die älteste in die Gegenwart gerettete Handschrift ist eine Kopie aus dem

17. Jahrhundert. Aris genauer Wohnort ist nicht bekannt. Aber wenn Sie um 1120 (er ist zu diesem Zeitpunkt Mitte vierzig) in der Gegend des heutigen Staðastaður nach Ari dem Gelehrten *(Ari hinn fróði)* fragen, wird man schon wissen, wen Sie meinen. Machen Sie Fotos vom Original des *Íslendingabók*. Falls Sie erst nach Aris Tod im Jahr 1148 vor Ort sein sollten, können Sie immer noch versuchen, die Originalhandschriften vor dem Verlust zu bewahren oder das Anfertigen zusätzlicher Kopien anzuregen. Im Jahr 1541 führt eine Inventarliste des Bischofssitzes Skálholt einen Schrank voll «wertloser alter Bücher» auf, die es vielleicht wert sind, gerettet zu werden.

Falls Sie sich um die Jahrtausendwende in Island oder Grönland befinden, sollten Sie unbedingt versuchen, mehr über Vinland herauszufinden, eine in diesen Jahren gegründete und später wieder aufgegebene Siedlung in Neufundland. Leif Eriksson aus Brattahlíð, dem heutigen Qassiarsuk an der Südspitze Grönlands, geht dort um das Jahr 1000 erstmals an Land. Umstritten ist außer der archäologisch belegten Tatsache, dass Isländer einige Zeit in Neufundland verbringen, so gut wie alles: Wann genau sind die Isländer vor Ort? An welchen Orten, vom Umland des heutigen L'Anse aux Meadows abgesehen, geht man an Land? Um dort was zu tun? Und warum kommt die Vinlandfahrt so bald wieder aus der Mode?

Sie müssen nicht selbst dabei sein. Die Fahrten der Nordleute sind riskant, ungemütlich und langwierig. Man verwendet Schiffe, die aus heutiger Sicht ziemlich klein und mit Menschen, Tieren, Waren überladen sind. Aber schon Interviews mit Zeitgenossen würden die Forschung erheblich voranbringen. Außerdem haben Sie dabei womöglich Gelegenheit, die Bekanntschaft von Guðríðr Þorbjarnardóttir zu machen, die nicht nur irgendwann zwischen 1005 und 1013 an mindestens einer der Vinlandreisen beteiligt ist, sondern auch später eine Pilgerreise nach Rom und wieder zurück unternimmt. Auch darüber sind bisher nur wenige Details bekannt. Man wird jede Kleinigkeit feiern, die Sie zusätzlich herausfinden.

Wenn Ihnen nichts von alldem gelingt, lassen Sie sich dadurch nicht den Urlaub verderben. Die isländische Geschichte und Literatur ist auch ohne Ihr Zutun bereits viel besser überliefert als die der meisten anderen Kulturen.

Konzerte ohne Klingeltöne

Die Suche nach Authentizität treibt so manche Zeitreisenden an. «Alles schon dagewesen», «Früher war es besser», «Heute wird das doch gar nicht mehr richtig gemacht» – weitverbreitete Gedanken unter Menschen, die älter als dreißig sind (mehr dazu im Kapitel «Für immer dableiben»). Die Zeitmaschine kann helfen. Wenn die Gegenwart nur schlechte Kopien, nur Nachgemachtes enthält, dann muss umgekehrt das Wahre, Echte und Ursprüngliche irgendwo in der Vergangenheit zu finden sein.

Musik ist ein gutes Beispiel. Musikalische Aufführungen sind Momentaufnahmen. Nie wieder wird ein gespielter Klang genau so und nicht anders entstehen. Selbst wenn man ein Geräusch später originalgetreu reproduziert, wird man es nie wieder so hören wie beim ersten Mal. Erst seit Ende des 19. Jahrhunderts gibt es Tondokumente. Der von Thomas Edison erfundene Phonograph spielt Geräusche ab, die auf Walzen geprägt sind. Grauenvoll knisternde Geräusche. Die ersten mechanischen Klaviere der Firma M. Welte & Söhne werden durch Lochmuster in Papierrollen gesteuert. Sobald sich Musik speichern und wiederabspielen lässt, kann man der Nachwelt einigermaßen klar mitteilen, wie man sich das beim Komponieren gedacht hat. Vorher jedoch gibt es maximal Noten, Kommentare und vielleicht Erinnerungen von Leuten, die zufällig dabei waren. Als Musikerin und Musiker hat man viele Möglichkeiten, Komponisten misszuverstehen.

Diverse Musikschaffende der schallplattenlosen Zeiten unternehmen verzweifelte Versuche, mit der Nachwelt zu kommunizieren. Wie schnell soll man spielen? Wie laut? Wie strikt muss man sich an die Noten halten? Darf man die Notenlängen variieren? Das Tempo verändern? Ist es erlaubt, den Ton schwingen zu lassen? Johann Joachim Quantz, Querflötist, Komponist und Flötenlehrer von Friedrich dem Großen, schreibt im Jahr 1752 eine umfassende Anleitung, wie die Musik aus seiner Zeit zu spielen sei. Die Tempofrage klärt er mit Hilfe eines natürlichen Taktgebers, den alle in ihrer Brust mit sich herumtragen: «Man nehme den Pulsschlag, wie er nach der Mittagsmahlzeit bis Abends, und zwar bey einem lustigen und aufgeräumten, doch dabey etwas hitzigen und flüchtigen Menschen, oder, wenn es so zu reden erlaubet ist, bey einem Menschen von cholerisch-sanguinischem Temperamente geht, zum Grunde: so wird man den rechten getroffen haben. Man setze denjenigen Puls, welcher in einer Minute ohngefähr achtzigmal schlägt, zur Richtschnur. Achtzig Pulsschläge, im geschwindesten Tempo des gemeinen geraden Tacts, machen vierzig Tacte aus.» Wie schnell das eigene Herz schlägt, kann man vorher an der Kirchturmuhr überprüfen. Quantz ist sich bewusst, dass es sich nicht um hochpräzise Instruktionen handelt. «Einige wenige Pulsschläge mehr, oder weniger, machen hierbey keinen Unterschied», so der Flötenmeister. Sie werden selbst nachsehen müssen, was Mitte des 18. Jahrhunderts als cholerisch-sanguinisches Temperament gilt, um Quantz vollends zu verstehen.

Nur wenige Jahrzehnte später bietet die Feinmechanik eine Lösung für gestresste Komponisten: Im Jahr 1815 patentiert der Ingenieur und Erfinder Johann Nepomuk Mälzel das Metronom. Dabei handelt es sich um ein Gerät, mit dem man das Tempo von Musikstücken präzise bestimmen kann. Musizierende werden dabei unterstützt, ein gewähltes Tempo exakt einzuhalten. Das mechanische Metronom ist technisch gesehen ein Pendel, das hin- und herschwingt und mit Hilfe einer Feder in Gang gehalten wird. Damit das Pendel durch die Reibungsverluste nicht langsamer wird, muss die Feder wie eine alte Uhr gelegentlich aufgezogen werden. Die Frequenz einer Pendelbewegung wird durch das Pendelgesetz bestimmt. Sie berechnet sich aus der Länge des Pendels, der Masse am Ende des Pendels und der Schwerebeschleunigung der Erde. Indem man ein Gewicht am Schwungarm des Metronoms nach oben oder unten schiebt, beschleunigt oder verlangsamt man die Pendelbewegung und damit das Tempo der Musik. Beim Komponieren kann man mit Hilfe des Metronoms genau messen, wie schnell ein Stück gespielt werden soll. Diese Information, eine Zahl, hinterlässt man der Nachwelt.

Mälzel ist durch das Metronom berühmt geworden, obwohl Dietrich Nikolaus Winkel es vor ihm erfunden hat. Mälzel erfindet dafür andere Geräte, die weit weniger langweilig sind als das stupide klackernde Pendel. Diese großartigen Geräte wiederum kennt heute niemand mehr: Spieluhren, Sprechmaschinen, mechanische Trompeter, diverse automatisierte Zirkusattraktionen, zum Beispiel Seiltänzer und Zauberer. Außerdem bühnenfüllende animierte Dioramen des Großbrandes von Moskau im Jahr 1812, der drei Viertel der Häuser zerstört, kurz nachdem Napoleon die Stadt erreicht. Viel ist von Mälzels obskuren Herrlichkeiten nicht erhalten. Wir empfehlen dringend den Besuch der öffentlichen Vorführungen in der Vergangenheit. In den letzten zwölf Jahren vor seinem Tod 1838 finden Sie Mälzels Attraktionen am leichtesten in Philadelphia, an der Ostküste der Vereinigten Staaten, wo er gegen Ende seines Lebens wohnt.

Zurück zum Metronom. Bevor Mälzel nach Amerika geht, freundet er sich mit Ludwig van Beethoven an und konstruiert für ihn Hörhilfen, künstliche Schalltrichter. In der Folge wird Beethoven ein Anhänger des Metronoms. Er hinterlässt damit Hinweise, wie schnell seine Musik zu spielen sei, unter anderem für die neun Sinfonien und viele Streichquartette. Tempo ist wichtig für Beethoven und das Metronom ein Weg, den Musikern eindeutig mitzuteilen, was er sich vorstellt. Endlich haben die schwammigen Tempoangaben ein Ende.

Aber das scheinbar so objektive Pendel des Metronoms räumt nicht alle Missverständnisse aus. Zum einen muss man bei der Interpretation natürlich ein Metronom verwenden, das dieselben Tempi produziert wie das von, in diesem Fall, Beethoven. Das heißt dieselbe Bauart, dieselbe Schwungmasse, richtig aufgezogen. Beethovens Metronom existiert noch, aber die Schwungmasse fehlt, was es unmöglich macht nachzuprüfen, wie schnell es schlägt. Man muss sich auch auf demselben Himmelskörper befinden wie Beethoven. Auf dem Mond oder in einer Raumstation ist die Schwerebeschleunigung ganz anders, die Metronomzahlen damit hinfällig. Dieser Hinweis ist vor allem relevant, falls Sie irdische Musiktempi mit denen von Außerirdischen vergleichen möchten.

Um Beethovens Metronomangaben wird seit zweihundert Jahren hart gefeilscht. Sie scheinen zu schnell, so schnell, dass die Stücke beinahe unspielbar sind, oder zumindest unanhörbar. Ähnliches gilt für Musik von Beethovens Zeitgenossen, die Metronomangaben hinterlassen haben. Lange werden die klassischen Metronomwerte deshalb gänzlich ignoriert. Man spielt die Stücke langsamer, irgendwie, damit es geht, mit der Begründung: «Das kann er nicht so gemeint haben!» Hat er es so gemeint oder nicht? Finden Sie es selbst heraus. Reisen Sie in das Wien des frühen 19. Jahrhunderts und besuchen Sie ein Beethoven-Konzert, zum Beispiel die Uraufführung der neunten Sinfonie am 7. Mai 1824 im Kärntnertortheater, drei Jahre vor Beethovens Tod. Achten Sie darauf, wie lange die einzelnen Sätze dauern. Heutige Sinfonieorchester spielen den ersten Satz *Allegro ma non troppo* meist in einer Viertelstunde, das Finale in etwa fünfundzwanzig Minuten. Vielleicht geht es im Original deutlich schneller und Sie kommen früher nach Hause.

Im 20. Jahrhundert denkt man sich so einige Erklärungen für Beethovens wahnsinnige Metronomangaben aus. Das Metronom klackt bei jedem Hin- und Herschwingen des Pendels zweimal, einmal an jedem Ende der Schwingung. Anstelle des Klackens könnte man auch das Hin- und Herschwingen des Pendels zählen. Vielleicht meint Beethoven also nicht «80», wenn er «80» hinschreibt, sondern nur die Hälfte? Oder aber man behauptet, Beethovens Metronom sei irgendwie kaputt gewesen. Oder man erklärt, Beethoven habe mit seinen Metronomangaben nur Spaß gemacht. Die Musiker und Musikerinnen von damals hätten das natürlich sofort verstanden, nur wir sind zu blöd dafür.

Denn das richtige Tempo muss man beim Musizieren fühlen, hierin sind sich die Fachleute aus verschiedenen

Jahrhunderten einmal einig, mit Hilfe einer speziellen Sensibilität. Da hilft kein Metronom, kein Pulsschlag, kein Presslufthammer. Ähnliches gilt für die Lautstärke oder andere stilistische Ausprägungen. Diese Sensibilität für die richtige Spielweise ist kein magisches Serum, das durch die Adern der Künstler fließt, sondern durch jahrelanges Hören und Spielen antrainiert. Für Musiker der Barockzeit ist die Anweisung *Allegro assai* eindeutig. Mehr noch, sie wissen, wie man ein Stück Musik aus ihrer Zeit spielt, das nicht mit umfangreichen Kommentaren versehen ist. Sie haben die Noten vor sich und legen los. Umgekehrt hätten sie vermutlich keinerlei Ahnung, wie man, sagen wir, «Get Back» von den Beatles spielen würde. (Obwohl es sicher interessant wäre, das auszuprobieren. Man besorge sich die Noten und lege sie einem aufgeschlossenen Kammerorchester des 17. Jahrhunderts vor – die erste authentische Barockinterpretation der Beatles.)

Wie soll man jemals so fühlen können wie die Zeitgenossen des 17. oder 18. Jahrhunderts? Muss man bei Kerzenlicht auf harten Stühlen sitzen, sich einparfümieren, staubige Perücken aufsetzen, Instrumente spielen, die völlig ohne Plastik auskommen? Muss man alles vergessen, was einem die Gegenwart beigebracht hat, die Termine, die allgegenwärtigen Uhren, die Autobahnen, den unablässigen Strom von Neuigkeiten? Jahrhunderte völlig anderer Musik, die das eigene Musikempfinden beeinflusst haben? Wie hört sich Telemann an, wenn seine Musik ungefähr das ist, was wir heute Popmusik nennen, und nicht irgendetwas Altes, Ehrwürdiges?

Wie fühlt man, wenn man nichts weiß über die Bausteine der Materie, die Weiten des Universums, wenn man noch nie eine Mikrowelle benutzt hat, wenn schon Protestantismus als Gotteslästerung gilt? Wie viel von unserem Empfinden ist universal und zeitlos? Wir sind Kinder unserer Zeit, die meisten jedenfalls, geprägt von den Rhythmen, den Vorlieben, den Ereignissen unserer Epoche. Die Gegenwart ist ein gnadenloser Diktator. Es erfordert große Energie, sich ihr zu widersetzen. Wer Musik im Original hören will, muss der eigenen Zeit entkommen und tief in die Vergangenheit eintauchen.

Eine gute Gelegenheit, sich Barockmusik im Original anzuhören, sind Aufführungen im Rahmen von Gottesdiensten. Der Eintritt ist frei, alle werden hineingelassen, und es ist einfach, in der Menge unterzutauchen. Johann Sebastian Bach hat hunderte Kantaten für Gottesdienste komponiert. Die meisten stammen aus seiner Zeit als Thomaskantor in Leipzig, angefangen im Jahr 1723. Teil dieses Jobs war die Aufführung einer Kantate an jedem Sonn- und Feiertag. Man begebe sich also in die Leipziger Thomaskirche und benehme sich unauffällig.

Hunderte Kantaten sind im Laufe der Zeit verloren gegangen. Sie können also nicht erwarten, dass Sie in einem beliebigen Gottesdienst eine Kantate hören werden, die Ihnen aus der Gegenwart bekannt ist. Sie können auch nicht im Internet nachsehen, was gerade gespielt wird. Kantaten sind mehrstimmige Vokalstücke, begleitet von einer Instrumentalgruppe. Ob die Kantaten in Bachs Zeit von einem kleinen Chor oder von Solisten gesungen werden, ist umstritten, ebenso die genaue Besetzung des Orchesters. Bitte notieren Sie sich Details und reichen Sie Ihre Notizen nach Ihrer Rückkehr an Experten weiter.

Abgesehen von Kantaten schreibt Bach vermutlich fünf

umfangreiche Passionsmusiken für die Thomaskirche. Nur zwei davon sind vollständig erhalten, die anderen können Sie sich nur in der Vergangenheit anhören. Bei Passionsmusiken geht es um die Kreuzigung Jesu, sie werden daher gemeinhin um Ostern herum aufgeführt. Die berühmte Matthäuspassion ist am 11. April 1727 zum ersten Mal zu hören.

Mit ziemlicher Sicherheit werden Sie von diesen historischen Aufführungen überrascht sein, selbst wenn Sie die gespielten Stücke schon in- und auswendig kennen. Die Musik wird sich nicht so anhören, wie man es von digitalen Aufnahmen des 21. Jahrhunderts kennt. Vielleicht ist die Spielweise ganz anders, vielleicht sind alle Vermutungen über die historische Aufführungspraxis falsch. Ganz sicher ist der Klang für Publikum aus der Gegenwart ungewohnt, für die Leute in der Vergangenheit jedoch ganz normal. Es gibt weder Mikrofone noch Lautsprecher. Das Ensemble hat wahrscheinlich nur wenig geübt. Wenn jede Woche eine brandneue Kantate auf den Notenpulten liegt, bleibt dafür keine Zeit. Die handgeschriebenen Notenblätter sind voller Fehler. Die feinen Verästelungen und Verzierungen der Musik sind nicht sorgsam einstudiert, sondern im Moment ausgedacht. Und letztlich bringen Zeitreisende immer noch ihre Vorurteile und Hörgewohnheiten aus der Gegenwart mit. Sie werden die Musik nicht so hören wie die Menschen der Barockzeit, vielleicht nicht einmal, wenn Sie Jahre dort verbringen. Die Suche nach Authentizität ist eben kein Wochenendvergnügen.

Auch ohne Bachkantaten lohnt sich der Besuch der Thomaskirche für Zeitreisende, wenn es Ihnen um Authentizität geht. Martin Luther predigt hier zu Pfingsten 1539.

Der barocke Altar, aufgestellt im Jahr 1721, wird 1943 im Bombenhagel zerstört, detailliertes Bildmaterial ist Mangelware. Die Orgeln aus Bachs Zeiten wurden mittlerweile alle ersetzt. Niemand weiß so genau, wie die alten geklungen haben. Die Glocken dagegen sind noch dieselben. Wer sich in der Gegenwart anhört, wie sie klingen, wird es in der Vergangenheit leichter haben, die Kirche zu finden. Außerdem steht die Thomaskirche an derselben Stelle wie heute, im Zentrum von Leipzig – nur gab es damals deutlich weniger Bachdenkmäler in der Umgebung.

Bei Musik, die eher durch Nachahmung als durch Niederschrift weitergegeben wird, bieten sich Enthusiasten ganz andere Möglichkeiten für Forschungsreisen. Über Gebrauchsmusik, die von Generation zu Generation weitergereicht wird, wissen wir viel zu wenig. Für die meisten Epochen der Geschichte haben wir keine Ahnung von der Musik, die im Alltag von normalen Menschen gespielt wird. Hier können Zeitreisende völlig neue Musikstile, Instrumente und Klänge entdecken. Fahren Sie in eine Zeit, die mehr als ein paar hundert Jahre zurückliegt, irgendeine Zeit, und hören Sie sich die Musik an, die auf Märkten, an Lagerfeuern, in Gasthöfen oder auf Festen gespielt wird. Bonus: Zeichnen Sie ein paar Lieder auf. Fotografieren Sie die Instrumente. Besser noch: Lernen Sie selbst, die längst vergessenen Instrumente vergangener Kulturen zu spielen.

Auf fremden Pfaden

Die meisten von uns lernen in der Schule nur einen sehr kleinen Teil der Geschichte kennen. Wer in Deutschland Abitur macht, hat eine vage Ahnung vom alten Ägypten, von der griechischen Antike, vom Römischen Reich, vielleicht von den frühen Hochkulturen in Mesopotamien. Alle diese Kulturen währen zusammen etwa 3500 Jahre, entsetzlich viel Zeit für Geschehnisse, von denen viele nichts ahnen. Man hört vielleicht noch von den Azteken, den diversen chinesischen Kaiserreichen oder den islamischen Kalifaten (siehe dazu das Kapitel «Ein unvergessliches Wochenende»).

Dutzende weitere zivilisatorische Projekte in der Geschichte bleiben den meisten von uns verschlossen. Diese fremden Kulturen sind nicht automatisch dümmer oder schlechter als die der Griechen oder der Römer. Dass wir die Letzteren kennen und andere nicht, hat etwas Beliebiges. Anstelle des antiken Rom könnte man im Schulunterricht auch, sagen wir, das antike Meroe behandeln, die Hauptstadt des Königreichs von Kusch auf dem Gebiet des heutigen Sudan, ein reicher Staat, der im 1. Jahrhundert vor und nach dem Beginn unserer Zeitrechnung mehrfach gegen die Römer Krieg führte. Fremde Kulturen wie Meroe bieten Zeitreisenden phantastische Gelegenheiten, in alternative Welten einzutauchen. Welten, in denen es gesellschaftliche Verhältnisse, Gebräuche und Erfindungen gibt, von deren Existenz Sie nichts ahnen. Orte und Zeiten, an denen Sie direkt erfahren können, was an der menschlichen Erfahrung universal und was kulturell geprägt ist.

Ein Wort der Warnung. Es gibt natürlich gute Gründe, Länder, die Ihnen und den meisten anderen heute lebenden Personen völlig fremd sind, nicht zu besuchen. Die Angebote sind seltener und teurer. Dolmetscher schwieriger zu finden. Und viele Veranstalter verlangen den Abschluss von Zusatzversicherungen. Wenn Sie in der weit zurückliegenden Vergangenheit verunglücken, wenn Sie versehentlich eine Nachspeise essen, die für moderne Mägen unbekömmlich ist, wenn Sie von einem mittlerweile ausgestorbenen Tier gebissen werden oder wenn man Ihnen den Kopf abhackt, kann die Rettung extrem kompliziert werden (mehr dazu im Ratgeberteil).

Es ist erstaunlich, wie wenig von tausend Jahren Geschichte übrig bleiben kann, manchmal nur ein paar Skulpturen, einige Grundmauern oder ein altes Gebiss. Schriftliche Aufzeichnungen sind, wenn man denn welche findet, oft unentzifferbar. So wie die Schriften der bronzezeitlichen Indus-Kultur, einer der frühesten Zivilisationen der Welt auf dem Gebiet des heutigen Pakistan, wo es vor viertausend Jahren schon Städte mit mehreren zehntausend Einwohnern gibt, zudem Kanalisation, Wasserreservoire, hochentwickeltes Handwerk und eine Gesellschaft, in der Mann und Frau die gleichen Rechte haben. Vorsicht: Praktisch alle Aussagen im vorigen Satz sind unsicher. Man weiß noch nicht einmal hundertprozentig, ob die Indus-Schrift wirklich eine Schrift ist oder nicht eher ein Bilderrätsel. Auf dieser Grundlage Ratschläge für Zeitreisen zu geben, ist schwierig. Wir wissen in vielen Fällen einfach nicht, was zu erwarten ist. Wenn Sie keine Überraschungen mögen, dann ist dieses Kapitel vielleicht nicht das Richtige für Sie. Halten Sie sich besser an die bis ins Hinterletzte erforschten Kulturen.

Im Unterschied zu anderen Zielen für Zeittouristen sollten Sie bei den hier vorgeschlagenen Reisen nicht erwarten, unauffällig untertauchen zu können. Es gilt jedoch ein allgemeines Grundprinzip, auf das Sie sich normalerweise verlassen können: Völker, die Städte bauen und die Versorgung von Hunderttausenden Menschen organisieren, entwickeln auf irgendeine Weise ein Konzept des «Anderen», also von Menschen, die anders aussehen, anders sprechen und sich anders verhalten. Eine große Rolle dabei spielen Handel und Krieg, die unvermeidlichen Konstanten der Zivilisationsgeschichte. Beide können dazu beitragen, an mehr Rohstoffe zu gelangen, neue Kenntnisse zu erwerben und den Wohlstand zu sichern. Beide sind eine Form des Umgangs mit anderen Kulturen. Die Einheimischen wissen, wie man mit Leuten umgeht, die nicht von hier sind, und werden nicht zwangsläufig völlig überrascht reagieren. Man wird Sie wahrscheinlich nicht sofort auf dem Altar opfern oder vor Ihnen auf die Knie fallen.

Die Städte der Maya zum Beispiel profitieren von Händlern, die weite Strecken durch Amerika zurücklegen, hunderte Jahre bevor die Europäer eintreffen. Die Inka im heutigen Peru betreiben Handelsrouten und Straßen über Tausende von Kilometern entlang der südamerikanischen Westküste. Das Königreich von Benin, eine hochentwickelte Kultur Westafrikas, unterhält vom 15. Jahrhundert an Handelsbeziehungen zu Europa, unter anderem, weil man Sklaven aus Zentralafrika gegen Waffen eintauscht. Deshalb ist man dort mit Weißen vertraut. Erst 1879 wird das Königreich von den Engländern erobert, ausgeraubt und zerstört. Sie können sich in solchen Gegenden einigermaßen darauf verlassen, dass Zeitreisende als normale Menschen erkannt werden und dass es möglich ist, sich Nahrung und Unterkunft zu organisieren, auch wenn Sie die gebräuchliche Sprache nicht verstehen.

Übrigens sollten auch Sie sich darauf gefasst machen, dass Ihre Gastgeber fremdartig aussehen, und nicht nur so ein bisschen. Viele Völker haben eine Vorliebe für das, was man heute als «Body Art» bezeichnen würde, also die kunstvolle Umgestaltung des eigenen Körpers. In die Haut eingebauter Schmuck gehört dazu, aber das ist oft nur der Anfang. Die Maya finden flache Köpfe, spitze Zähne, Hakennasen und leichtes Schielen attraktiv. Sie verwenden daher viel Mühe auf die Umformung der entsprechenden Körperteile, mit Hilfe von Verfahren, die wir heute als Körperverletzung einordnen würden. Von diesem Prozess werden Sie vielleicht nichts mitbekommen, wohl aber von dem Ergebnis. Seien Sie auf absonderliche Anblicke vorbereitet. Weil Sie anders aussehen, sollten Sie damit rechnen, dass Sie während Ihres Urlaubs Außenseiter bleiben werden. Erwarten Sie keine Wunderdinge.

Für Völker, die in Kontakt mit Europäern geraten, können Sie aus der überlieferten Reaktion eventuell lernen, wie man dort mit fremden Besuchern umgeht. Allerdings wirklich nur eventuell – von diesen Begegnungen kennen wir meist nur Berichte aus der Sicht der europäischen Eroberer, die mit ausgeprägten Vorurteilen und außerdem Kanonen vor den fremden Küsten aufkreuzen, eine höchst subjektive Perspektive. Wenn es zu Reibereien kommt, heißt das noch lange nicht, dass die Ortsansässigen zänkisch und mordlustig veranlagt sind. Wenn alles friedlich abläuft, kann man daraus noch nicht folgern, dass es immer so sein muss. Im Allgemeinen sollten Sie sich bei der Vorbereitung Ihrer Reise nicht auf die Aussagen von Eroberern verlassen, auch wenn das oft die einzigen übrig gebliebenen Quellen sind – eben weil die Eroberer beim Erobern so gründlich waren.

Hier ein instruktives Beispiel. Im Jahr 1511 kentert ein spanisches Schiff vor der Küste von Yucatán, der Halbinsel, die wie ein ausgestreckter Daumen in den Golf von Mexiko ragt. Zu dieser Zeit ist Yucatán von den Maya besiedelt. Die erste Begegnung verläuft nicht sehr erfreulich. Mehrere Spanier werden zeremoniell geopfert, die verbliebenen versklavt. Warum der Empfang so unfreundlich ist und ob nicht Feindseligkeiten vorausgingen, wissen wir bisher nicht. Acht Jahre später, als Hernán Cortés beginnt, das Land zu erobern, sind noch zwei Männer aus der Besatzung von 1511 am Leben, Gonzalo Guerrero und Gerónimo de Aguilar. Beiden geht es zu dieser Zeit, soweit man weiß, gut. Aguilar bleibt seinem Glauben und seiner Kultur treu und lehnt es ab, sich anzupassen. Er will noch nicht einmal eine Maya zur Frau nehmen. Schließlich macht er sich davon und arbeitet als Dolmetscher für Cortés.

Guerrero hingegen findet sich besser zurecht. Er lernt die Sprache der Maya und wird wenig später Militäroberhaupt der Stadt Chaktumal, einer Hafenstadt mit mehreren tausend Einwohnern auf dem Gebiet des heutigen Belize. Guerrero heiratet eine Einheimische, gründet eine Familie, trägt Maya-Tattoos und lange Haare. Tattoos und lange Haare sind bei den Maya Zeichen gesellschaftlicher Anerkennung, anders als in mitteleuropäischen Ländern der Gegenwart. Guerrero lehnt es ab, sich von den Spaniern «retten» zu lassen, bleibt den Rest seines Lebens bei den Maya und stirbt schließlich im Kampf gegen seine Landsleute. Es ist also durchaus möglich, sich in fremden Kulturen niederzulassen und Karriere zu machen, wenn man das will – aber manchmal dauert es ein paar Jahre, bis man akzeptiert wird. Im Wesentlichen ist das in der Gegenwart ganz genauso.

Falls Sie sich wegen der eben erwähnten Menschenopfer Sorgen machen: Das zeremonielle Umbringen von Menschen ist in der Tat weitverbreitet im antiken Süd- und Mittelamerika. Die Azteken zum Beispiel opfern oft und gern. Insbesondere hat man eine Vorliebe für zeremonielle Enthauptungen, aber es werden auch Herzen oder andere Innereien entnommen. Lassen Sie sich davon nicht den Spaß verderben. Meiden Sie vielleicht die Azteken. Bei den Maya sind Sie vermutlich sicherer. Menschenopfer finden dort meist im Rahmen von Ritualen statt, etwa in Zeiten des Krieges. Betroffen sind vorwiegend Mitglieder der herrschenden Elite. Nach der Schlacht opfert man möglichst die hochgestellten Militärs des Gegners, am besten den König. Ihnen als Tourist kann das egal sein, solange Sie nicht mit dem Schwert herumfuchteln. Allgemeiner Sicherheitsratschlag: Halten Sie sich nicht für eine Gottheit. Benehmen Sie sich nicht wie ein Vollidiot.

Unter den fremden Welten sind diejenigen ein bisschen weniger fremd, die noch Bestand haben, als die Europäer sie erreichen. Zum einen, weil es für die dort lebenden Völker Berichte in heute noch verständlichen Sprachen gibt – mit den schon erwähnten Einschränkungen bezüglich ihrer Zuverlässigkeit. Zum anderen, weil nicht alle Reste ihrer Kultur zerstört, zerfallen und überwuchert sind. In Lateinamerika betrifft dies unter anderem die Inka, die Azteken und die Maya, alle drei hochentwickelte Kulturen mit Technik, Wissenschaft, Kunst, urbanen Zentren, spezialisierten Berufen und komplexen Gebräuchen. Das Azteken-Land erreicht seine größte Ausdehnung kurz vor dem Eintreffen der spanischen Eroberer. Die Hauptstadt Tenochtitlan, an der Stelle, an der heute Mexiko-Stadt steht, beherbergt mehrere hunderttausend Einwohner. Die Inka beherrschen den Großteil der Anden vor dem Eintreffen der Europäer. Genau wie das der Azteken verschwindet auch ihr riesiges Reich im 16. Jahrhundert von der Landkarte. Städte werden zerstört, Völker ausgerottet. Die Zivilisation der Maya ist eher eine lose Ansammlung von Stadtstaaten als ein einheitliches Reich, angesiedelt im heutigen südlichen Mexiko und angrenzenden Staaten wie Guatemala und Belize. Schon bevor die Europäer eintreffen, gibt es einige Probleme bei den Maya, hervorgerufen durch Dürre, Krankheiten und Kriege mit den Nachbarn.

Besuchen Sie am besten eines der vielen Volksfeste dieser Kulturen. Die Maya zum Beispiel feiern besonders gern, im Rahmen von Festivitäten, die über das ganze Jahr verteilt sind. Berufsgruppen wie Fischer, Ärzte, Jäger oder Imker halten ihre eigenen Partys ab, denen Sie bestimmt beiwohnen dürfen, wenn Sie sich vorher mit den entsprechenden Kollegen anfreunden. Ob auch die Fischerinnen, Ärztinnen, Jägerinnen und Imkerinnen feiern, wissen wir nicht, die Quellenlage ist dürftig. Vorgeschriebene Fastenzeiten und ausschweifende Mahlzeiten sind ein wichtiger Bestandteil vieler Feste. Die Maya haben die Schokolade erfunden, oder zumindest so etwas Ähnliches: Sie vermengen die aus Kakaobohnen gewonnene Paste mit Wasser, Mais, scharfen Gewürzen und produzieren daraus ein schaumiges, bitteres Getränk, von dem die Spanier begeistert sind. Am Ende der Maya-Partys wird oft getrunken, bis keiner mehr stehen kann.

Im Spätherbst feiert man den Volkshelden Kukulkan, eine zentrale Gestalt in der Spätphase der Maya. Kukulkan spielt eine wichtige Rolle in Chichén Itzá (die dortigen Monumentalbauten zählen heute zu den bedeutendsten Sehenswürdigkeiten im Maya-Land) und gründet später Mayapán, so etwas wie die Hauptstadt. Er wird als Gott verehrt, oder genauer gesagt als gefiederte Schlange, und verschwindet irgendwann, vielleicht in den Himmel. Die Geschichte von Kukulkan ist heute voller Geheimnisse, aber nur, weil die Europäer die Erinnerungen ausgelöscht haben. Bei den Maya hingegen ist Kukulkan kein Geheimnis, wie Sie schnell feststellen werden, sondern eine Persönlichkeit, eine Mischung aus Mensch und Gott, eine Lichtgestalt.

Das Fest zu Kukulkans Ehren, genannt *Chic Kaban*, besteht aus gewaltigen Prozessionen, bei denen viel gebetet, geopfert und sich verkleidet wird. Wer teilnehmen möchte, begibt sich am besten nach Mayapán, der Stadt von Kukulkan, oder nach dem Untergang von Mayapán im Jahr 1441 (an dem die Europäer ausnahmsweise unschuldig sind) nach Maní, zwanzig Kilometer westlich davon. Leider können wir Ihnen nicht genau sagen, an welchem Datum oder zu welchem konkreten Anlass das Fest stattfindet, oder zu welcher Tageszeit die Feierlichkeiten beginnen, weil der Kalender der Maya oder vielmehr das, was wir von ihm wissen, viele Möglichkeiten der Interpretation erlaubt. Am besten prüfen Sie das vor Ort. Natürlich wissen wir überhaupt nur von den Festen, die kurz vor der Landung der Europäer noch begangen werden. Es ist leicht möglich, dass Sie versehentlich in bislang völlig unbekannte Partys zu Ehren von bislang völlig unbekannten Halbgöttern stolpern.

Wenn Sie an dieser Stelle frustriert sind angesichts der vielen Ungewissheiten, können Sie vielleicht dabei helfen, einige Unstimmigkeiten aus der Welt zu schaffen. Berichten Sie ausführlich über Ihre Reisen. Machen Sie sich Notizen. Oder versuchen Sie, wichtige Dokumente vor der Zerstörung zu retten. Der spanische Priester Diego de Landa, aus dessen Berichten wir vieles über die Maya-Kultur wissen, ist hauptberuflich vor allem damit beschäftigt, ebendiese Kultur zu vernichten. Vor allem stört er sich daran, dass die Maya die aus seiner Sicht falschen Gottheiten anbeten und zu oft Sex mit wechselnden Partnern haben. Heute sind nur vier der sogenannten Codices erhalten, der wichtigsten Aufzeichnungen der Maya. Im Sommer 1562 zerstören de Landas Leute mindestens siebenundzwanzig davon in der erwähnten Stadt Maní. Wenn Sie rechtzeitig eintreffen und es schaffen, die Codices erst zu entwenden und dann zu verstecken, vielleicht in einer trockenen Höhle, erweisen Sie der künftigen Archäologie in Ihrem Strang der Zeit einen großen Dienst. Noch besser: Fotografieren Sie die Seiten der Codices und bringen Sie die Fotos mit. Oder versuchen Sie, die Gelehrten der Maya dazu zu überreden, ihre Bücher in lateinische Schrift zu übertragen. Fotografieren Sie dann diese Abschrift.

Was fremde Kulturen angeht, sind die Maya schon so etwas wie die sichere Variante. Wer gänzlich unerforschtes Terrain sucht, dem sei stattdessen eine Reise zum Titicacasee im Westen des heutigen Bolivien empfohlen, zu einem Ort, der heute als Tiwanaku bekannt ist. Wie er damals hieß, wissen wir nicht – das müssen Sie erst noch herausfinden. Tiwanaku existiert über das gesamte erste Jahrtausend unserer Zeitrechnung. Die beste Reisezeit ist die Hochphase um das Jahr 800 herum. Sie werden sich in einer großen Stadt wiederfinden, mit mehreren zehntausend Einwohnern und monumentalen Gebäuden, deren Zweck Sie selbst ergründen müssen. Die Metropole ist das Zentrum eines Reiches, das sich eventuell von der Hochebene im Osten des Titicacasees bis an die Pazifikküste im Westen erstreckt. Es ist gut möglich, dass Sie Händler oder Pilger oder Besucher aus entlegenen Regionen antreffen werden, aus den Regenwäldern des Amazonas oder von den nördlichen Küsten des Kontinents. Vielleicht finden Sie sich in einer multikulturellen Weltstadt wieder. Vielleicht werden Sie als Zeitreisende nicht groß auffallen.

Wenn Sie sich vorher ein wenig mit den modernen Sprachen der Aymara oder Quechua oder Mapuche vertraut machen, werden Ihnen manche Wörter vielleicht bekannt vorkommen. Eventuell können Sie sich zur Vorbereitung ein paar Phrasen über den Sonnengott (großartig) oder die Llama-Steaks (schmackhaft) zulegen. Überhaupt ist das Essen womöglich äußerst zufriedenstellend und geradezu modern – Quinoa, frisch gefangene Forellen, Salsa mit seltsamen Gewürzen, Kartoffeln, bevor sie Mainstream wurden, bestreut mit Salz, das gleich nebenan aus den Salzseen geschabt wird. Hinterher kaut man Kokablätter, um die Verdauung anzuregen. Es könnte eine luxuriöse und einmalige Reise werden.

Eine Garantie dafür gibt es jedoch nicht. In Tiwanaku muss man auf alles vorbereitet sein. Vielleicht ist es dort auch ganz langweilig. Keine Straßenfeste, keine exotischen Märkte, keine Touristen aus anderen Ländern, und Sie werden die ganze Zeit angestarrt. Es könnte sein, dass das Essen grauenvoll schmeckt, weil man immer genau die Gewürze verwendet, die unsere Geschmacksnerven überfordern. Vielleicht gibt es nur *Chuño*, eine Art getrocknete haltbare Kartoffel, die vor dem Essen in Wasser eingeweicht wird. Vielleicht hat die Sprache keinerlei Ähnlichkeit mit heute noch existierenden Sprachen und ist gänzlich unverständlich. Es wäre denkbar, dass es sich um eines dieser Völker handelt, die zwar ein Konzept von Fremden haben, aber eines, das rituelle Schlachtungen umfasst. Wahrscheinlich ist das nicht, aber ausschließen kann man es auch nicht.

Eines jedoch wissen wir sicher: Der Titicacasee, der größte Süßwassersee Südamerikas, liegt auf einer Höhe von 3800 Metern über dem Meeresspiegel, und das war auch schon vor 1200 Jahren so. Auf dieser Höhe ist die Luft so dünn, dass Sie ohne Vorbereitung bei der Ankunft nach Luft schnappen werden. Es ist ratsam, sich vorher ein paar Tage an die Höhenluft zu gewöhnen, zum Beispiel bei einem Ausflug nach Machu Picchu, das nur 2400 Meter hoch liegt – geographisch gleich nebenan, im Gebirge von Peru, aber zeitlich 700 Jahre nach der (vermuteten) besten Reisezeit für Tiwanaku.

Apropos Machu Picchu: Die alten Stätten, die heute zu großen Touristenattraktionen geworden sind, also zum Beispiel Machu Picchu in Peru oder Chichén Itzá in Yucatán, besuchen Sie am besten in der Gegenwart, ganz ohne

Zeitmaschine. Es handelt sich um die Monumente, die zufällig am besten erhalten sind, aus den späten Phasen dieser Kulturen. Sie als Zeitreisende sind nicht an solche Zufälle gebunden. Machu Picchu wird nie von den spanischen Eroberern gefunden und erst viel später entdeckt, irgendwann im späten 19. oder frühen 20. Jahrhundert. Heute sind es Ruinen, aber gut erhaltene oder restaurierte und gut dokumentierte Ruinen. Sie können sich ohne Komplikationen für relativ wenig Geld Zugang verschaffen und sich genau erklären lassen, wie alles war. Sie vermeiden die Begegnung mit den Pocken, einer Krankheit, die von den Spaniern unabsichtlich nach Amerika gebracht wird und die ihnen bei der Dezimierung der Einheimischen behilflich ist (siehe Ratgeberteil).

Orte zu besuchen, die zur Zeit der Kolonialisierung gerade noch existieren, heißt an der Oberfläche schwimmen. Zeitreisende haben die einmalige Möglichkeit, tiefer in die Vergangenheit einzutauchen. Besuchen Sie Städte, die seit tausend Jahren niemand in voller Blüte gesehen hat. Zum Beispiel El Mirador im heutigen Guatemala, eine Stadt mit mehreren hunderttausend Einwohnern, gewaltigen Pyramiden aus rotem Stein, breiten Straßen, im Zentrum eines hochentwickelten Staates, versorgt durch Landwirtschaft auf künstlich angelegten Terrassen, für die nahrhafter Schlamm aus den nahegelegenen Sümpfen herangeschafft wird. Heute ist El Mirador im Dschungel begraben. Vor zweitausend Jahren jedoch können Sie dort ein kulturelles Highlight der Menschheitsgeschichte besichtigen.

Noch ein Ratschlag: Die Nazca-Linien, riesige in den Boden gescharrte Figuren im Süden Perus, entstehen über einen Zeitraum von tausend Jahren, vor und nach dem

Beginn unserer Zeitrechnung. Auch diese Attraktion sollten Sie sich heute ansehen, nicht in der Vergangenheit. Die Linien sind am besten aus der Luft zu erkennen, und sie von oben zu betrachten ist in der Gegenwart deutlich einfacher.

Durchs wilde Pleistozän

Richtige Wildnis gibt es heute gar nicht mehr. Selbst Regionen, die wir in der Gegenwart «wild» nennen, sind meist alte Kulturlandschaften und nur durch missliche historische Umstände entleert worden, etwa Vertreibungen oder Hungersnöte. Wer Abenteuer in der Natur erleben möchte, ohne bei jedem Schritt an die einstmalige oder aktuelle Anwesenheit von Menschen erinnert zu werden, begibt sich heute in die Vergangenheit. Das beliebteste Reiseziel unter Outdoor-Enthusiasten ist dabei das Pleistozän, die abwechslungsreiche Epoche der letzten Eiszeiten. Das Pleistozän bietet einmalige Naturerlebnisse in garantiert unberührter Landschaft.

Was Sie erwartet

Im Pleistozän erleben Sie eine der interessantesten Perioden in der klimatischen Entwicklung unseres Planeten. Die Landschaft unterliegt stetigem Wandel. Es beginnt vor 2,6 Millionen Jahren mit der Vereisung des Polarmeers und endet vor rund zwölftausend Jahren mit der Erwärmung nach der bisher letzten Kaltzeit. Dazwischen erlebt die Erde eine Serie von Eiszeiten, in denen die Gletscher anschwellen, sich weit in die Kontinente ausbreiten und anschließend wieder abschwellen. In der letzten Million Jahre der Erdgeschichte folgen die Eiszeiten im Abstand von etwa hunderttausend Jahren aufeinander. Während der Vergletscherung ist es kälter (natürlich). Der

Meeresspiegel liegt deutlich niedriger, weil das Wasser im Eis ist. Zwischen den Eiszeiten dagegen erleben Sie gemäßigte Temperaturen, ähnlich dem heutigen Klima. Die Gletscher hinterlassen dramatische Spuren in der Landschaft: tiefe Täler, neue Berge, verschobene Felsen.

Man darf sich die Eiszeiten nicht so vorstellen wie ein Fußballspiel, das vorbei ist, wenn der Schiedsrichter abpfeift. Die Gletscher verschwinden, aber über Tausende von Jahren, und ab und zu legen sie ein paar hundert Jahre Schmelzpause ein. Das Klima verändert sich nicht kontinuierlich von kalt zu warm und wieder zu kalt. Manchmal wird es zügig wärmer oder kälter. Dann wieder ist Pause. Der Anfang vom Ende der letzten Eiszeit liegt in etwa vor achtzehntausend Jahren, als es allmählich wärmer wird. Es dauert aber mehr als fünftausend Jahre, bis das heutige Mitteleuropa weitgehend eisfrei ist.

Die Tierwelt des Pleistozäns besteht im Wesentlichen aus den Arten, die wir aus der Gegenwart kennen, angereichert durch einige faszinierend große Säugetiere, die seitdem ausgestorben sind. Man findet in Europa unter anderem Riesenhirsche, Riesenbiber, Säbelzahnkatzen, Höhlenlöwen, Höhlenleoparden, Wollnashörner, Waldelefanten, Auerochsen und Mammuts. Heute seltene Arten wie Bär, Wolf, Wisent, Bison, Elch sind weit verbreitet. Flora und Fauna bewegen sich mit den Gletschern. In Eiszeiten weicht das Leben zurück, dazwischen breitet es sich wieder aus. Während der kalten Perioden ist die Landschaft entweder mit Eis bedeckt oder kahl wie die Steppe. Zwischen den Eiszeiten wächst Wald nach. Wenn Sie wandern gehen wollen – und etwas anderes bleibt Ihnen kaum übrig, Verkehrsmittel gibt es noch nicht –, hat spärliche Vegetation einen großen Vorteil: Sie sehen einfach mehr.

Zu Beginn des Pleistozäns tauchen zum ersten Mal sogenannte Menschen in Europa auf. Bis zum Ende der Epoche hat sich die Unterart *Homo sapiens*, auch moderner Mensch genannt, auf allen Kontinenten breitgemacht. Im Unterschied zu anderen Säugetieren bewegt sich diese Art auf zwei Beinen fort und hat beinahe kein Fell, was die Identifikation vereinfacht. Die Menschen wandern durch die Landschaft, jagen Tiere und sammeln Früchte. Sesshaftigkeit ist noch nicht erfunden. Am Ende des Pleistozäns gibt es auf der ganzen Erde höchstens ein paar Millionen Menschen. Sie müssen sich also keine Sorgen machen, dass auf Urlaubsfotos Einheimische durchs Bild laufen. Wenn Sie lieber keinen Steinzeitmenschen begegnen möchten, vermeiden Sie Höhlen und Stellen, von denen man einen guten Ausblick auf umliegenden Ebenen hat. Sie würden an diesen Orten gern die Aussicht genießen. Steinzeitmenschen verwenden sie, um nachzusehen, wo die Rentiere sind. Sollten Sie in den Perioden zwischen den letzten Eiszeiten Ansammlungen von Elefantenskeletten finden (oder überhaupt große Knochen), sind vermutlich Neandertaler in der Nähe.

Praktische Hinweise

Das Pleistozän bietet ideale Bedingungen für eine große Auswahl an Outdoor-Aktivitäten. Falls Sie sich für Eis interessieren, wählen Sie eine Periode der Vergletscherung. Die letzte davon, die Weichsel-Würm-Eiszeit, erreicht ihren Höhepunkt vor etwa zwanzigtausend Jahren. Zu diesem Zeitpunkt liegen Großbritannien, Skandinavien, Norddeutschland, die Alpenregion inklusive der Stellen, wo sich heute München, Bern und Wien befinden, unter einer mehrere hundert Meter dicken Eisschicht. Es ist kalt, im Mittel zehn Grad kälter als heute. Berücksichtigen Sie das beim Kauf von Schlafsäcken – was heute als Schlafsack für drei Jahreszeiten durchgeht, können Sie in der Eiszeit allenfalls im Hochsommer verwenden.

Falls Sie eher an der Tier- und Pflanzenwelt interessiert sind oder an eisfreien Wanderungen, verreisen Sie besser in eine Phase zwischen den Vergletscherungen, zum Beispiel in die Eem-Warmzeit vor 126 000 bis 115 000 Jahren, die letzte Warmzeit vor der aktuellen. In diesen Perioden können Sie in Mitteleuropa mit stabilen klimatischen Verhältnissen rechnen, die sich nicht wesentlich anders anfühlen als heute. Verwenden Sie einfach dieselbe Ausrüstung wie bei Ihrem letzten Wanderurlaub in Schweden oder Österreich. Vermeiden Sie die ersten Jahrhunderte der Warmzeit, in denen die Gletscherschmelze mächtige Ströme und riesige Seen bildet. Die letzten fünfhundert Jahre der Eem-Warmzeit sind wahrscheinlich äußerst trocken, was zu Waldbränden und Sandstürmen führt. Andererseits können Sie in dieser Phase die Regenkleidung getrost zu Hause lassen.

Zur groben Orientierung können Sie Landkarten aus der Gegenwart verwenden. Am besten solche, die wenig Details zeigen, weil die Details sowieso mittlerweile alle nicht mehr stimmen. Die Küstenlinie hängt stark von der Höhe des Meeresspiegels ab, und der wiederum davon, ob gerade Gletscher auf dem Land liegen oder nicht. Von einer

Eiszeit erzeugte Täler oder Hügel sind eventuell noch nicht vorhanden. Flüsse laufen teilweise noch in ganz andere Richtungen. Das Eis selbst ist natürlich ebenfalls nicht auf den Karten aus der Gegenwart zu finden. Immerhin sind die Kontinente dort, wo Sie sie erwarten. Es gibt bereits Skandinavien, die Iberische Halbinsel, genau wie heute, sogar die Britischen Inseln, nur dass diese Inseln mit dem Festland verbunden sind.

Verlassen Sie sich nicht zu sehr auf Ihren Kompass. Das Magnetfeld der Erde dreht sich im Laufe der Erdgeschichte immer mal wieder um, und dabei verkehren sich die Pole. Zuletzt geschieht so eine magnetische Kehrtwende vor 786 000 Jahren, die sogenannte Brunhes-Matuyama-Umkehr. Wenn Sie im Pleistozän in eine Zeit vor der Brunhes-Matuyama-Umkehr reisen, dann weist Ihr Kompass nicht wie gewohnt nach Norden, sondern nach Süden, jedenfalls meistens – in kurzen Phasen, etwa vor einer Million Jahren, ist es vielleicht ganz anders. Die Umkehr der magnetischen Pole dauert ein paar tausend Jahre, könnte aber auch viel schneller vonstattengehen. Währenddessen liegen die Pole des Erdmagnetfeldes irgendwo, und außerdem gibt es mehr als zwei davon, das heißt, kurz gesagt: Sie können Ihren Kompass einfach im Rucksack lassen.

Auf die Sterne ist mehr Verlass, aber auch hier ist Vorsicht geboten. Die Achse der Erde taumelt mit einer Periode von 26 000 Jahren, wie ein Kreisel, den man schräg angestoßen hat. In der Gegenwart zeigt die Achse auf den Polarstern, den letzten Stern in der Deichsel des Kleinen Wagens. Dieser Stern steht also heute ziemlich genau im Norden. In der Vergangenheit war das nur alle 26 000 Jahre so. Dazwischen bewegt sich der Nordpol am Himmel durch eine ganze Reihe von Sternbildern – Kepheus, Schwan, Leier, Drache –, die allerdings alle direkt neben dem Kleinen Wagen liegen. Wenn Sie zu einem der genannten Sternbilder sehen, dann blicken Sie immerhin grob nach Norden. Allerdings nur, wenn Sie diese Sternbilder noch einwandfrei identifizieren können: Alle Sterne wandern in unterschiedliche Richtungen und mit unterschiedlichen Geschwindigkeiten über den Himmel, so wie Sie durchs Pleistozän wandern. Vor hunderttausend Jahren sieht der Große Wagen eher aus wie ein Großer Wagen, der gerade gegen einen Baum gefahren ist. Am Anfang des Pleisto- zäns blicken Sie auf zu einem Phantasiehimmel, wie man ihn aus billigen Filmen kennt, deren Grafikteam sich nicht die Mühe gemacht hat, den tatsächlichen Himmel nach- zubilden. Sogar der Himmel ist dann von Menschen unbe- rührt, und Sie können Ihre eigenen Sternbilder erfinden: das Zebra, die Große Gießkanne, die Zwei Goldhamster. Wenn Sie sich für Himmelsrichtungen interessieren, dann bewegen Sie sich besser nicht zu weit von der Gegenwart weg.

Die Versorgung mit Wasser ist im Pleistozän weniger problematisch als in vielen anderen Epochen. Wasser aus Bächen oder Regenwasser können Sie relativ problemlos trinken. Zumindest können Sie ausschließen, dass ein Gewässer durch Pestizide oder sonstige Produkte der che- mischen Industrie verschmutzt ist. Wie auch in der Gegen- wart besteht die Gefahr, dass irgendwo ein totes Tier im Wasserlauf liegt. Trinken Sie deshalb am besten kaltes, schnell fließendes Wasser, wenn möglich nahe der Quelle. Wer auf Nummer sicher gehen möchte, kocht das Wasser vor dem Trinken ab. Vorteil Eiszeit: Kaltes Wasser ist im Allgemeinen leicht zu finden. Nachteil Eiszeit: Holz zum Abkochen des Wassers ist schwer zu finden, gerade wenn das Land von Eis bedeckt ist.

Wild zelten ist im Pleistozän überall gestattet. Es gelten dieselben Regeln wie in der Gegenwart und wie bei anderen Zeitreisen: Was Sie mitbringen, müssen Sie auch wieder mit nach Hause tragen. Im Unterschied zur Gegenwart gibt es im Pleistozän deutlich mehr Tiere, für die Sie als mögliche Nahrung in Frage kommen. Gerade im Europa der Gegenwart haben Wanderer normalerweise wenig Erfahrung im Umgang mit großen, wilden, fleischfressenden Tieren. Bereiten Sie sich vor wie auf einen Urlaub in Bärengebieten im Nordamerika der Gegenwart. Das bedeutet unter anderem: Schlafen Sie nicht direkt neben der Stelle, an der Sie das Abendessen zubereitet haben. Bewahren Sie Ihre Vorräte wiederum an einer dritten Stelle auf, wobei diese drei Orte mindestens ein paar hundert Meter voneinander entfernt sein sollten. Vermeiden Sie Höhlen und dichtes Unterholz. Seien Sie auf der Hut. Viel Glück.

Wandern und Flusswandern

Das Pleistozän ist wie gemacht für mehrtägige Wandertouren. Durchlaufen Sie Deutschland, bevor der Wald gerodet, die Sümpfe trockengelegt, die Flüsse begradigt sind. Sie müssen sich lediglich daran gewöhnen, dass es in ganz Europa keinen einzigen Wanderweg gibt. Wegweiser sind auch Mangelware. Wählen Sie stattdessen Pfade, die von großen Tieren ausgetrampelt worden sind, aber berücksichtigen Sie dabei auch, was weiter oben über die Fleischfresser steht. In Ermangelung von Wegen bietet es sich an, auf selbstgebauten Flößen die zahlreichen Flüsse hinunterzufahren. Viele der mitteleuropäischen Flüsse verlaufen anders als heute. Über die Jahrtausende hat der Rhein der Donau das Wasser abgegraben. Der Neckar und andere Zuflüsse mündeten einst in die Donau, lenken aber im Laufe der Zeit um in Richtung Norden. Bereiten Sie sich darauf vor, dass Sie nicht unbedingt dort herauskommen, wo Sie es nach modernen Karten erwarten würden.

Das Pleistozän bietet Gelegenheit, Routen zu erwandern, die seitdem nicht mehr betreten worden sind, zum Beispiel weil sie heute auf dem Boden des Meeres liegen. Wie schon erwähnt sind die Britischen Inseln mit dem Festland verbunden. Am Ende der letzten Eiszeit kann man von England nach Dänemark laufen oder könnte das jedenfalls, wenn es England und Dänemark schon gäbe. Was wir heute «Doggerland» nennen, ist ein fruchtbarer Landstrich dort, wo heute die Nordsee brodelt. Besuchen Sie die Hügel der Doggerbank, im Norden des Doggerlands. Zelten Sie am Ufer des riesigen Sees, den Geologen heute «Outer Silver Pit» nennen. Er liegt im Süden der Doggerbank und ist zeitweise vielleicht der Ort, an dem sich Rhein und Themse vereinen (sehen Sie selbst nach, ob das stimmt). Wandern Sie entlang der Kreidefelsen der Weald-Artois-Antiklinale von Dover nach Calais.

Besuchen Sie die gewaltigen Wasserfälle, die entstehen, wenn nach einer Eiszeit die Gletscherseen des Doggerlands nach Süden abfließen und dabei den Ärmelkanal erzeugen. Ähnliche findet man am Ausgang der Ostsee und an vielen anderen Orten auf der Welt, immer dann, wenn sich ein Gletschersee einen Weg zum Meer bahnt. Zur groben Orientierung können Sie Karten vom Meeresboden verwenden, wie sie für Hochseefischer angeboten werden. Sie müssen nur zu den Tiefenangaben etwa hundert Meter hinzuzählen, zumindest wenn Sie am Ende der letzten Eiszeit vor circa fünfzehntausend Jahren unterwegs sind. Für andere Zeiträume konsultieren Sie bitte die Fachliteratur.

Wintersport

Die pleistozänischen Vereisungen sind natürlich ideal für alle möglichen Formen von Wintersport. Zum Skifahren oder Eisklettern benötigt man lediglich einen vereisten Berg. Die Mittel- und Hochgebirge Europas sind alle schon dort, wo man sie erwarten würde, außerdem sind sie während der Eiszeiten schön zuverlässig vergletschert. An manchen Stellen ragen mitunter kahle Kuppen aus dem Eis, zum Beispiel im Bayerischen Wald oder im Schwarzwald, Spitzen von Bergen, die über tausend Meter hoch sind. Dort, wo der Gletscher an den Berg stößt, finden Sie zeitweilig beeindruckende Spalten im Gelände, die sogenannten Bergschründe. Zum Winterwandern in den Bergen benötigen Sie auf jeden Fall Spezialausrüstung: Steigeisen, Eispickel, Seile, Leitern.

Für Ski-Enthusiasten bedeuten die Gletscher vor allem: ganzjährig Schneegarantie, beinahe überall! Nachteil jedoch: Es gibt keine Skilifte, keine Loipen, keine Hotels, keine Après-Ski-Partys. Bauen Sie sich zur Übernachtung ein Iglu. Das Pleistozän ist also vor allem für die empfehlenswert, die sich für Naturschnee und raue Bedingungen beim Skifahren interessieren. Bedenken Sie bei Ihren Ausflügen, dass unter der Schneedecke an vielen Stellen Gletscherspalten lauern. Apropos Gletscherspalten: Wer sich für Canyons und Schluchten interessiert, der möchte im Pleistozän eventuell in die tiefblauen, schillernden, tropfenden Spalten der Gletscher hinabsteigen. Bitte unternehmen Sie solche Expeditionen wirklich nur, wenn Sie wissen, was Sie tun.

Vulkane der Eifel

Wer einen Vulkanausbruch miterleben will, muss im Pleistozän womöglich weniger weit reisen als in der Gegenwart. Am Ende der Periode, vor etwa zehn- bis zwölftausend Jahren, erwachen Vulkane in der Eifel zum Leben. Um das Jahr 10 900 vor unserer Zeitrechnung herum bricht zum letzten Mal der Laacher Vulkan aus. Das explosive Spektakel dauert nur ein paar Tage, aber das genügt, um große Landstriche mit Staub zu bedecken – ein Sediment, das heute unter dem Namen «Laacher Bimsstuff» bekannt ist und sich in ganz Mitteleuropa findet. Gehen Sie also besser nicht zu nah ran. Gute Aussichtspunkte sind andere Berge im Abstand von mindestens zehn Kilometern; Vorsichtigere ziehen eine Entfernung von hundert Kilometern vor. Tragen Sie eine Staubmaske.

Der letzte Laacher Ausbruch erreicht auf dem Vulkanexplosivitätsindex (VEI) sechs Punkte – ähnlich wie die dramatischen Ausbrüche des Krakatau zwischen Sumatra und Java im Jahr 1883 und des philippinischen Pinatubo im

Jahr 1991. Wenn Sie sich in die Nähe von Supervulkanen wagen, können Sie im Pleistozän sogar Eruptionen mit einer Stärke von bis zu acht Punkten beobachten. Der VEI ist eine logarithmische Skala. Das bedeutet, acht ist nicht nur ein bisschen mehr als sechs, sondern hundertmal stärker. Der Yellowstone-Vulkan in Nordamerika explodiert im Pleistozän mehrfach. Der Ausbruch des südamerikanischen Cerro Galán vor 2,1 Millionen Jahren produziert fünfzigmal so viel Auswurf wie die große Eruption des Laacher Vulkans. Der Ausbruch des Supervulkans Toba im Norden Sumatras vor 74 000 Jahren schließlich steht im Verdacht, beinahe die Menschheit ausgerottet zu haben. Sie könnten versuchen herauszufinden, ob das stimmt, aber bereiten Sie sich besser auf entsetzliche klimatische Bedingungen vor. Wir verweisen an dieser Stelle auf das Kapitel «Kleine und große Weltuntergänge», in dem Sie eventuell besser aufgehoben sind.

Im Reich der Dinosaurier

Reisen in die Zeit der Dinosaurier haben sich bisher ungeachtet der großen Nachfrage als eine der unbefriedigendsten Arten erwiesen, den Urlaub zuzubringen. Deshalb beginnt dieses Kapitel nicht mit den naheliegenden Fragen «Wann?», «Wohin?», «Welches Porto muss auf die Urlaubspostkarten?», sondern mit guten Gründen, die Saurier in ihrer Vergangenheit in Ruhe zu lassen.

Für viele Reisewillige fangen die Probleme schon bei der Planung an: Der Wunsch der Kinder, die Ferien bei den Dinos zu verbringen, ist groß, aber noch größer ist der Wunsch der Reiseanbieter, Rechtsstreitigkeiten und Schmerzensgeldzahlungen zu vermeiden – etwa weil eine Familie mit weniger Kindern aus dem Urlaub zurückkehrt, als sie dorthin mitgebracht hat. Deshalb wird kein seriöser Anbieter die Mitnahme von Minderjährigen zu solchen Reisen zulassen.

Die meisten halten es sogar wie Autovermieter und setzen die Altersgrenze weit jenseits der Volljährigkeit an, der höheren Risikobereitschaft junger Menschen Rechnung tragend. Es kann also durchaus sein, dass sich Ihr Wunsch erst nach dem Erreichen Ihres dreißigsten Geburtstags erfüllen lässt. Kritisieren Sie dafür nicht das Zeitreiseunternehmen. Sehen Sie sich stattdessen die Videos an, auf denen Leute sich einem Grizzlybären bis auf ein paar Meter nähern, um ihn besser aufs Foto zu bekommen. Über das Verhalten von Grizzlys wissen wir sehr viel, über die Lebensgewohnheiten der meisten Saurierarten so gut wie gar nichts. Vielleicht beißt man Ihnen wichtige Körperteile ab, obwohl Sie sich gar nicht wie die Narren in den Videos benommen haben, sondern lediglich zu wenig darüber wussten, wodurch sich eine Tierart der Vergangenheit provoziert fühlt.

In der Gegenwart wissen wir, welche Pflanzen und Tiere essbar sind, weil unsere Vorfahren es durch Versuch und Irrtum herausgefunden haben. In der entfernten Vergangenheit sind Sie in dieser Hinsicht auf sich allein gestellt. Der überwiegende Teil der Tier- und Pflanzenwelt dieser Zeit ist heute ausgestorben (mehr dazu im Kapitel «Kleine und große Weltuntergänge») und weder in Bestimmungs- noch in Rezeptbüchern verzeichnet.

Vergiftung durch Gegessenes können Sie vermeiden, indem Sie Ihren gesamten Reiseproviant von zu Hause mitbringen. Weniger leicht zu umgehen sind leider die vielen Möglichkeiten, sich durch bloße Anwesenheit am falschen Ort oder eine unvorsichtige Bewegung eine Vergiftung zuzuziehen. Giftigkeit hat sich in zahlreichen gegenwärtig existierenden Tier- und Pflanzenarten unabhängig voneinander entwickelt: Der Giftzahn der Klapperschlange hat evolutionär nichts mit dem giftigen Biss des Blaugeringelten Kraken zu tun und beide nichts mit dem Bienenstich oder dem Gift des Knollenblätterpilzes. Das bedeutet, dass auch unter den unbekannten Tieren und Pflanzen der Vergangenheit mit Sicherheit einige mit Giftzähnen, Giftdrüsen, Gifttentakeln oder Giftstacheln ausgestattet sind. Die giftige Flora und Fauna der Gegenwart ist unpraktisch genug. Aber wenigstens wissen wir ungefähr, wo sie vorkommt und welche Gegenmittel helfen. Dagegen wissen wir nicht, welcher Teil der Natur in der Vergangenheit sein Gift auf welche überraschende

Art in nichtsahnende Touristen injizieren wird, und erst recht nicht, was dagegen helfen könnte. Sie müssen sich im Urlaub also noch viel vorsichtiger verhalten als in jeder Gegenwartswildnis.

Einige allgemeine Hinweise zur Erhaltung Ihrer Gesundheit:

- Folgen Sie unbedingt den Empfehlungen des Reiseveranstalters – dies ist nicht der Urlaub, in dem Sie «ausgetretene Pfade» verschmähen und auf einer Individualreise in unbekanntes Terrain bestehen sollten. Ausgetretene Pfade sind genau das, was Sie wollen. Oder wonach Sie sich vergeblich sehnen, denn natürlich gibt es gar keine ausgetretenen Pfade in der Kreidezeit.
- Fassen Sie kein Lebewesen an, auch nicht, wenn es sich zutraulich verhält und niedlich aussieht. Ein harmloses Äußeres ist nicht einmal in der Gegenwart ein Indiz für Ungefährlichkeit. Denken Sie an den Giftsporn des Schnabeltiers.
- Lassen Sie möglichst keinen Zentimeter Haut unbedeckt, egal, wie heiß es ist. Tragen Sie feste Kleidung und Stiefel mit hohen Schäften. Stecken Sie die Hosen in den Stiefelschaft. Befestigen Sie das obere Ende der Stiefel insektendicht an den Hosen, zum Beispiel mit Isolierband.
- Spannen Sie ein Insektennetz über Ihrem Schlafplatz auf.
- Schütteln Sie Schuhe und Kleidung vor jedem Anziehen gründlich aus. Laufen Sie unter keinen Umständen

barfuß, auch nicht, wenn die Temperaturen oder vermeintliche Traumstrände dazu einladen. Lesen Sie sich vor dem Urlaub durch, was passiert, wenn man auf die Giftstacheln des in der Gegenwart existierenden Petermännchens tritt. Nichts hält die Vergangenheit davon ab, ihrerseits so ein Tier oder ein noch schlimmeres hervorzubringen.

- Schwimmen Sie nicht von einem Kontinent zum anderen, nur weil die beiden gerade noch nebeneinander liegen und Sie zu Hause damit prahlen möchten. Gehen Sie überhaupt nicht ins Wasser, auch nicht in Flüsse oder Süßwasserseen, auch nicht «nur bis zu den Knien».
- Greifen Sie nicht in mögliche Verstecke.
- Laufen Sie möglichst nicht durch Gebüsch, Unterholz oder hohes Gras. Falls sich das nicht vermeiden lässt: Klopfen Sie mit einem langen Stock den Weg vor sich ab. Zumindest die Tiere der Gegenwart setzen ihr Gift gegen Menschen meistens in Notwehr ein und ziehen es vor, sich aus der Gefahrenzone zu entfernen, wenn man ihnen Gelegenheit dazu gibt. Wenn Sie Glück haben, verhält es sich in der entfernten Vergangenheit ähnlich.

Mit der Anwesenheit oder Abwesenheit von Tieren ist es überhaupt so eine Sache. Die meisten Reisenden wollen zwar Saurier sehen, aber nicht unbedingt selbst von ihnen gesehen werden, schon gar nicht aus der Nähe. Andererseits ist es enttäuschend, ganz ohne Sauriersichtung aus dem Urlaub zurückzukehren. Das kann durchaus passieren, denn es wird an Ihrem Reiseziel nicht so aussehen wie in den künstlerischen Impressionen, auf denen sich zwanzig verschiedene Saurier um denselben Teich drängen, aus dem weitere Tiere ihre langen Hälse strecken, während Flugsaurier in den Lüften kreuzen. Die Vergangenheit ist kein Zoo und kein Safaripark, der die optimale Sichtbarkeit aller interessanten Tierarten gewährleistet. Es ist ohne Weiteres möglich, dass Sie in Ihrem ganzen Urlaub nur ein paar ungewöhnliche Insekten sichten, und Sie werden danach vom Veranstalter keinen Cent zurückbekommen.

Wie man hört, sind einige Tiere der Vergangenheit zwar weniger menschenscheu als die Tiere der Gegenwart, etwa so, wie es die frühen Polarreisenden von Robben und Pinguinen berichten. Aber das muss nicht immer so sein. Menschen, die Tiere in ihrer natürlichen Umgebung beobachten wollen, nehmen dafür auch in der Gegenwart viele Unbequemlichkeiten auf sich und müssen vor allem Geduld mitbringen. Das ist in der Vergangenheit nicht anders, und etwas Übung in der Wildtierfotografie kann helfen. Allerdings ist das Belauern von Tieren heute nur deshalb ein beschaulicher Zeitvertreib, weil unsere Vorfahren in einigen Gegenden die großen Fleischfresser ausgerottet haben. Nur in der Arktis kommt es noch gelegentlich vor, dass Menschen, die konzentriert ein Tier beobachten, währenddessen selbst von Eisbären belauert werden. In der weit entfernten Vergangenheit ist das viel häufiger der Fall.

Spätestens seit dem Film «Jurassic Park» sind wir uns der Gefahr durch die Tiere der Kreidezeit bewusst, wenn auch, ohne sie genau einschätzen zu können. Aus der neueren Forschung verlautet, dass *Tyrannosaurus Rex* wahrscheinlich nicht so schnell laufen konnte wie im Film, weil bei Geschwindigkeiten über zwanzig Stundenkilometer seine Fußknochen gebrochen wären. In der Praxis hilft Ihnen das nicht weiter, denn viel schneller können auch Menschen nicht laufen, es sei denn über sehr kurze Distanzen.

Immerhin droht Ihnen von oben wenig Gefahr. Flugsaurier ernähren sich nach aktuellem Wissensstand von Fisch und nicht von Zeitreisenden. Vergleichsweise sicher ist es daher, kletternd einen Aussichtspunkt aufzusuchen, und zwar an möglichst steilem Fels, nicht auf Bäumen – Bäume sind auch in der Vergangenheit beliebte Aufenthaltsorte von Tieren. Tragen Sie dabei Handschuhe und fegen Sie Simse und Löcher im Fels vorsichtig mit einer langstieligen Bürste, bevor Sie sich daran festhalten. Schon in der Gegenwart sind Schlangen- und Spinnenbisse beim Herumklettern auf warmen Felsen keine Seltenheit. Wenn Sie auf diese Art einen günstigen Punkt erreicht haben, rühren Sie sich am besten bis zum Ende des Urlaubs so wenig wie möglich von der Stelle. Noch sicherer ist die Montage automatischer, bewegungsausgelöster Wildtierkameras. Und noch wesentlich sicherer ist es, sich lediglich die Fotos anzusehen, die andere Reisende aus der Vergangenheit mitbringen.

Eventuell haben Sie nach all diesen Warnungen mittlerweile Ihre Pläne geändert und möchten statt Dinosauriern lieber den schon mehrfach erwähnten Auerochsen besichtigen, ein friedliches Tier, das bis vor zweitausend Jahren in Europa weitverbreitet war. Danach lesen Sie vielleicht in anderen Kapiteln weiter. Aber Urlaubsvorlieben sind unterschiedlich. Den einen macht es nichts aus, Wochen auf einem Kreuzfahrtschiff zuzubringen, die anderen fahren mit dem Fahrrad durch ein Land, in dem es fast nur regnet. Daher gibt es mit Sicherheit auch Menschen, die ihren Urlaub gern regungslos unter einem Insektennetz auf einer Biwakplattform an einer Felswand verbringen und dabei mitgebrachte Trockennahrung verzehren. Falls Sie zu ihnen gehören, erfahren Sie im Folgenden, wie Sie die Unterhaltsamkeit Ihres Aufenthalts optimieren können.

Beste Reisezeit

Die Kreidezeit dauert eine Weile. Sie beginnt vor etwa 145 Millionen Jahren und endet vor 66 Millionen Jahren. Diese Periode ist ein Teil des sogenannten Mesozoikums, das vor rund 235 Millionen Jahren beginnt. Durch das gesamte Mesozoikum hindurch ist die Atmosphäre atembar. Es kann lediglich sein, dass Sie sich an den Sauerstoffgehalt der Luft gewöhnen müssen. Je nach Reisezeit liegt er wahrscheinlich zwischen fünfzehn und dreißig Prozent. In der Gegenwart sind einundzwanzig Prozent üblich. Fünfzehn Prozent entsprechen ungefähr den Verhältnissen in 2500 Metern Höhe. Es gibt auf dieser Höhe und sogar darüber ganze Großstädte, deren Bewohner langfristig mit diesem Sauerstoffgehalt zurechtkommen. Dreißig Prozent sind ebenfalls kein Problem, was die Atembarkeit der Luft angeht, Sie sollten aber noch vorsichtiger als sonst sein, wenn Sie mit Ihrem Campingkocher hantieren. Die Waldbrandgefahr ist selbst in feuchten Gegenden hoch.

Bis vor etwa 175 oder 150 Millionen Jahren sind alle Erdteile miteinander verbunden, gemeinsam bilden sie den Superkontinent Pangäa. Die meisten Zeiten und Gegenden sind im Schnitt sechs bis zehn Grad wärmer als in der Gegenwart (mehr über Temperaturen in der entfernten Vergangenheit im Kapitel «Kalte Zeiten, warme Zeiten»). Großflächige Vereisungen wie heute an den Polen gibt es nirgends, der Meeresspiegel liegt etwa achtzig Meter höher als in der Gegenwart. Wiedererkennen werden Sie aber sowieso nichts, weder an den Küsten noch im Inland.

Zu Beginn des Mesozoikums sind die Chancen auf Sauriersichtung schon deshalb gering, weil der Anteil der Saurier an der Gesamttierwelt nur bei etwa ein bis zwei Prozent liegt. Das ändert sich schon bald, also nur ein paar Millionen Jahre später. Überspringen Sie die ersten dreißig oder vierzig Millionen Jahre. Meiden Sie dabei insbesondere die Phase vor rund zweihundert Millionen Jahren. Zu diesem bisher leider nur unpräzise bestimmten Zeitpunkt findet das Massenaussterben an der Trias-Jura-Grenze statt, und noch ist die Ursache dafür unbekannt. Im (für Zeitreisende) günstigsten Fall handelt es sich um eine langsame Entwicklung, die mit Klimawandel oder dem Meeresspiegel zu tun hat. Aber vielleicht war es auch ein Asteroiden- oder Kometeneinschlag oder ein Vulkanausbruch, Ereignisse, an denen man nicht unbedingt persönlich teilhaben möchte (falls doch, lesen Sie das Kapitel «Kleine und große Weltuntergänge»). Etwa drei Viertel aller Arten fallen diesem Massenaussterben zum Opfer. Wer ganz sicher gehen will, dieses Schicksal nicht zu teilen, hält sich am besten in einer anderen Zeit auf. Gegen Ende des Mesozoikums sind die Kontinente und damit auch die Saurierarten auseinandergedriftet, es gibt also insgesamt mehr zu besichtigen.

Falls Sie zu den Reisenden gehören, die sich für die

Großwildjagd interessieren, sollten Sie versuchen, den Zeitpunkt Ihrer Reise so nah wie möglich an das Ende der Kreidezeit zu schieben (aber nicht *zu* nah, um nicht Opfer des Chicxulub-Einschlags zu werden, bitte wieder im Kapitel «Kleine und große Weltuntergänge» nachlesen). Anders als in der Gegenwart können Sie dort unmittelbar vom Aussterben bedrohte Tiere erlegen und haben dabei ein ethisches Problem weniger als sonst – kurze Zeit später ist es in jedem Fall aus mit sämtlichen Sauriern. Je nachdem, wie präzise Ihr Timing ist und in welcher Region Sie sich aufhalten, stirbt Ihre Jagdbeute womöglich sogar einen angenehmeren Tod als durch die folgende globale Naturkatastrophe. Um künftige Paläontologen nicht unnötig vor Rätsel zu stellen, müssen Sie allerdings unbedingt darauf achten, keine herkömmliche Munition in der Vergangenheit zurückzulassen – weder im Jagdwild noch in der Landschaft. Reiseveranstalter, die eine solche Sauriersafari anbieten, werden Ihnen in der Ausstattungsfrage zur Seite stehen. Empfehlen können wir solche Urlaube nicht: Sie ergötzen sich schließlich am Tod einer anderen Kreatur. Dabei profitieren Sie auf unfaire Weise von der Tatsache, dass Ihre Art zufällig die Schusswaffen und den opponierbaren Daumen erfunden hat. An dieser Unfairness ändert auch die Größe des Jagdwilds oder die Anzahl seiner Zähne nichts.

Theoretisch können Sie sich an den bekannten Fundorten von Saurierfossilien orientieren: die Solnhofener Plattenkalke nördlich von Ingolstadt, Münchehagen in Niedersachsen, die Kohlegrube Guimarota bei Leiria in Portugal, das Iguanodon-Massengrab im belgischen Bernissart. Aber sehen Sie vorher genauer nach, wofür der Ort eigentlich berühmt ist: Oft sind das nur die Fossilien unscheinbarer kleiner Meeresbewohner, und die Urlaubsgegend steht während der gesamten Reisezeit unter Wasser. Außerdem liegen alle diese Orte noch nicht dort, wo man sie heute erwartet, und sehen ganz anders aus.

Die bekannten Fundorte sind aber vor allem aus einem anderen Grund nicht ideal: Fossilien entstehen nur in Gegenden, in denen Sedimente auf dem Grund von Gewässern abgelagert werden. Danach müssen diese Sedimente durch die Bewegung der Erdplatten an einen Ort befördert werden, der für die heutige Forschung günstig liegt. «Günstig» bedeutet hier weniger «nah an einer Bushaltestelle», sondern vor allem «nah an der Erdoberfläche». An vielen anderen Orten gab es ebenfalls Tiere und Pflanzen, von denen wir bisher überhaupt nichts wissen. Daher kann es sich lohnen, gerade an den Orten Urlaub zu machen, die nicht für Fossilienfunde bekannt sind. Mit etwas Glück werden Sie dort die interessantesten Entdeckungen machen.

In jedem Fall aber suchen Sie nicht nur im Raum, sondern auch in der Zeit die Stecknadel im Heuhaufen, auch wenn die meisten Saurier größer sind als Stecknadeln. Selbst an günstigen Orten geht es um riesige Zeiträume. Es ist, als warteten Sie an einem zeitgenössischen Vogelfutterhäuschen auf einen Grünspecht, nur weil dort einige Millionen Jahre zuvor einmal einer gesichtet wurde.

Was den oben erwähnten sicheren Aussichtspunkt angeht: Die steilen Felswände von heute existieren alle noch nicht, und die von damals nicht mehr. Orientieren Sie sich an den Erfahrungen anderer Zeitreisender, um einen günstigen Ort zu finden.

Ausrüstung und Ernährung

Ein eindeutiger Vorteil der Saurierzeit: Es handelt sich um eine Zeitreise ganz ohne Ärger mit Sprachen, Zahlungsmitteln, Papieren oder Kleidungsvorschriften. Das gesamte Mesozoikum können Sie in der Urlaubskleidung bereisen, die Sie auch in der Gegenwart tragen würden. Die Abwesenheit anderer Menschen hat allerdings den Nachteil, dass Sie nirgendwo Essen kaufen können und deshalb Lebensmittel für die gesamte Urlaubsdauer selbst mitbringen müssen. Das gilt auch für das Trinkwasser: Im Prinzip eignen sich zwar dieselben Methoden zur Trinkwasseraufbereitung wie in der Gegenwart. Das setzt aber voraus, dass Sie sich nicht in einer Region wiederfinden, in der es zufällig seit Jahren nicht geregnet hat.

Falls Ihnen durch unvorhergesehene Umstände der Reiseproviant abhandenkommt, ist es am besten, bis zur Rückreise zu fasten. Wenn es gar nicht anders geht, versuchen Sie möglichst, bekannte Arten zu verzehren. Wenn Sie angeln können und etwas fangen, das wie ein Stör aussieht, können Sie es wahrscheinlich essen (und herkömmliche Stör-Rezepte für die Zubereitung verwenden). Der Stör ist ein lebendes Fossil, das sich in den letzten hundert Millionen Jahren kaum verändert hat. An den flachen Sandküsten tropischer Meere lassen sich eventuell Pfeilschwanzkrebse fangen, an denen sich ebenfalls nicht viel verändert hat. Zubereitung und Verzehr sind allerdings ästhetisch gewöhnungsbedürftig, wenn Sie nicht zufällig aus einer Region mit Pfeilschwanzkrebsverzehrtradition stammen. Der Pfeilschwanzkrebs wird schon im Ganzen oft als hässlich empfunden, und von innen ist er keineswegs appetitlicher als von außen. Bilden Sie sich rechtzeitig durch das Betrachten von Videos oder einen Urlaub in Thailand fort. Tiere und Pflanzen, die Sie nicht mit großer Sicherheit bestimmen können, sollten Sie nur im äußersten Notfall essen. Auch vorsichtiges Probieren ist riskant: Manche Substanzen entfalten ihre gesundheitsschädigende oder tödliche Wirkung erst lange nach dem Verzehr.

Was Sie herausfinden könnten

Sie haben gute Chancen, ganz neue Arten zu entdecken: Nach aktuellem Wissensstand gibt es mehrere tausend Sauriergattungen, von denen bisher nur einige hundert wissenschaftlich beschrieben wurden. Von vielen Arten sind überhaupt keine Fossilien erhalten.

Oder aber Sie beobachten eine bekannte Art bei einer Tätigkeit, über die wir noch wenig wissen. Die Forschung interessiert sich zum Beispiel sehr dafür, was sich vor ungefähr hundertfünfzig Millionen Jahren zugetragen hat, als die Vögel fliegen lernten. Auch ganz ohne Vorkenntnisse können Sie an dieser Stelle zum wissenschaftlichen

Erkenntnisfortschritt beitragen. Entweder werden Sie zu dieser Zeit Tiere sehen, die auf dem Boden herumhüpfen, dazu mit den Vorderbeinen rudern und sich vielleicht sogar ein bisschen in der Luft halten können. Oder aber Tiere, die von Bäumen herunterspringen und lernen, ihren Aufprall zu dämpfen und ihre Reichweite zu vergrößern. So lauten zumindest die zwei Haupttheorien, die saltatorische und die arboreale, oder verständlicher: die «Ground up»- und die «Trees down»-Theorie.

Archaeopteryx, der bekannteste «Urvogel», ist das Tier, nach dem Sie zur Klärung dieser Frage Ausschau halten sollten. Er lebt im heutigen Süddeutschland, das allerdings viel näher am Äquator liegt und aus Inseln in einem flachen, warmen Meer besteht. Der berühmte Urvogel ist nicht viel größer als eine Elster. Falls Sie ein solches Tier beobachten und womöglich sogar fotografieren können, werden Sie die Fachwelt sehr glücklich machen. Entscheidend ist, ob *Archaeopteryx* überhaupt Anstalten macht zu fliegen, oder ob er seine zweifellos vorhandenen Federn nur zum Schutz vor der Kälte oder zur Zierde trägt. Falls Sie ihn fliegen sehen, achten Sie darauf, ob er vom Boden startet oder von einer erhöhten Position aus. (Bäume gibt es in diesem Klima wahrscheinlich nicht, aber sehen Sie selbst nach.)

Es wäre für die wissenschaftliche Weiterverwendung hilfreich, wenn man Ihre Fotos später einem konkreten Ort zuordnen könnte. Das ist leider nicht so einfach wie in der Gegenwart; lesen Sie mehr dazu im Ratgeberteil. Bis sich jemand die Mühe macht, die Kontinente der Vergangenheit ganz traditionell zu vermessen und entsprechendes Kartenmaterial zu veröffentlichen, müssen die unzuverlässigen Ortsangaben der Reiseveranstalter genügen.

Kleine und große Weltuntergänge

In diesem Kapitel geht es um Reisen zu Naturkatastrophen, die in der Vergangenheit liegen. Historischen Katastrophentourismus wird es immer geben, so wie es auch immer Leute geben wird, die sich in der Gegenwart nicht von Tschernobyl-Besichtigungen und Vulkanwanderungen abhalten lassen. Deshalb haben wir uns entschieden, diesen Aspekt des Zeitreisetourismus nicht zu unterschlagen. Wir möchten niemanden dazu ermuntern, Interessierten aber auch keine Ratschläge vorenthalten. Bedenken Sie allerdings, dass die meisten Versicherungen (z. B. Risikolebens-, Unfall-, Zeitreise- und Berufsunfähigkeitsversicherung) Probleme, die sich aus derartigen Unternehmungen ergeben, in der Regel vom Schutz ausschließen.

Meteoriten

Eines der spektakulärsten Reiseziele ist sicherlich der Chicxulub-Einschlag vor ungefähr sechsundsechzig Millionen Jahren auf der heute zu Mexiko gehörenden Halbinsel Yucatán. Ein großer Felsbrocken fällt vom Himmel, eigentlich eher ein ganzer Berg. Nach heutigem Wissensstand sterben aus diesem Anlass ungefähr drei Viertel aller damals lebenden Tierarten aus, das sogenannte Massensterben an der Kreide-Paläogen-Grenze. Als Zeitreiseziel ist diese Katastrophe nicht unproblematisch, und das fängt bereits mit der Angabe «vor ungefähr sechsundsechzig Millionen Jahren» an. Der Einschlag ist bisher nur auf plus / minus zweiunddreißigtausend Jahre genau datiert, der richtige Termin lässt sich also nur durch Versuch und Irrtum ermitteln. Zum Erscheinungszeitpunkt dieses Buchs ist das noch nicht geschehen. Das Ereignis findet womöglich an einem Herbsttag statt, so glaubt zumindest der Paläontologe Robert DePalma nach Untersuchung der Pflanzen- und Tierüberreste in Sedimentschichten, die an diesem Tag abgelagert wurden.

Tasten Sie sich langsam an den Termin heran, und zwar rückwärts. Anhand der sichtbaren Folgen (keine Saurier, abgebrannte Wälder, großes Loch in Mexiko, eventuell weltweite Dunkelheit) erkennen Sie leichter, wann Sie sich dem Einschlagszeitpunkt nähern. In der Zeit vor dem Einschlag hingegen wissen Sie nicht, ob Sie eine Woche oder tausend Jahre zu früh dran sind. Zur falschen Zeit anzukommen ist lediglich lästig. Problematischer wäre es, fast genau zur richtigen Zeit anzukommen, denn vor allem die ersten Stunden nach dem Einschlag sind weltweit äußerst ungemütlich. Aber davon gleich mehr.

Gehen wir zunächst davon aus, dass Sie mit Hilfe anderer Zeitreisender den Termin bereits so weit eingegrenzt haben, dass Sie kurz vor der Katastrophe ihren Beobachterposten einnehmen können. Das Klima stellt kein grundsätzliches Problem dar. Die Luft ist atembar. Erscheinen Sie aber nicht viel zu früh, denn über die Jagdgewohnheiten der Fleischfresser in der Kreidezeit ist noch viel zu wenig bekannt (mehr dazu im Kapitel «Im Reich der Dinosaurier»).

Der große Felsbrocken, auf dessen Einschlag Sie warten, hat einen Durchmesser von mindestens zehn Kilometern, und er wird einen Krater von hundertfünfzig Kilometern

Durchmesser hinterlassen. Der Verlauf des Kraterrandes ist zwar gut erforscht, aber stellen Sie sich besser nicht direkt dort auf. Ein Sicherheitsabstand ist geboten. Im Abstand von etwa tausend Kilometern sterben Sie sofort oder innerhalb weniger Sekunden durch die Hitzeentwicklung. Bei so einem Einschlag wird sehr viel Energie freigesetzt, und Hitze ist eben die erste Idee, auf die die Natur kommt, wenn sie Energie loswerden will. Wenn bis zu dreihundert Meter hohe Flutwellen die umliegenden Küsten verwüsten, sind Sie also bereits zu Asche zerfallen. Tausendfünfhundert Kilometer genügen auch nicht, denn in dieser Entfernung kommt kurze Zeit später eine Druckwelle vorbei, die Sie ebenfalls nicht überleben werden. Wenige Minuten darauf fallen die Steinbrocken vom Himmel, die aus dem Krater in die Luft geschleudert wurden. Etwa fünftausend Kilometer scheint das Minimum an Sicherheitsabstand zu sein, den Sie einhalten sollten. Das entgegengesetzte Ende der Welt, also Indien, ist übrigens kein besonders sicherer, sondern ein besonders riskanter Standort. Materie aus dem Krater wird so hoch in die Atmosphäre geschleudert, dass sich gegenüber vom Einschlagsort der Schutt aus allen Richtungen sammelt. Bringen Sie sich lieber irgendwo am östlichen Rand von Europa in Position.

«Da sieht man doch gar nichts», werden Sie vielleicht einwenden. Von Ihrem Beobachtungsposten aus können Sie aber immerhin Erdbeben der Stärke zehn bis elf miterleben. Das ist mindestens das Zehnfache aller seit der Einführung der Richterskala aufgezeichneten Erdbeben. Meiden Sie die Nachbarschaft von Bäumen oder Felsen, die Ihnen dabei auf den Kopf fallen könnten.

Wenn Sie bis hierhin überlebt haben, kommt noch ein letztes Problem auf Sie zu. Die schon erwähnte Hitze muss irgendwohin. In den Stunden nach dem Einschlag strahlt der Himmel auf der ganzen Welt so intensiv wie ein Salamander – nicht das angenehm kühle Tier, sondern das Gerät, das in der Gastronomie zum Überbacken von Speisen verwendet wird. Es nützt nichts, sich zur Beobachtung in die Nähe von Nord- oder Südpol zurückzuziehen, denn wir befinden uns gerade in einer Warmzeit. Die Arktis existiert noch nicht, und die Antarktis ist ein ganz normaler, unvereister Kontinent. Die Luft bleibt atembar, die Lufttemperatur steigt nur um etwa zehn Grad. Das Problem ist die Infrarotstrahlung, vor der man sich aber leicht schützen kann: Es genügt eine zehn Zentimeter dicke Erdschicht. Das ist möglicherweise der Grund, warum einige Tierarten, die im Wasser oder in Höhlen leben, die Katastrophe überlebt haben. Wenn Sie etwas früher ankommen, können Sie sich eine Höhle graben oder eine Mulde mit Ästen und Erde bedecken, das reicht. Achten Sie beim Bau auf Erdbebensicherheit. Meiden Sie Gegenden, in denen die Gefahr von Waldbränden droht.

Das mag abschreckend und unbequem klingen, aber theoretisch könnten Sie Ihren Urlaub durchaus überleben. Einigen Tierarten ist das jedenfalls gelungen – wenn auch keinen Säugetieren, die schwerer als fünfundzwanzig Kilogramm sind. Es ist aber immerhin möglich, dass einige größere Arten erst im Laufe der nächsten Monate, Jahre oder Jahrhunderte aussterben und das eigentliche Ereignis auch für Säugetiere von Menschengröße nicht unbedingt tödlich war. Details können Sie dann vor Ort herausfinden.

Der Wert als Partygesprächsthema ist hoch, das Risiko ist es aber auch. Wenn Ihnen Sicherheit wichtig ist, sollten Sie den Einschlag lieber von einer Raumstation aus betrachten (siehe Kapitel «Die Reise zum Anfang des Universums»). Allerdings verteilen sich durch den Aufprall ungefähr siebzig Millionen Tonnen Gestein in einem überraschend weiten Umkreis auf die umliegenden Himmelskörper. Sicherheitsbewusste sollten eine Umlaufbahn um einen anderen Planeten wählen. In einem anderen Sonnensystem.

Vulkanausbrüche

Vielleicht möchten Sie lieber ein Video mit einer Simulation des Chicxulub-Einschlags aus nächster Nähe betrachten und im Urlaub eine weniger große Katastrophe besichtigen. Zum Beispiel einen Vulkanausbruch. Hier ist eine Zeitreise-Besichtigung sogar sicherer als eine in der Gegenwart, denn zumindest bei den Ausbrüchen der jüngeren Vergangenheit steht fest, wann man sich wo besser nicht aufhalten sollte.

Das Problem mit Vulkanausbrüchen ist allerdings, dass sie entweder schlecht datiert sind oder viele Menschenleben fordern. Der Tambora-Ausbruch auf der indonesischen Insel Sumbawa ist das größte Vulkanspektakel, dessen Datum genau feststeht: Die Serie von Ausbrüchen beginnt am 5. April 1815 und erreicht ihren Höhepunkt am 10. April ab sieben Uhr abends. Anders als beim Chicxulub-Einschlag stehen Sie hier vor einem ethischen Problem. Was für Sie ein Urlaubserlebnis sein mag, kostet um die hunderttausend Menschen das Leben. Sie können den Ausbruch nicht verhindern und nicht einmal nennenswert helfen. Das ist beim Ausbruch des Krakatau im Jahr 1883 anders, weil dort die meisten Menschen durch einen Tsunami sterben. In so einem Fall könnten Sie wenigstens Küstenbewohner alarmieren und sie vielleicht dazu bewegen, höheres Gelände aufzusuchen. Beim Tambora funktioniert das nicht. Große Teile der Bevölkerung von Sumbawa und der Nachbarinsel Lombok sterben erst Wochen und Monate nach dem Ausbruch an Hunger und Durst. Sich solche Ereignisse als Urlaubsziel zu wählen, ist kaum weniger zynisch als die Besichtigung von Schlachten und Hinrichtungen (siehe «Die Schattenseiten des Krieges»).

Wenn es Ihnen allerdings gelänge, mehr über den Vulkanausbruch auf der griechischen Insel Santorin herauszufinden, würden Sie damit einigen Menschen in der Gegenwart eine große Freude machen. Diese sogenannte Minoische Eruption findet irgendwann zwischen 1600 und 1525 vor unserer Zeitrechnung statt und ist für die archäologische Forschung von größter Bedeutung: Anhand der Ablagerungen von Vulkanasche im östlichen Mittelmeerraum lassen sich Fundstücke aus ganz verschiedenen Regionen in einen zeitlichen Zusammenhang bringen. Wenn man genauer wüsste, wann dieser Vulkan ausbricht, wären dadurch auf einen Schlag zahlreiche Datierungsprobleme gelöst. Vielleicht ist die Frage zu dem Zeitpunkt, an dem Sie dieses Buch lesen, bereits beantwortet. Wenn das der Fall ist, sollten Sie lieber zum Nutzen anderer Zeitreisender einen Vulkanausbruch in einer möglichst menschenleeren Zeit oder Gegend genau datieren und so als ethisch unbedenkliches Reiseziel erschließen. Mehr zu Vulkanen als Touristenattraktion erfahren Sie in den Kapiteln «Ein unvergessliches Wochenende» und «Durchs wilde Pleistozän».

Wasser

In der Gegenwart gehören malerische kleine Wasserfälle wie die Niagarafälle oder der venezolanische Salto Ángel zu den beliebtesten touristischen Reisezielen. Schon weil die Vergangenheit sehr lang ist und den Dingen damit ausreichend Zeit zum Passieren verschafft, gibt es dort von fast allen Naturereignissen eine größere und imposantere Version zu besichtigen. Wer relativ risikolos ein kühles Wasserspektakel verfolgen möchte statt unangenehm warmer Ereignisse wie Vulkanausbrüche, braucht sich nur 5,33 Millionen Jahre in die Vergangenheit zu begeben. Dort kann man mit etwas Glück dabei zusehen, wie sich der Atlantik durch die Straße von Gibraltar ins Mittelmeer ergießt, das zu dieser Zeit noch kein Meer ist, sondern ein drei bis fünf Kilometer tiefer gelegenes Tal.

Genau genommen brauchen Sie sehr viel Glück, denn der richtige Reisetermin ist zum Erscheinungszeitpunkt dieses Buchs noch nicht besonders genau bekannt. Wenn Sie zu früh ankommen, erkennen Sie das daran, dass das Mittelmeer nur ein paar kleine, salzige Pfützen bildet, ähnlich wie das Tote Meer in der Gegenwart. Im Rest der Welt liegt der Wasserspiegel um etwa zwölf Meter höher als heute. Reisen Sie nicht gleich enttäuscht wieder ab, auch diese Zeit bietet schöne Sehenswürdigkeiten. So sind zum Beispiel Europa und Afrika um Sizilien herum durch eine breite Landbrücke miteinander verbunden. Spektakulär dürften auch die tiefen Canyons sein, die sich der Nil und die Rhône an ihren Mündungen gegraben haben. Berücksichtigen Sie bei solchen Ausflügen alle Vorsichtsmaßnahmen, die in der Gegenwart für den Grand Canyon gelten. Vor allem das Mitnehmen großer Mengen Trinkwasser ist wichtig, denn genau wie im Grand Canyon ist es unten heißer und trockener, als man beim Aufbruch ahnt.

Wenn Sie es schaffen, zur richtigen Zeit anzukommen, kann es immer noch sein, dass Sie kein Wasserspektakel vorfinden. Es ist umstritten, ob das Mittelmeerbecken sehr zügig oder doch eher im Laufe von zehntausend Jahren vollläuft. Letzteres wäre aus touristischer Sicht ein eher unspektakulärer Vorgang.

Falls der Wasserdurchbruch tatsächlich sehr schnell vonstattengeht, haben Sie immer noch ein paar Monate Zeit, ihn sich anzusehen. Stellen Sie Ihren Liegestuhl am besten an einem Aussichtspunkt nahe der heutigen Meerenge von Gibraltar auf. Von dort aus können Sie mitverfolgen, wie eine riesige Wassermenge auf mehreren Kilometern Breite aus dem Atlantik in die Tiefe strömt. Das Wasser bildet dabei keinen senkrechten Wasserfall, sondern fließt einen Hang hinab, was das Geschehen aber kaum weniger spektakulär macht. Falls Sie von unten zusehen, müssen Sie Ihre Liegestuhlposition häufig nachjustieren und sollten nicht in Strandnähe übernachten: Der Wasserspiegel steigt auf dem Höhepunkt der Flut pro Tag um mehr als zehn Meter.

Wenn Sie nach der Besichtigung zu dem Schluss kommen, dass Ihnen die Landschaft vorher besser gefallen hat, brauchen Sie nur ein wenig Geduld (und einen Reiseführer, der auch die Zukunft abdeckt). Seit dem Einlassen der Badewanne ist die Straße von Gibraltar wieder flacher geworden. In zwei bis drei Millionen Jahren wird sie sich voraussichtlich schließen. Danach dauert es nur noch etwa tausend Jahre, bis das Mittelmeer wieder ganz verdunstet.

Die Schattenseiten des Krieges

Kriege sind erstaunlich beliebt. Viele Leute denken darüber nach, wie man in der Vergangenheit ausgerechnet Schlachten und Kriege aufsuchen und was man dort als Zeitreisender anstellen könnte. Woher diese Begeisterung für Kriege kommt, ist unklar. Wahrscheinlich hat sie nicht nur mit einer unglücklichen Kindheit oder einem Uniformfetisch zu tun. Schlachten sind populär, weil sie Momente in der Geschichte darstellen, an denen offensichtlich auch alles ganz anders hätte kommen können: Was passiert, wenn Varus und nicht Arminius die Schlacht im Teutoburger Wald gewinnt? Wenn Napoleon beschließt, doch nicht mit seiner Armee nach Moskau zu ziehen? Aber natürlich ist die Geschichte voll mit weniger dramatischen Momenten, die ebenfalls weitreichende Auswirkungen haben: Es regnet zur falschen Zeit, ein Krankheitserreger mutiert, ein Kontinent driftet nach Norden und nicht nach Süden, eine Handwerkerzunft beschließt eine Regelung.

Wer Schlachten für ganz besonders entscheidend hält, lässt sich von dem blenden, was leicht zu sehen ist und viel Krach und Aufmerksamkeit erzeugt. Der Glaube, dass Geschichte vor allem in militärischen Auseinandersetzungen und durch die Taten einzelner Personen geschrieben wird, ist wie die Annahme, dass Geologie aus Sprengungen besteht. Abgesehen davon gibt es viele gute Gründe, sich nicht dort aufzuhalten, wo in der Vergangenheit gerade Krieg geführt wird. Die meisten davon sind offensichtlich. Wir erwähnen sie vorsichtshalber trotzdem.

Wahrscheinlich hat Ihr Reiseveranstalter Sie unterschreiben lassen, dass Sie sich nicht mutwillig in Gefahrengebiete begeben werden. Aber nehmen wir einmal an, Sie haben bei einem zweifelhaften Unternehmen gebucht, das sich auf kriegslüsterne Kundschaft spezialisiert, oder aber Sie kümmern sich generell nicht um das Kleingedruckte in Verträgen. Sie werden dann zunächst einigen praktischen Schwierigkeiten des Schlachtentourismus begegnen, wie sie der französische Autor Stendhal in «Die Kartause von Parma» beschreibt. Der Roman spielt in der Zeit der Napoleonischen Kriege, zu Beginn des 19. Jahrhunderts. Seine Hauptfigur, ein junger Italiener namens Fabrizzio, sympathisiert mit Napoleon und meldet sich als Freiwilliger, um auf der Seite der Franzosen zu kämpfen. Viele der Probleme, auf die er stößt, existieren in ganz ähnlicher Form für Zeitreisende: Er spricht nicht die richtige Sprache, kann kein Gewehr laden, wird für einen Spion gehalten und ins Gefängnis gesteckt, und als er schließlich in eine Schlacht gerät, ist er ratlos. Er hört «schreckliches Getöse» von allen Seiten und sieht Rauch, hat aber keine Ahnung, wo das Regiment ist. «War das, was er gesehen hatte, eine Schlacht? Und war diese Schlacht die von Waterloo?», fragt er sich hinterher.

Die wenigsten Kriegshandlungen tun Zeitreisenden den Gefallen, an einem überschaubaren Ort mit günstigen, ungefährlichen Aussichtspunkten stattzufinden. Selbst wenn sie es tun, wird man nach der Einführung des Schwarzpulvers (in China im 11., in Europa im 14. Jahrhundert) genau wie Fabrizzio außer Rauch nicht viel sehen. Wer schon einmal versucht hat, in Berlin das Silvesterfeuerwerk zu betrachten, ahnt, wie wenig man von so einer Schlacht erkennen wird. Auf Schlachtengemälden sind zwar häufig Generäle zu sehen, die von einem Hügel herab mit dem Fernglas das Geschehen verfolgen, aber zum einen haben solche Gemälde mit der Realität nicht immer viel zu tun, zum anderen ist der Feldherrnhügel kein Platz für dubiose Fremde, die «einfach nur zugucken» wollen. Bei Seeschlachten ist die Lage noch aussichtsloser.

Die schlechte Sicht ist noch eines der harmloseren Probleme. Im Umfeld von Kriegen und Belagerungen gedeihen Infektionskrankheiten besonders gut (siehe Ratgeberteil). Ob Sie an der Schlacht teilnehmen oder nur zuschauen wollen, ist den Krankheitserregern egal. Unter Umständen gibt es Ärger mit Wölfen, wie es der Rittmeister von Holsten nach der Schlacht bei Tschudniw im Jahr 1660 beschreibt: «An dem Orth, alwo diese große Schlachten geschehen, versammleten sich nachmals vielhundert Wölffe, daß keiner alda sicher reisen kondte, denn weilen über 60 000 todte Cörper auf der Nähe herumblagen ...»

Den Wölfen, Raben und Krähen geht es gut, aber die Nahrungsmittel für Menschen sind wahrscheinlich knapp. Armeen ernähren sich bis ins 19. Jahrhundert von dem, was die Soldaten vor Ort beschaffen können – und das heißt in den meisten Fällen: rauben und stehlen. Aus diesem Grund ist die Erntezeit eine beliebte Zeit zum Kriegführen.

Die kämpfenden Parteien wissen nicht, dass Sie bloß Tourist sind, und werden Sie unter Umständen genauso umbringen wie ihre Gegner. Die Bewohner der Umgebung sind nach schlechten Erfahrungen mit der Armee misstrauisch und erschlagen Sie eventuell vorsichtshalber ebenfalls. Für Frauen liegt das Vergewaltigungsrisiko höher als sonst. Männer können zur Armee gepresst werden und sind dabei gefährdeter als die Einheimischen, wenn sie größer und gesünder aussehen. Auch gute Zähne machen attraktiv für Werber. Dabei geht es nicht ums Aussehen, sondern ab dem späten 17. Jahrhundert um die Fähigkeit, die Papierhülsen aufzubeißen, in denen Pulver und Kugel aufbewahrt werden. Selbst mit schlechten Zähnen kann man immer noch für andere Tätigkeiten rekrutiert werden.

Das ist übrigens nicht nur in unmittelbarer Umgebung von Schlachten ein Problem. In militaristischen Staaten sollten Sie sich als Mann generell von Angehörigen der Armee fernhalten, das heißt, nicht ins Gespräch verwickeln oder gar zum Trinken verleiten lassen. Vor allem Preußen ab 1713 ist in dieser Hinsicht ein riskantes Reiseziel für Männer, die größer als einen Meter siebzig sind. Auch von der Royal Navy kann man vom 17. bis ins frühe 19. Jahrhundert zwangsrekrutiert werden. Das geschieht allerdings vor allem in Küstenorten. Sie sind etwas sicherer, wenn Sie erkennbar keine Ahnung von der Seefahrt haben.

Werden Teile der Armee zwangsrekrutiert, ist das Desertieren naturgemäß eine beliebte Tätigkeit. Das bedeutet für Sie, dass man Sie beim geringsten Verdacht auch außerhalb der Armee für einen Deserteur halten und standrechtlich erschießen kann. Die Probleme rund um Pässe, Papiere und Identität vervielfachen sich in Kriegszeiten.

Wenn Sie trotz allem unbedingt einen Blick aufs Kriegsgeschäft werfen wollen, raten wir zu einem Aufenthalt in Berlin am 24. August 1813. Am Vortag haben bei Großbeeren im Süden der Stadt die aus Franzosen und Sachsen bestehenden napoleonischen Truppen gegen die Preußen, Russen und Schweden gekämpft und verloren. Der Kanonendonner war in Berlin gut zu hören. Den Lebensaufzeichnungen des Berliner Bankiers Johann David Müller zufolge strömt am 24. vom Halleschen Tor aus eine «unabsehbare Menschenmenge, welche die Neugierde herrausgelockt», nach Großbeeren. Dort kann man «Leichen, Kugeln, Armaturstücke und todte Pferde» liegen sehen. Müller verteilt «schwartzen Coffée, Zucker und Rumm» an die Offiziere und bekommt dafür das Schlachtfeld erklärt. Nachmittags werden Zäune, Pfähle und Bruchstücke der eingerissenen Häuser von Großbeeren aufgehäuft und entzündet, um auf den Feuern Mahlzeiten zuzubereiten, und «um 5 Uhr wurde überall, umgeben von Leichname, gespeist und viele Tausend Berliner nahmen an den Mittagessen theil». Passieren kann Ihnen hier nicht viel, aber es bleibt eine zynische Unternehmung. Wenn Sie in der Gegenwart nicht zum Vergnügen in Kriegsregionen reisen, sollten Sie es auch in der Vergangenheit nicht tun.

Selbst wenn Sie Schlachten als Reiseziel nicht gerade aktiv suchen, sollten Sie Zeiten und Orte meiden, an denen Krieg herrscht oder Krieg bevorsteht. Das betrifft vor allem Staaten, die zerfallen oder nicht mehr richtig regiert werden. Stattdessen suche man nach Stabilität, allgemeinem Wohlstand, Frieden. Das heißt nicht unbedingt, dass Sie vollständig auf Reisen in Kriegsjahre verzichten müssen. Der Dreißigjährige Krieg dauerte nicht überall dreißig Jahre, er war eher wie ein langanhaltendes missliches Wetterphänomen, das über Europa waberte. Aber die Zonen und Phasen der Stabilität sind schwerer zu finden und knapper, die Menschen misstrauischer, die Infrastruktur kaputter. Bequemer ist es, den bekannten Kriegen vollständig aus dem Weg zu gehen. Die Reise in die Vergangenheit birgt auch so schon genügend Risiken.

Für immer dableiben

In Michael Crichtons Roman «Timeline» entscheidet sich der Geschichtsprofessor André Marek während einer Zeitreise ins mittelalterliche Frankreich, nicht mit seinen Kollegen in die Gegenwart zurückzukehren. Ohne von der Existenz von Zeitmaschinen zu wissen, hat er sich sein Leben lang auf so eine Situation vorbereitet. Er spricht Mittelenglisch, Altfranzösisch, Latein und Okzitanisch, weiß alles über mittelalterliche Kleider und Gebräuche und hat Bogenschießen, Schwertkampf und Lanzenstechen trainiert. Menschen wie André Marek gibt es außerhalb von Zeitreiseromanen eher selten.

Für die meisten ist die Vergangenheit nicht mehr als eine exotische Urlaubsgegend. Ähnlich wie bei einer Urlaubsreise in der Gegenwart sagen sie zwar: «Schön hier», verspüren aber nicht den Wunsch, sich dauerhaft in der bereisten Zeit niederzulassen. Das ist überraschend, denn die Klagen über die Welt der Gegenwart sind zahlreich. Die Natur ist nicht mehr so schön wie früher, alles ist voll mit gefährlichen und ungesunden Substanzen, die Politik ein einziger Kindergarten, die Reichen sind zu reich, die Armen zu arm, die Welt zu kompliziert, die Jugend hat absonderliche Vorlieben, und alles ändert sich viel zu schnell. Früher war vielleicht nicht alles besser, aber die Menschen redeten immerhin noch miteinander, bewegten sich mehr und glaubten an etwas, die Architektur war dem Auge wohlgefällig und der CO_2-Fußabdruck vorbildlich klein.

Weltweit glaubt mehr als ein Drittel aller Menschen,

dass es vor fünfzig Jahren besser war als heute. Das ist das Ergebnis einer repräsentativen Umfrage des Pew Research Center im Jahr 2017. Die Begeisterung für die 1960er Jahre hängt allerdings stark davon ab, wo die Befragten wohnen. Sie ist am größten in Mittel- und Südamerika sowie in Afrika und am geringsten in Ostasien und Europa. Je besser es der Wirtschaft im eigenen Land gerade geht, umso größer ist der Anteil der Menschen, die die Gegenwart bevorzugen.

Wenn man sich die Umfrageergebnisse genauer ansieht, dann merkt man allerdings schnell, dass es bei dieser Sehnsucht oft nicht um die Vergangenheit geht, sondern um die Jugend. Nur ein paar Prozent der Befragten sind der Meinung, man habe vor 1900 oder sogar vor 1700 besser gelebt als heute. Wenn Sie also den Gedanken hegen, in die Vergangenheit umzusiedeln, sollten Sie sich vorher fragen, was Sie konkret zurückhaben möchten: Die eigene Jugend kommt auch durch Zeitreisen nicht wieder (mehr dazu im Kapitel «Neun Mythen über Zeitreisen»).

Insgesamt scheint es eine beträchtliche Anzahl von Menschen zu geben, die sich in die Vergangenheit zurücksehnen, die meisten unter ihnen in eine Vergangenheit, die sie aus eigener Anschauung kennen. Und doch siedeln nur wenige tatsächlich in die Vergangenheit über. Vielleicht handelt es sich beim Lob der Vergangenheit eher um eine Art soziales Ritual als um eine echte Überzeugung. Vielleicht lassen sich die meisten von den praktischen Aspekten des Umzugs abschrecken. Anders als bei einer Emigration im Raum ist man bei einer Emigration in eine andere Zeit für alle Freunde und Verwandten in der Gegenwart so gründlich verschollen, als wäre man tot.

Aber eine kleine Minderheit interessiert sich eben doch konkret dafür, in die Vergangenheit überzusiedeln. Wenn Sie zu dieser Minderheit gehören, dann ist dieses Kapitel für Sie.

Bei einem Umzug im Raum würden Sie vorher zu klären versuchen, ob die Vorteile etwa eines Lebens als Schafzüchterin in Neuseeland die Nachteile überwiegen. Das ist bei einem Umzug in der Zeit nicht anders, nur dass das Spektrum der Möglichkeiten noch etwas umfangreicher ist, der Rechercheaufwand daher größer. Eine perfekte Vergangenheit ohne Nachteile existiert nicht. Sie können nicht all das haben, was die Gegenwart an Erfreulichem bietet, und dazu noch die Vorzüge der Vergangenheit. Übersiedlungswillige müssen sich überlegen, worauf sie zu verzichten bereit sind.

Diese Abwägung sieht bei jedem Menschen anders aus. Wenn Sie Ihr Leben ohne Bedrohung durch Atombomben verbringen möchten, nehmen Sie in Kauf, dass es im dafür in Frage kommenden Zeitraum auch keine Antibiotika gibt. (Rechnet man Sulfonamide mit, die Vorläufer des Penicillins, dann ergibt sich ein kurzes Zeitfenster von etwa fünfzehn Jahren mit Antibiotika und ohne Atombomben. Für einen dauerhaften Aufenthalt reicht das nicht aus.) Manche Lebensmittel schmecken in der Vergangenheit besser, dafür werden Sie auf andere für immer verzichten müssen.

Eine Umsiedlung ist nach aktuellem Stand der Technik für immer, und das heißt, dass Sie sich in Notfällen nicht einfach in ein Gegenwartskrankenhaus begeben können. Denken Sie daher auch an die Zukunft, also Ihre Zukunft in der jeweiligen Vergangenheit: Wie wichtig ist Ihnen

Anästhesie beim Zahnarzt oder das Vorhandensein von Zahnmedizin überhaupt? Sind die Vorteile des Umzugs so groß, dass Sie dafür in Kauf nehmen, wegen relativ trivialer Probleme beim Gebären in Lebensgefahr zu geraten?

Noch in der Gegenwart gibt es in Afrika Regionen, in denen jede sechste Frau im Kindbett stirbt. Das dürfte in den meisten Zeiten ungefähr der Wahrscheinlichkeit entsprechen, mit der auch Sie rechnen müssen. Wenn Sie in den Wehen liegen und hören, wie jemand einen Kaiserschnitt vorschlägt, dann ist damit lediglich gemeint, dass Ihr Kind gerettet wird – in allen Zeiten und Gegenden vor dem Jahr 1500. Sie selbst werden die Operation nicht überleben. Noch im ausgehenden 19. Jahrhundert haben Sie beim Kaiserschnitt nur eine Überlebenschance von zwanzig Prozent. Bedenken Sie, dass Sie dieses Risiko aus Mangel an wirksamen Verhütungsmitteln möglicherweise öfter eingehen müssen als heute.

Ihre Kinder werden wahrscheinlich nicht unter Allergien leiden, oder jedenfalls weniger als in der Gegenwart. Die Gründe für die starke Zunahme von Allergien seit den 1970er Jahren sind derzeit noch umstritten. Einer Hypothese zufolge geht sie auf die hygienischeren Lebensverhältnisse zurück. Weil das Immunsystem von Kindern weniger mit der Abwehr von Infektionen beschäftigt ist, kommt es auf dumme Ideen. Falls das so wäre, hätte das niedrigere Allergierisiko der Vergangenheit einen hohen Preis, denn anstelle der Allergien ziehen Ihre Kinder sich eben Infektionen zu, und das ist in einer Zeit ohne Antibiotika ein Problem. Aber auch wenn sich diese Theorie eines Tages als falsch erweisen sollte, ändert sich dadurch nichts am Grundproblem: In der Vergangenheit werden

Sie mindestens einem, wahrscheinlich aber mehreren Ihrer Kinder dabei zusehen müssen, wie sie an Infektionskrankheiten sterben, die in der Gegenwart leicht behandelbar gewesen wären. Trauen Sie sich zu, in solchen Situationen weiter zu Ihrer Entscheidung zu stehen? Welche Berufschancen wünschen Sie sich für die verbleibenden Kinder? Sieht Ihr neuer Wohnort Bildung auch für Töchter vor? Falls das Kinderthema für Sie nicht relevant ist: Wie stellen Sie sich Ihre eigene Gesundheitsversorgung im Alter vor?

Auch die Frage, ob Sie ein Minimum an Rechtssicherheit erwarten können, muss vor dem Umzug geklärt werden. Als Zuwanderer ohne örtlichen Familienclan sind Sie stärker als andere auf Schutz durch Regeln angewiesen. Das gilt für praktisch alle Lebensbereiche: Beruf, Umgang mit anderen Menschen und nicht zuletzt bei Konflikten innerhalb der Familie. In vielen Zeiten und Regionen schlagen Männer ihre Frauen, Eltern ihre Kinder, Lehrer ihre Schüler, und all das ist völlig legal. Sagen Sie nicht leichtfertig: «Das geht mich nichts an, ich ziehe ja zusammen mit meinem sehr netten Partner in die Vergangenheit.» Gewalt- und Missbrauchsbeziehungen beginnen oft mit dem Glauben, so etwas könne nur den anderen passieren, und in vielen Vergangenheiten können Sie sich dann noch viel weniger auf Hilfe vom Staat verlassen als in der Gegenwart. Auch für den Fall, dass Sie sich eines Tages einfach nur friedlich trennen möchten, sollten Sie sich die Zeit und den Wohnort sorgfältig aussuchen.

Finden Sie rechtzeitig heraus, ob Sie als Frau Eigentum besitzen und weitervererben dürfen, ob Sie Geschäfte tätigen können oder sich grundsätzlich von einem Mann vertreten lassen müssen und ob Ihre Aussage als Zeugin vor Gericht gilt. Rechtzeitig heißt hier: vor dem Umzug und nicht erst, wenn es Probleme gibt. Ein Blick ins Strafgesetz lohnt sich – in vielen Zeiten und Regionen finden sich dort insbesondere bei Vergehen rund um den Ehebruch härtere Strafen für Frauen als für Männer. Das kann bedeuten, dass Sie im Falle einer Vergewaltigung als mindestens mitschuldig, wenn nicht allein verantwortlich gelten.

Meiden Sie deshalb das antike Griechenland, das Römerreich insbesondere in seiner frühen Zeit, das byzantinische Reich, Russland bis zum Beginn der Sowjetunion (danach auch, aber aus anderen Gründen), China, Japan, Indien und das gesamte christliche Europa. Im alten Ägypten, in Sumer und Akkad lässt es sich eventuell auch als Frau aushalten. In Zivilisationen, die Herrscherinnen und weibliche Gottheiten kennen, ist die Situation tendenziell günstiger, aber verlassen Sie sich nicht darauf. Vom 7. bis zum 19. Jahrhundert können Sie sich als Frau in der islamischen Welt niederlassen. Nordeuropa vor der Einführung des Christentums (siehe Kapitel «Ein Paradies im Mittelalter») ist auch eine Option. Über Zeiten, die weiter als fünftausend Jahre zurückliegen, hört man in dieser Hinsicht ebenfalls Gutes. Es sieht so aus, als gehe es mit den Möglichkeiten für Frauen bergab, je mehr sich Gesellschaften auf Ackerbau, Viehzucht und das Leben in Städten verlegen. Weil dieser Übergang schon lange zurückliegt, ist die Quellenlage eher dünn. Sie werden die Details durch Besichtigungsreisen vor dem eigentlichen Umzug selbst herausfinden müssen.

Wenn Sie nicht durch und durch heterosexuell sind, lassen Sie sich besser nicht in Zeiten und Gegenden nieder, in denen eine der abrahamitischen Religionen (Christentum, Islam, Judentum) vorherrscht. Nehmen Sie diese Reisewarnung ernst – in diesen Regionen greift man zeitweise zur Todesstrafe insbesondere für Männer, die Sex mit Männern haben. Andere Kulturen bieten bessere Optionen für alle, die mit der gegenwärtig geringen Auswahl an Geschlechterrollen, Identitäten und sexuellen Orientierungen unzufrieden sind. In vielen Gegenden außerhalb Europas – darunter weite Teile Nordamerikas bis zur europäischen Landnahme – existiert mindestens eine dritte Geschlechterrolle. Die Ausgestaltung dieser Rollen ist mal mehr, mal weniger attraktiv. Welche Freiheiten eine Kultur in dieser Hinsicht bietet und welche nicht, ist für manche jüngere Zeiten und Regionen gut dokumentiert, in den meisten lässt es sich jedoch nur vor Ort herausfinden.

Vielen Umzugswilligen geht es um eine weniger schmutzige Umwelt und ein daraus resultierendes gesünderes Leben. In einer passend ausgewählten Vergangenheit gibt es keine Mobilfunkmasten, keinen elektrischen Strom, keine Atomwaffen oder Kernkraftwerke und kein Plastik, aus dem Weichmacher in die Lebensmittel übergehen können. Einige giftige Chemikalien sind noch nicht erfunden.

Wenn Ihnen eine saubere Umwelt wichtig ist, sollten Sie eine Zeit vor der Sesshaftwerdung des Menschen (also vor etwa zwölftausend Jahren) wählen oder sich in einer weitgehend menschenleeren Landschaft niederlassen. Sauberes Trinkwasser ist zu allen Zeiten bestenfalls dann gewährleistet, wenn sich auf Ihrem eigenen Grundstück eine Quelle oder ein Brunnen befindet. Auch dort, wo das Wasser frei von Rückständen aus Bergbau, Färberei oder

Gerberei ist, kann es Krankheitserreger aus den Ausscheidungen von Menschen oder Tieren enthalten. Ab dem Mittelalter sind die Flüsse Europas mit Industrieabwässern verunreinigt. Am schlechtesten ist das Trinkwasser in Großstädten im 19. Jahrhundert. Die Lage bessert sich erst ab der zweiten Hälfte des 20. Jahrhunderts langsam durch die Einrichtung von Kläranlagen. Verlassen Sie sich nicht auf die Auskünfte von Einheimischen – bis weit ins 19. Jahrhundert glauben auch Fachleute, dass sich unbedenkliches Trinkwasser am Geruch und Geschmack erkennen lässt.

Die Luftqualität ist windabwärts von Orten, die mit Kohle heizen, lausig, vor allem ab dem 18. Jahrhundert. Wenn Sie sich in dieser Zeit in Europa niederlassen wollen, achten Sie auf einen Wohnort am Westrand der Städte. Ein größeres Problem als die Luftverschmutzung von außen ist aber in vielen Haushalten die Luftverschmutzung von innen, nämlich dort, wo es zum Heizen und Kochen nur ein offenes Feuer und ein Loch im Dach gibt. Diese Konstruktion ist in Nordeuropa bis ins 12. Jahrhundert üblich und verschwindet danach nur langsam. In ländlichen Gegenden Afrikas und Indiens existiert das Kochfeuer noch in der Gegenwart. Das ständige Einatmen von Rauch führt zu chronischen Atemproblemen und Augeninfektionen und verkürzt die Lebenserwartung. Auch nach der Einführung des Kamins bleibt die Beheizung von Wohnräumen lange Zeit mangelhaft. Aus diesem Grund empfiehlt es sich, keine Reisen in Winterzeiten zu unternehmen. Als Umsiedlungswillige aber bleibt Ihnen nichts anderes übrig, als sich mit den Heizungsproblemen der Vergangenheit zu befassen.

Ab dem 12. Jahrhundert fängt man an, den Kamin in die Wand einzubauen. Diese Konstruktion trägt leider wenig zur Beheizung der Räume bei. Die großen senkrechten Schornsteine ziehen gut, aber es ist nur unmittelbar vor dem Feuer warm und ansonsten eisig, man schwitzt vorne und friert am Rücken. Reichtum nutzt hier kaum etwas. Liselotte von der Pfalz, die Schwägerin von König Ludwig XIV., berichtet am 3. Februar 1695 in einem Brief aus Versailles, auf der königlichen Tafel seien Wasser und Wein in den Gläsern gefroren.

Im frühen 18. Jahrhundert werden in Europa endlich bessere Kamine gebaut. Arme Leute, die sich keinen Kamin leisten können, heizen in Paris noch bis ins 18. Jahrhundert mit glimmender Kohle in offenen Glutbecken, was zu Kohlenmonoxidvergiftungen führen kann. Wenn Sie es zu jeder Zeit gern warm haben, sollten Sie eine Ansiedlung in Korea erwägen, wo die Fußbodenheizung («Ondol») seit etwa siebentausend Jahren belegt ist. Im alten Rom kommt sie zwar auch zum Einsatz, aber vor allem in den öffentlichen Bädern. Im Norden Chinas gibt es seit neuntausend Jahren beheizte Schlafplattformen («Kang»), zunächst erwärmt durch ein Feuer auf der Schlafstelle, das später weggekehrt wird, und seit etwa zweitausend Jahren durch Beheizung des Betts von unten.

Oder Sie nehmen die Sache selbst in die Hand, denn eigentlich ist Ofen- und Kaminbau keine Raketenwissenschaft. Eignen Sie sich vor dem Umzug Grundkenntnisse an. Sie sollten sich allerdings nicht der Illusion hingeben, dass Sie Ihre neuen Nachbarn sofort von den Vorteilen Ihres Ofens überzeugen werden. Projekte zur Abschaffung der offenen Feuerstellen in armen Haushalten der Gegenwart scheitern oft daran, dass die alte Methode trotz ihrer Nachteile eine liebgewonnene Tradition darstellt und der neue Ofen in der Anschaffung teurer ist oder mehr Wartung benötigt.

Das Essen in der Vergangenheit ist nicht, wie viele annehmen, grundsätzlich schadstofffrei. Schwefel wird schon im alten Mesopotamien gegen Insekten eingesetzt, ab dem 15. Jahrhundert kommen Arsen, Quecksilber und Blei hinzu. Die Luftverschmutzung durch die Industrie ist stellenweise ein größeres Problem für den Lebensmittelanbau als heute. Überall dort, wo die Felder mit den Ausscheidungen von Menschen oder Tieren gedüngt werden, ist die Wahrscheinlichkeit hoch, sich mit Parasiten zu infizieren oder sich zumindest den Magen zu verderben. Insgesamt enthält das Essen weniger Rückstände von Düngemitteln, Herbiziden, Fungiziden und Pestiziden als heute. Das bedeutet nicht automatisch, dass es gesünder ist. Leider sind in vielen Vergangenheiten die Lebensmittel knapp, und man neigt daher dazu, lediglich sichtbaren Schimmelbefall abzuschneiden. Der Rest enthält krebserregende Toxine, die durch Kochen oder Braten nicht zerstört werden. Der Verzehr erhöht das Risiko, an Leber- oder Gallenblasenkrebs zu erkranken. Durch Schimmelbefall gefährdet sind genau wie in der Gegenwart vor allem schlecht gelagerte Lebensmittel. Wenn Sie versuchen, sich möglichst von frisch Geerntetem zu ernähren, betrifft Sie das Problem weniger – in Gegenden mit langem Winter ist das aber keine Option.

Wer an einer Erdnussallergie leidet, muss in der Vergangenheit viel weniger darauf achten, was kleingedruckt auf Lebensmittelverpackungen steht. Das liegt nicht nur daran, dass weder Lebensmittelverpackungen noch Kleingedrucktes existieren. In vielen Zeiten und Gegenden gibt es noch nicht einmal Erdnüsse. In Südamerika muss man hingegen aufpassen, dort ist ihr Verzehr schon seit etwa achttausend Jahren belegt. Ab dem 15. Jahrhundert gelangt die Erdnuss im Zuge des Sklaven- und Kolonialhandels nach Afrika und Asien. In Europa und Nordamerika bleibt das Risiko, im Essen Spuren von Erdnüssen vorzufinden, aber noch bis in die 1930er Jahre gering.

Vielleicht wollen Sie auch einfach nur ein paar Jahre in die Vergangenheit zurückreisen, um dort die richtigen Aktien zu kaufen und dann im Prinzip genau wie heute weiterzuleben, nur reicher. Beliebt ist unter anderem die Idee, ins Jahr 2010 zurückzugehen und Bitcoin-Milliardärin zu werden. Bitcoin ist eine digitale Währung, die erst 2009 erfunden wird. Anfangs kostet eine Bitcoin-Einheit nur Centbeträge und kann mit geringem Aufwand selbst hergestellt werden. Innerhalb weniger Jahre steigt sie stärker im Wert als die beste Aktieninvestition. Dazu kommt, dass das Jahr 2010 nicht besonders gewöhnungsbedürftig ist, es gibt schon fast alles: Antibiotika, Anästhesie, Internet, sogar Smartphones. Man wird zwar zunächst ohne Minecraft und Pokémon Go leben müssen, Elektrofahrzeuge und Mobilfunktarife sind noch teuer, Netflix gibt es nur in den USA und Zeitmaschinen noch nirgends. Aber das dauert alles nicht mehr lange, man kann es einfach abwarten.

Abwarten werden Sie es auch müssen, denn der Bitcoin-Plan funktioniert nur, wenn Sie für immer in dem Hosenbein der Zeit bleiben, in dem Sie die Bitcoins erworben haben. Sie können nicht einfach eine kurze Urlaubsreise unternehmen, hunderttausend Bitcoins zum Preis einer neuen Hose kaufen und zurückkommen. Krypto-währungen sind zwar leicht und praktisch zu transportie-ren – zur Not geht das sogar im Kopf. Trotzdem eignen sie sich nicht als Zeitreisen-Zahlungsmittel. Sämtliche Bitcoin-Transaktionen sind als lückenlose Reihe auf einer Art endlosem Kassenzettel verzeichnet, der Blockchain. Die Blockchain unserer Gegenwart weiß nichts von Ihrem Kauf in einer anderen Vergangenheit. Der Block, in den Ihr Kauf eingetragen wurde, existiert in unserer Gegen-wart nicht und lässt sich auch nicht nachträglich einfügen. Jede alternative Vergangenheit verfügt – wenn überhaupt – über eine alternative Blockchain, wodurch das Geld aus der Zukunft schlicht ungültig wird. Das gilt natürlich ebenso in der umgekehrten Richtung. Dieser Sachverhalt führt bei Zeitreisenden immer wieder zu Enttäuschung, wenn sich ihre in der Vergangenheit günstig erworbenen Bitcoins in der Gegenwart als wertlos erweisen.

Theoretisch könnten Sie in den Sommer 2013 reisen und im walisischen Newport vor dem Büro von James Howells warten, bis Howells' alte Festplatte in den Müll wandert. Auf dieser Festplatte befinden sich 7500 Bitcoins. In unse-rem Strang der Zeit landet sie auf einer Mülldeponie, wo sie zum Erscheinungszeitpunkt des Buchs immer noch liegt. Anders als die Bitcoins, die Sie selbst in der paralle-len Vergangenheit herstellen oder erwerben könnten, sind diese Bitcoins in der Blockchain unserer Gegenwart ver-zeichnet. Aber auf diese Idee sind schon viele gekommen, und man kann das Geld in der Gegenwart nur ein einziges Mal ausgeben. Denn Bitcoin-Besitz funktioniert so ähnlich wie eine Schatzkarte: Man ist im Besitz der Adresse, an der der Schatz liegt, aber er liegt dort eben nur so lange, bis ihn jemand hebt. Alle, die danach diese Adresse aufsuchen, finden nur noch ein Loch.

Denken Sie noch einmal gründlich nach, bevor Sie einen Umzug planen, um durch Bitcoin, Aktienkauf oder andere schlaue Ideen reich zu werden. Abgesehen von allen zeitreisetheoretischen Problemen brauchen Sie dafür eine Identität und ein Bankkonto, und beides haben Sie nach einer Umsiedlung in die Vergangenheit erst einmal nicht. Sie sind eine Immigrantin ohne Papiere, mit allen Nachteilen, die das mit sich bringt. Außerdem existieren Sie in dieser Vergangenheit, in der Sie selbst bereits geboren sind, dauerhaft doppelt. Bedenken Sie, dass diese andere Person, die Sie selbst sind, nichts von Ihrer Zeitreise weiß, weil sie einige Jahre jünger ist. Halten Sie sich von sich selbst fern, um Verwirrung und mögliche Anklagen wegen Identitätsdiebstahl zu vermeiden. Um Familie und Freunde nicht zu verstören, sollten Sie nie wieder Kontakt zu irgendjemandem aufnehmen, den Sie kennen.

Ein Sonderfall des Für-immer-Dableibens sind Reisende, die von Zeitreisen *versehentlich* nicht zurückkommen. Das kommt natürlich vor, genau wie Leute vom Trekking in Nepal, von Weltumsegelungen oder vom Senfholen nicht zurückkommen und spurlos verschwinden. Dieses Risiko hat noch selten jemanden davon abgehalten, eine Urlaubsreise anzutreten. Man kann sich an alles gewöhnen, sagt die Glücksforschung, und dasselbe sagen Menschen, die nach einem Unfall oder unfreiwilliger Emigration ein ganz anderes Leben führen müssen als vorher. Wählen Sie für Urlaubsreisen am besten keine Zeit und Gegend, bei der Sie sich nicht prinzipiell vorstellen könnten, dort zur Not den Rest Ihres Lebens zu verbringen.

Die Reise zum Anfang des Universums

Weltraumtourismus wird immer erschwinglicher und populärer. Es ist nur noch eine Frage der Zeit, bis jemand auf die Idee kommt, eine Raumstation in eine Zeitmaschine oder eine Zeitmaschine in eine Raumstation zu stecken. Zeitreisen auf der Erde sind natürliche Grenzen gesetzt. Weiter als dreihundert Millionen Jahre können Sie kaum zurück, weil es vorher nicht genug Sauerstoff zum Atmen gibt. Zudem hat man auf der Erde – so viel sollte nach den vorangegangenen Kapiteln klar geworden sein – mit wechselnden klimatischen Bedingungen, mit unbekannten Krankheiten, unbekannten Tieren, mit Vulkanausbrüchen und Meteor-Einschlägen zu tun, alles Faktoren, die den Aufenthalt in der weit entfernten Vergangenheit erschweren. In der vollklimatisierten Raumstation mit stabiler Atmosphäre und sanfter Aufzugsmusik können Sie sich das alles ungestört von oben anschauen.

Große Felsbrocken, die auf der Erde einschlagen, sind für Weltraumtouristen ein kleineres Problem als auf dem Boden. Nehmen wir an, der Brocken hat einen Durchmesser von zehn Kilometern, ähnlich wie der Chicxulub-Asteroid: Auf der Erde genügt das, um für erhebliche Verwüstung zu sorgen (bitte im Kapitel «Kleine und große Weltuntergänge» nachlesen); die Wahrscheinlichkeit, dass der Brocken eine Station in der Erdumlaufbahn außerhalb der Atmosphäre trifft, ist dagegen immer noch minimal. Die Raumstation ist einfach ein viel kleineres Ziel als ein ganzer Planet. Die größeren Einschläge werden Steine zurück ins Weltall schleudern, aber die verteilen sich auf ein großes Volumen und sind nicht riesig. Solche Ereignisse sind zudem äußerst selten. Menschgemachten Schrott im Weltraum gibt es überhaupt nur in den letzten Jahrzehnten, davor haben Sie also Ihre Ruhe.

Die wesentliche Herausforderung für den Weltraumzeittouristen ist eine ganz andere, nämlich Langeweile. Wer Weltraumtourismus schon kennt, den wird Weltraumzeittourismus nicht vom Hocker reißen. Und wer Weltraumtourismus nicht kennt, der wird ohnehin völlig außer sich sein, wenn er zum ersten Mal im All ist, dafür braucht man keine Zeitmaschine. Astronauten sind sich einig, dass die Erde von oben betrachtet wie ein lebendiges Wesen aussieht: rasende Wolkenformationen, türkisfarbene Wirbel aus Phytoplankton in den Ozeanen, eine strahlend helle Sonne vor schwarzem Hintergrund, vorbeisurrende Meteore und die wunderschönen Nord- und Südlichter, die wie Gespenster um die Pole wabern. All das können Sie sich in der Gegenwart anschauen. Von einem Tag auf den anderen ändert sich der Anblick nicht wesentlich. Nach ein paar Runden um die Erde haben Sie alles gesehen. Schwerelosigkeit kann einem auch schnell auf die Nerven gehen. Wenn Sie sich trotzdem entscheiden, die Reise in die Vergangenheit des Universums anzutreten, dann finden Sie im Folgenden einige nützliche Tipps, um nicht vor Langeweile zu sterben.

Vermeiden Sie Urlaube in Satelliten, die immer über derselben Stelle der Erde parken. Diese sogenannten geostationären Raumschiffe ziehen ihre Bahn fünfunddreißigtausend Kilometer über der Erdoberfläche. Besonders viel erkennt man aus dieser Höhe nicht. Deutlich aufregender ist die Reise mit Satelliten, die die Erde in geringerem Abstand mehrfach am Tag umkreisen, so wie die «International Space Station» ISS, die berühmte historische Raumstation. Von hier aus können Sie kilometergroße Strukturen und Lichter auf der Erde ohne Fernglas sehen. In der Gegenwart sind die Spuren der menschlichen Zivilisation unübersehbar, Städte, Autobahnen, Dämme, Brücken, Industriegebiete. Wolken ziehen über die Erde. Auf der Nachtseite leuchtet der Planet wie eine Fußgängerzone in der Vorweihnachtszeit.

Es gibt nur wenige historische Ereignisse, die Sie sich unbedingt aus dem Weltall ansehen sollten. Spezielle Reiseempfehlung: Am Vormittag des 30. Oktober 1961 detoniert über der russischen Inselgruppe Nowaja Semlja im Arktischen Ozean die «Zar-Bombe», die größte menschgemachte Nuklearexplosion aller Zeiten. Ein großartiges Spektakel und dabei vollkommen harmlos, jedenfalls wenn man sich in tausend Kilometer Entfernung und außerhalb der Atmosphäre aufhält. Der Feuerball ist zehn Kilometer groß, der Atompilz sogar hundert Kilometer im Durchmesser. Übersehen können Sie das aus dem All nicht.

Am 30. Juni 1908 explodiert über Sibirien ein großer Himmelskörper: das Tunguska-Ereignis. Nur wenige Menschen bekommen einen Eindruck von der gewaltigen Detonation. Die freigesetzte Energie ist vergleichbar oder etwas geringer als bei der Zar-Bombe. Vorsicht: In diesem Fall kommt die «Bombe» aus dem All. Wenn die Flugbahn des Brockens zum Zeitpunkt Ihrer Reise nicht genauer bekannt ist als zum Erscheinungszeitpunkt dieses Buchs, sollten Sie sicherheitshalber noch ein bisschen abwarten.

Wenn Sie nur fünfhundert Jahre zurückreisen, sieht die

Oberfläche des Planeten ganz anders aus als heute, nämlich langweiliger. Weiterhin ziehen Wolken über die Erde. Um Spuren der Menschheit zu erkennen, muss man jedoch sehr genau hinsehen. Die Pyramiden von Gizeh sind mit bloßem Auge sichtbar, vor allem, wenn die Sonne so steht, dass sie einen deutlichen Schatten in die Wüste werfen. Die kleineren Pyramiden in Lateinamerika bereiten schon Schwierigkeiten. In Europa können Sie ein paar Kirchen erkennen, zum Beispiel die alte St.-Pauls-Kathedrale in London oder die Kathedrale von Straßburg. Auch hier empfiehlt es sich, auf den Schattenwurf zu achten. Der Schatten kann deutlich länger sein als der Kirchturm, außerdem ist er in der Draufsicht besser zu erkennen. Die chinesische Mauer: kaum zu sehen, zu schmal. Die Hagia Sophia in Istanbul: unscheinbar und winzig. Nachts sehen Sie gar nichts, abgesehen vielleicht von Waldbränden. Außer natürlichen Großveranstaltungen wie Vulkanausbrüchen, Nordlichtern oder Sternschnuppen passiert nichts. Millionen von Jahre, absolut nichts. Wolken ziehen über die Erde. Es ist ein teurer und öder Urlaub. Aber alle sollen ihr Geld ausgeben, wie sie gern möchten.

Wenn Sie sich langsam in die Vergangenheit vorarbeiten, werden Sie zumindest immer wieder eine andere Erde sehen. Zehn Millionen Jahre zurück fällt allmählich auf, dass sich die Landmassen verschieben. Hundert Millionen Jahre in der Vergangenheit hat die Weltkarte keinerlei Ähnlichkeit mehr mit der, die wir heute kennen. Alfred Wegener, der Entdecker der Kontinentaldrift, hätte für diesen Anblick vermutlich einiges gegeben (bitte nachlesen im Kapitel «Kleinere Reparaturen»). Als Zeitvertreib können Sie versuchen zu erraten, aus welchem Fetzen Land später mal Europa wird, oder Australien. Viel mehr bleibt nicht zu tun. Immer noch gibt es viele Wolken zu betrachten.

Vor dreihundertachtzig Millionen Jahren erscheint zum ersten Mal so etwas wie Wald auf der Erde. Es handelt sich um die Pflanze *Archaeopteris*, ein farnähnlicher Baum oder baumähnlicher Farn, jedenfalls etwas Großes und Grünes. Viele Flecken des Planeten, die vorher braun oder grau waren, werden grün. Ab und zu erwischen Sie die Erde in einer Eiszeit, mit ausgedehnten weißen Gletschern. Vielleicht die beeindruckendste Eiszeit ist eine, die vor siebenhundertzwanzig Millionen Jahren beginnt und knapp hundert Millionen Jahre dauert. Manche glauben, dass während dieser Marionischen Eiszeit die gesamte Erdoberfläche zugefroren war. Den ganzen Urlaub von oben auf eine eintönige bläulich schimmernde Eisfläche blicken – für manche vielleicht entspannend, für andere deprimierend. Weiterhin ziehen Wolken über die Erde.

Siebenhundert Millionen Jahre sind immer noch nur ein kleiner Teil der Geschichte unseres Planeten. Zur Erinnerung: Die Erde ist viereinhalb Milliarden Jahre alt. Die meisten davon sind aus der Ferne betrachtet völlig ereignislos, aber dafür wenigstens sicher und friedvoll. Relativ bewegt, aber dafür auch gefährlich, ist eine Periode von fünfzig Millionen Jahren, die etwa vor vier Milliarden Jahren beginnt. Das «Große Bombardement» ist der größte Meteorschauer aller Zeiten, eine Art natürlicher Krieg der Sterne. Asteroiden, Kleinplaneten, Kometen fliegen einem um die Ohren. Felsbrocken so groß wie Häuser, Städte, kleine Länder treffen Erde und Mond. Tausende Krater entstehen, manche so groß wie Deutschland. Der Mond glüht und staubt. Allerdings weiß man das alles nicht so genau. Vielleicht war es auch ganz anders, die Einschläge verteilt über eine halbe Milliarde Jahre und die Zeit des Großen Bombardements so langweilig wie alles andere.

Einig ist man sich jedoch, dass es in den ersten hundert Millionen Jahren der Erdgeschichte wirklich turbulent zugeht. Das ist jetzt 4,5 bis 4,6 Milliarden Jahre her. Die Erde ist ein glühender Ball aus Magma, umgeben von einem Wirbel aus Steinen aller erdenklichen Größen. Irgendwann in dieser Frühphase entsteht der Mond, und zwar infolge einer Kollision zwischen dem Vorgänger der Erde und einem anderen Planeten, so groß wie Mars. Jedenfalls glauben das die meisten Zuständigen. Wenn man genau wüsste, wann dieses katastrophale Ereignis stattfindet, könnte man es konkret beim Zeitreisen vermeiden (oder zumindest die Raumstation vorher ein paar Millionen Kilometer entfernt parken). Aber leider ist das Datum nicht genau bekannt. Es liegt nicht in den ersten fünfzig Millionen Jahren nach der Entstehung der Sonne, so viel weiß man immerhin. Jedenfalls müssen Sie sich damit abfinden, eventuell mehr über die Entstehung des Mondes zu erfahren, als Sie je wissen wollten.

Wenn Sie noch näher an den Ursprung des Sonnensystems reisen, werden Sie ohne Mond auskommen müssen, außerdem sollten Sie sich warm anziehen. Man muss sich vorstellen, dass alles Material, das sich heute in der Erde befindet, irgendwann erst zur Erde zusammengebaut werden musste. Das meiste davon regnet auf die junge Baby-Erde herunter, innerhalb der ersten paar Millionen Jahre. Dieser Wachstumsprozess birgt für Zeitreisende zwei Probleme. Zum einen werden Sie vermutlich von einem der Felsbrocken zermalmt und fallen mit diesem Brocken zurück auf die Erde. (Keine Sorge, Geologen in der weit entfernten Zukunft werden kaum davon Notiz nehmen, dass vor viereinhalb Milliarden Jahren ein paar unglückselige Urlaubsgäste im Magma der Früherde verkochten.) Es ist wohl nicht nötig, noch einmal darauf hinzuweisen, dass man sich in der Frühphase des Sonnensystems nur dann in der Raumstation aufhalten soll, wenn man abenteuerlustig ist. Aber immerhin ist endlich was los.

Das zweite Problem: Je weiter Sie in die Vergangenheit zurückgehen, umso kleiner ist die Erde. Irgendwann ist sie gar nicht mehr da. Stattdessen sitzen Sie in einem Nebel aus Gas und Staub, einem Nebel in der Form einer Scheibe, die sich um die Sonne erstreckt. Im Vergleich zu Nebel auf der Erde ist dieser protoplanetare Nebel eine sehr dünne Suppe, mit einer Dichte von einem Millionstel Kilogramm pro Kubikmeter (zum Vergleich: Luft hat etwa 1,2 Kilogramm pro Kubikmeter). Allerdings gibt es sehr viel davon. Von der Raumstation inmitten der Scheibe sehen Sie die Sonne nicht mehr. Sie werden also auch nicht feststellen können, ob die Sonne überhaupt noch da ist. Die Sonne ist nur ein paar Millionen Jahre älter als die Erde, und wenn man sich nur ein bisschen verschätzt beim Zeitreisen, dann landet man in einer Ära ganz ohne Sonne.

Damit haben Sie beinahe den Höhepunkt der Langeweile erreicht. Wer ein wenig weiter zurückreist als viereinhalb Milliarden Jahre, landet im schwarzen Weltraum. Keine Erde, auf die man hinunterblicken kann, keine Sonne, die einen über die an der Raumstation angebrachten Solarzellen mit Energie versorgt. Ohne leistungsfähige Batterien kommt man nicht weiter. Die Raumstation schießt einfach so durchs All, auf einem sehr weiten Weg um das Zentrum der Milchstraße. Zu sehen ist nichts außer Sternen. Zur groben Zeitplanung: Das Universum wird visuell in den fünf Milliarden Jahren vor der Entstehung des Sonnensystems immer gleich aussehen. Wenn Sie entsprechende Instrumente hätten, könnten Sie feststellen, dass sich die Chemie der Sterne allmählich verändert. Je mehr Zeit vergeht, umso mehr Sauerstoff und Kohlenstoff und Stickstoff wird in den Sternen produziert und ins All geblasen. Man wird eventuell bemerken, wie sich die großen Strukturen in der Milchstraße verändern, die Spiralarme, die Ströme von Sternen von einer Seite auf die andere, die Sternhaufen und Riesennebel. Aber dafür müssen Sie schon genau hinsehen. Davon abgesehen können Sie in aller Ruhe ein Buch lesen, von Anfang bis Ende, jedenfalls bis die Batterien der Raumstation alle sind und zuerst das Licht, dann der Sauerstoff ausgeht.

Aber es gibt nicht immer Sterne und Galaxien im Weltall. Die Milchstraße wird in den ersten paar Milliarden Jahren ihrer Existenz immer größer, und ihre Sterne versammeln sich immer mehr in einer Ebene. Wenn Sie mehr als zehn Milliarden Jahre zurückkreisen, werden Sie die Heimatgalaxie nicht mehr als hellen Streifen am Himmel sehen, wenn Sie aus dem Fenster der Raumstation blicken. Stattdessen sind die Sterne gleichförmig über den ganzen Himmel verteilt, und es sind weniger als heute. Wer die Geburt der ersten Sterne miterleben möchte, muss sich mindestens dreizehn Milliarden Jahre in die Vergangenheit begeben. Noch weiter zurück, etwa vor 13,7 Milliarden Jahren, erreichen Sie eine Zeit ohne Sterne, der absolute Gipfel der Langeweile. Noch nie zuvor hat ein Mensch diese dunklen Jahre erblickt, sofern man von «erblicken» reden kann, denn zu sehen gibt es nichts. Wenn Sie aus dem Fenster schauen und den gesamten Urlaub nur Schwarz sehen, werden Sie sich zurücksehnen in eine Zeit, in der es wenigstens Sterne gab. Oder Wolken! Ein Königreich für eine Wolke.

Der Urknall ist jetzt nur noch hundert Millionen Jahre entfernt, also gleich um die Ecke. Eine Million Jahre vom Urknall entfernt wird den Passagieren auffallen, dass der Himmel gar nicht mehr so schwarz ist, sondern Farbe angenommen hat, dunkelrot oder orange, je nachdem, wann man eintrifft. Wer über ein Thermometer draußen an der Raumstation verfügt, wird bemerken, dass die Temperatur des Weltalls ansteigt. Das Universum glüht. Noch ein wenig früher, etwa vierhunderttausend Jahre vom Urknall entfernt, und es wird unerträglich warm in der Kabine. Das Außenthermometer zeigt bei der Ankunft in der Vergangenheit mehrere tausend Grad. Die Hitzeschilde versagen. Alle Atome zerfallen im intensiven Strahlungsfeld des frühen Universums. Das Raumschiff löst sich auf und mit ihm die Zeitreisenden.

TEIL II

Weltverbesserung:
So einfach ist das

Neun Mythen über Zeitreisen

In der Vergangenheit werden eine Menge Schauermärchen über Zeitreisen erzählt. Manche davon beruhen auf ernsthaften wissenschaftlichen Ideen, die sich später als falsch herausstellen. Andere sind von Anfang an Quatsch und bleiben es auch. Hier haben wir neun der beliebtesten Mythen über Zeitreisen versammelt. Mehr über historische Irrwege lesen Sie im Kapitel «Eine kurze Geschichte der Zeitreise».

1. Zeitreisen kann man nur in Zeiten, in denen es schon Zeitmaschinen gibt.

Die Mutter aller Mythen und außerdem die Behauptung, die sich am längsten gehalten hat. Bis ins 21. Jahrhundert hinein dachten Physiker, dass es unmöglich sei, in eine Vergangenheit zu reisen, in der Zeitreisen noch nicht erfunden sind. David Deutsch, ein Physiker, der viel für das Zeitreisen getan hat, spekulierte immerhin darüber, dass man vielleicht die Zeitmaschinen verwenden kann, die von Außerirdischen in der Vergangenheit gebaut worden sind. Aber auch er bevorzugte eine Welt, in der Zeitreisen nicht beliebig oft und von jedem durchgeführt werden können.

In gewisser Weise haben diese Skeptiker recht behalten: Es gibt am Ende der Zeitreise keine eigens dafür eingerichteten Räume, in denen man ankommt, keine Maschine, die einen auffängt. Es gibt keinen Bahnhof oder Flughafen. Der Mythos beruht eher auf einem Missverständnis: Man war wirklich lange Zeit der Ansicht, dass man für jede Zeitreise eine Verknotung im Raum-Zeit-Kontinuum benötigt, die man vorher erst umständlich herstellen muss. Tatsächlich funktionierten die ersten Zeitmaschinen nur mit Hilfe solcher Knoten. Später fand man Wege in die Vergangenheit, die ohne vorher angelegte Zeitschleifen auskommen. Man kann sich das vorstellen wie einen Ball, den man von einer Seite des Fußballplatzes auf die andere Seite befördert. Der Ball hebt vom grünen Rasen ab, der unserem normalen Raum-Zeit-Kontinuum entspricht, fliegt durch einen Raum, der sich über diesem Rasen befindet (nämlich die Luft) und landet anschließend wieder auf dem Spielfeld. Dort drüben, wo er ankommt, muss nicht zwingend jemand stehen, der den Ball auffängt. Man muss lediglich imstande sein, die Flugbahn vorher zu berechnen. Mit anderen Worten: Man muss zielen lernen.

Sie können heute überallhin verreisen, in jedes Jahr, egal, wie weit es zurückliegt. Die Frage ist nur, wie gründlich diese Strecken vorher getestet worden sind. Gibt es keine geprüfte Route zu Ihrem gewünschten Ziel, so finden Sie mit Sicherheit trotzdem jemanden, der behauptet, Sie genau dort absetzen zu können, wo Sie hinmöchten. Flugpioniere sind nach Australien und in die Arktis geflogen, obwohl es dort keine Landebahnen gab. Stattdessen landete man auf Äckern, auf Gletschern und auf Sanddünen. Notfalls musste man mit dem Fallschirm abspringen.

So ähnlich verhält es sich auch mit Zeitreisen auf ungetesteten Routen. Der ganze Spaß kostet dann nur mehr als die typische Pauschalreise in die Renaissance. Außerdem rumpelt es ein wenig mehr, und wenn Sie abstürzen und mitten im Zweiten Weltkrieg bruchlanden, sagen alle, dass Sie selber schuld sind.

Einen einzigen Nachteil hat die Abwesenheit von Zeitmaschinen in der Vergangenheit: Sie können keine Rundreise durch mehrere Epochen antreten. Sie können nicht ins Mittelalter reisen und von dort aus direkt in die Antike. Stattdessen müssen Sie zunächst zurück in die Gegenwart und dort umsteigen. Zeitreisen ist wie Bahnfahren in England: Man fährt immer über London.

2. Wer in die Vergangenheit reist, wird jünger.

Wenn man zehn Jahre in die Vergangenheit reist, dann ist man dort auch zehn Jahre jünger, so behaupteten manche Leute ernsthaft. Noch extremer: Reist man weiter zurück als das eigene Geburtsdatum, dann löst man sich unwillkürlich auf. Oder umgedreht: In Stanisław Lems «Sterntagebüchern» wird von einem Physiker namens Molteris berichtet, der mit seiner eben erfundenen Zeitmaschine in die Zukunft reist, um dort herauszufinden, wer am Ende seine Forschungen finanzieren wird, doch während er durch die Zukunft rast, altert er rapide und stirbt. Die Zeitmaschine wird zur Todesfalle.

An dieser Geschichte ist nichts dran, so viel war schon klar, bevor die Technik des Zeitreisens erfunden wurde.

Zum Beispiel schreibt Sean Carroll, ein amerikanischer Physiker, im Jahr 2009: «Unser persönliches Erleben der Zeit wird bestimmt von den Uhren in unserem Gehirn und unserem Körper, den vorhersagbaren Rhythmen der chemischen und biologischen Prozesse.» Die körpereigene Zeit verläuft nicht auf einmal schneller oder gar rückwärts, nur weil man ein Ticket in die Vergangenheit kauft, sich in eine Kiste setzt und eine Weile später im Mittelalter ankommt. Die biologischen Uhren ticken unbarmherzig weiter, das heißt, wenn man eine Woche in der Vergangenheit verbringt, wird man genau eine Woche älter, egal, wie weit die Vergangenheit zurückliegt. Ewig leben mag ein attraktives Ziel sein, aber Zeitreisen sind nicht der Weg dahin.

3. Es gibt nur einen Weg in die Vergangenheit, und zwar den, auf dem wir gekommen sind.

Diese Lachnummer schließt sich unmittelbar an Nummer zwei an. Dass wir nur auf genau dem Weg durch die Zeit reisen können, auf dem wir langwierig und Tag für Tag in die Gegenwart getrottet sind – das wurde eine Weile ernsthaft behauptet. Früher dachte man auch, dass man, um von Berlin nach München zu kommen, wirklich von Berlin nach München laufen oder fahren muss. Fürs Zeitreisen hätte ein solcher Reisemodus absurde Konsequenzen. Man würde auf dem Weg zur Endstation an allen möglichen Ereignissen in der Vergangenheit «vorbeifahren». In Wahrheit sind wir natürlich weder im Raum noch in der Zeit auf den einen Weg angewiesen, mehr noch, dieser eine Weg ist fürs Zeitreisen äußerst unkomfortabel. Wir sind nicht beschränkt auf diese eine Zeitdimension, in der wir zufällig leben. Bequem gleiten wir durch die Transitzone, legen die Füße hoch und kriegen nichts mit von den vielen Jahren, die wir durcheilen.

4. Wer in die Vergangenheit reist, wird im leeren Raum landen, weil die Erde damals an einem anderen Ort war.

Die Erde rast mit dreißig Kilometern pro Sekunde auf ihrer Bahn um die Sonne. Die Sonne wiederum fliegt mit noch größerer Geschwindigkeit um das Zentrum der Milchstraße. Dieses Zentrum wiederum bewegt sich relativ zu anderen Galaxien. Nichts steht still. Wer versucht, sich in diesem dreidimensionalen Gewirbel rückwärts durch die Zeit zu bewegen, ohne dabei auch den Ort zu verändern, wird mit hoher Wahrscheinlichkeit irgendwo im Nichts landen, im Raum zwischen Planeten, Sternen und Galaxien. Man wird ziemlich sicher ersticken oder erfrieren oder einen anderen unangenehmen Tod sterben. So erzählen es sich die Menschen in der Vergangenheit.

Das ist natürlich Unfug. Wir navigieren immer relativ zu anderen Orten und nicht in einem absoluten Raum, den es sowieso nicht gibt. Was soll das sein, ein Ort, der immer derselbe bleibt? In einem Universum, in dem sich alles bewegt, mit verformbarem Raum, der sich außerdem noch ausdehnt wie ein Gummiband, sind unveränderliche Orte eine Illusion. Der Urknall war überall. Alles kann überall sein.

Relative Orte sind die Lösung. Die Koordinaten der Orte auf der Erdoberfläche sind alle in Beziehung zu willkürlich festgelegten Punkten und Linien definiert: dem Äquator, dem Nullmeridian, den Polen. Wer mit dem Bus von Magdeburg nach Leipzig fährt, sagt dem Busfahrer auch nicht, dass er darauf achten soll, die Bewegung der Sonne um das Schwarze Loch im Zentrum der Milchstraße mit einzuberechnen. Man redet über Orte, die nur in einem wohldefinierten Bezugssystem einen Sinn ergeben. Leipzig existiert nicht, wenn man versucht, es im expandierenden, flexiblen Raum des Universums zu verorten.

Genauso navigiert man auch in der Transitzone beim Zeitreisen. Wir müssen uns nicht darum kümmern, wo wir gerade im Universum sind. Die Zeitreise endet am selben Ort, an dem sie angefangen hat, einem Ort auf der Erdoberfläche, der genauso weit vom Erdmittelpunkt, vom Äquator, von den Polen entfernt ist wie der Ausgangspunkt der Reise. Das heißt nicht, dass automatisch alles gleich bleibt. Orte entwickeln sich im Laufe der Zeit. Städte entstehen und vergehen. Gebirge wachsen und werden durch die Kräfte von Wind und Wasser wieder zu Staub zerrieben. Seen trocknen aus. Kontinente wandern. Darum müssen Sie sich als Zeitreisende kümmern, nicht um das Zentrum der Milchstraße oder sonst irgendetwas, das tausende Lichtjahre entfernt liegt. Zeitreisen sind viel weniger bizarr, als man denkt.

5. Wer in die Vergangenheit reist, löst sich in der Gegenwart in eine Rauchwolke auf und verschwindet.

Zeitreisen ist so etwas wie Teleportation, dachten früher viele, insbesondere die Produzenten von Science-Fiction-Filmen. Man steigt in eine Art Telefonzelle und drückt einen Schalter. Dann löst man sich auf und, Simsalabim, materialisiert sich in einer anderen Zeit, zum Beispiel eine Stunde früher. Man schreitet durch ein flimmerndes Tor. Meistens ist dieser Vorgang verbunden mit großer Verwunderung, mit Herzrasen und Aufregung. Manchmal ist man hinterher sehr durstig. Oder noch schlimmer: Beim Zeitreisen wird der Körper, den man in der Gegenwart hat, zerstört und in der Vergangenheit neu erzeugt. Das Gehirn, die Gliedmaßen, die Galle, alles löst sich in Rauch auf, wird mühsam Atom für Atom in die Vergangenheit gebeamt, um dort wieder zusammengebaut zu werden. Der neue Körper, den man in der Vergangenheit erhält, hat allerdings Kopierfehler und geht bald danach kaputt. Zeitreisen, so der Mythos, dauert nur Bruchteile von Sekunden und ist sehr verwirrend.

In Wahrheit ist Zeitreisen kein Vorgang, der in einem einzigen Moment stattfindet. Zeitreisen dauert Zeit, nicht so viel Zeit, wie man zurückreist (siehe Mythos drei), aber es dauert. Man schaut Filme an, starrt auf die Rückenlehne vor einem, versucht zu schlafen, wird davon geweckt, dass jemand einen Imbiss anbietet, ärgert sich und sieht sich weitere Filme an. Man streitet mit dem Sitznachbarn über die einzige Armlehne zwischen den Sitzen, es sei denn natürlich, man hat extra für eine Zusatzlehne bezahlt.

Mit anderen Worten: Reisen in der Zeit ist so wie Reisen im Raum, manchmal interessant, meistens öde, wie ein Geduldsspiel, das immer länger dauert, als man glaubt.

Es gibt keine Blitze, keine Stroboskope, keine Rauchwolken und keine Telefonzelle. Der alte Körper, den man in der Gegenwart mit sich herumträgt, bleibt einem erhalten, mit all seinen Vor- und Nachteilen. Durstig wird man allerdings wirklich. Das alles muss für die Menschen der Vergangenheit zunächst enttäuschend gewesen sein. Neue Technik ist keine Magie, und wenn man die neuen Geräte hinten aufschraubt, kommt immer noch Kabelsalat heraus.

6. Wer in der Vergangenheit einen Schmetterling tötet, verändert den gesamten Lauf der Geschichte.

In Ray Bradburys Kurzgeschichte «Ferner Donner» (im englischen Original «A Sound of Thunder») reist eine Gruppe Männer in die Vergangenheit, um Dinosaurier zu jagen. Dabei müssen sie penibel darauf achten, die Vergangenheit nicht zu verändern. Zum Beispiel dürfen sie nur Dinos erlegen, die wenig später sowieso sterben. Einer der Jäger, Eckels, erschreckt sich beim Anblick des *Tyrannosaurus Rex* zu Tode, rennt weg, kommt vom Pfad ab und zertritt einen Schmetterling. Die Reisenden kehren in eine veränderte Gegenwart zurück. Die Rechtschreibung ist anders. Die Farben sind anders. Und ein totalitärer Diktator hat die Präsidentschaftswahlen gewonnen.

In anderen Werken erfährt man von ähnlichen Begebenheiten. Statt einem Schmetterling ist es ein Wurm oder eine Maus oder ein Käfer, dessen Tod die Welt auf den Kopf stellt. In der Folge «Zeit und Strafe» der Serie «Die Simpsons» versucht sich Homer Simpson an der Reparatur des Toasters und erzeugt damit versehentlich eine Zeitmaschine. Nachdem das Erschlagen einer Mücke in der Kreidezeit eine grauenvolle Version der Gegenwart erzeugt, in der ein Diktator seinen Untertanen Gehirnteile entnimmt, um sie gefügig zu machen, probiert Homer eine Version der Geschichte nach der anderen durch. Er tötet einfach immer wieder andere Tiere und Pflanzen und erzeugt damit immer wieder neue bizarre Varianten. Am Ende gibt er sich mit einer Welt zufrieden, in der alles so ist wie vorher, abgesehen von den überaus langen Zungen, mit denen seine Frau und seine Kinder das Essen vom Teller lecken.

Die Idee war wohl, dass Geschichte wie ein Dominospiel funktioniert: Stößt man am Anfang einen Stein um, dann fallen anschließend unzählige andere Steine. Wenn eine Maus vor ihrer Zeit stirbt, dann rottet man gleichzeitig alle ihre Nachfahren aus, Millionen potenzieller Mäuse. Mäusefressende Raubtiere haben keine Nahrung. Ganze Ökosysteme geraten ins Wanken. Urmenschen finden nichts zu essen.

In Wirklichkeit haben unsere Handlungen viel weniger Einfluss auf den Lauf der Dinge, als man sich früher vorstellte. Zum einen bleibt die alte Version der Welt – die, in der Sie die Zeitreise antreten – vollständig erhalten. Man kann nichts an ihr ändern. Was passiert ist, ist passiert. Schon der Akt der Zeitreise selbst bringt Sie in eine neue Version der Welt, die es vorher nicht gab. Alles, was Sie in der Vergangenheit tun, führt Sie weiter weg von der Version, aus der Sie gekommen sind. Aber besonders weit kann man sich nicht von diesem ursprünglichen Strang entfernen, schon weil vorher der Urlaub zu Ende ist.

Mittlerweile wurde vielfach experimentell bestätigt, dass die meisten der Parallelwelten, die man durch Handlungen im Urlaub erzeugen kann, einander sehr stark ähneln. Die Vergangenheit, an der Sie schuld sind, ist fast immer ununterscheidbar von der, die in unseren Geschichtsbüchern steht. Vielleicht ist die Flagge der Sowjetunion in einer anderen Version der Geschichte nicht rot, sondern orange, die Beatles lösen sich nicht im Winter 1969/70 auf, sondern ein paar Monate später, oder Darwins Schiff heißt nicht Beagle, sondern Terrier. Vielleicht ändern sich die Lottozahlen. Aber mehr tut sich nicht. Der Lauf der Dinge ist erstaunlich robust.

Das gilt vor allem für langfristige Prozesse wie Plattentektonik, Evolution, klimatische Veränderungen, den wissenschaftlichen Fortschritt oder das Ende des Patriarchats, alles Entwicklungen, für die es keine Rolle spielt, ob Sie in der Kreidezeit ein paar Steine verschieben. Es ist nicht unmöglich, die Welt wirklich nachhaltig zu verändern, aber man benötigt viel Zeit und Energie, mehr als die meisten von uns im Urlaub haben (siehe dazu das Kapitel «Von der Schwierigkeit, die Welt zu verbessern»). Die meisten Veränderungen, die Sie während Ihrer Zeitreise herbeiführen, ob absichtlich oder versehentlich, ob radikal oder subtil, bleiben praktisch folgenlos, in beinahe allen parallelen Welten.

7. Wer in der Vergangenheit nicht aufpasst, begegnet sich selbst, und dann lösen sich beide Versionen des Selbst in ein Logikwölkchen auf.

Eigentlich eine schöne Vorstellung, ein Moment der Verwunderung, dann ein Wiedererkennen, der Gedanke «Das bin ja ich!», gedacht von beiden Ichs gleichzeitig, denn es ist ja dieselbe Person, dasselbe Gehirn, das da denkt, nur unterschiedlich alt. Danach ein neuer Gedanke, auch in beiden Gehirnen, die beide dasselbe sind, die Realisierung, dass gleich alles vorbei ist, der Moment, an dem man merkt, dass man über dem Abgrund hängt und gleich hinunterfällt, so wie der Kojote in den «Road Runner»-Cartoons, und dann «Puff!», ein schmerzloser, einfacher Tod, für beide Versionen derselben Person. Auch für Außenstehende schön anzusehen, kein Blutvergießen, kein Geschrei, keine pathosgetränkten letzten Worte.

Aber leider weit entfernt von der Realität. Natürlich können Sie sich selbst begegnen. Die Person, die in der Vergangenheit Tag für Tag durchgemacht hat, gibt es weiterhin, egal, was dieselbe Person in der Zukunft anstellt. Nur weil Sie in die Vergangenheit reisen, löst sich dadurch nicht Ihr jüngeres Ich auf, im Gegenteil, aus Gründen der Konsistenz muss es erhalten bleiben. Das Paralleluniversum, in dem Sie unterwegs sind, ist zunächst identisch mit dem, das Sie verlassen haben – abgesehen von Ihrer Existenz als Zeitreisender. Dinge oder Personen verschwinden nicht so einfach. Es gibt keine Paradoxa.

Sie können auch mit Ihrem jüngeren Ich interagieren, nur dürfen Sie keine Rauchwolken erwarten. Sie verändern dadurch den Lauf der Welt, einer Welt, aber nicht der

Welt, aus der Sie selbst gekommen sind. Die Welt, in der Sie eine Zeitmaschine besteigen und zurückreisen, existiert weiterhin. Eine andere Welt wird andere Biographien hervorbringen. Es gibt keine Rauchwolken, die entstehen, wenn die Welt ihre Fehler korrigiert. Rauchwolken sind überhaupt keine gute Lösung für Probleme, sie sind nur ein billiger Trick.

In diesem Zusammenhang kann man ein weiteres Missverständnis aufklären: Glauben Sie nicht, Sie könnten einen Tag oder eine Woche oder ein Jahr zurückreisen, um Ihr Leben seitdem noch einmal zu absolvieren und alle begangenen Fehler zu vermeiden. Das geht schon deshalb nicht, weil Sie jetzt älter aussehen und kaum so tun können, als seien Sie noch mal vierzehn. Und die Person, die Sie damals waren, die immer die falschen Entscheidungen getroffen hat, wird dies wahrscheinlich weiterhin tun. Sie wird Ihre guten Ratschläge so wenig beherzigen, wie Sie selbst damals auf die guten Ratschläge anderer Menschen gehört haben. Sie könnten natürlich Ihr altes Ich eliminieren oder irgendwo einsperren, um es von Dummheiten abzuhalten. Aber moralisch und rechtlich gilt das als Mord oder Freiheitsberaubung. Seien Sie nett zu Ihrem alten Ich, oder besser noch, lassen Sie es gefälligst in Ruhe.

8. Man kann in der Vergangenheit tun, was man will.

Wenn es sowieso schon alle möglichen Versionen des Universums gibt, inklusive solcher, in denen ich mich benehme wie ein Elefant im Porzellanladen, dann habe ich alle erdenklichen Freiheiten. Denn egal, was ich tue, es bleibt folgenlos. Die Gegenwart, aus der ich komme, bleibt sowieso erhalten: Ich kann einfach zurückreisen, und alles ist wie früher.

Das klingt zunächst phantastisch, wie der beste Kindergeburtstag der Welt, führt aber im nächsten Schritt zu einer großen Sinnkrise: Spielen die eigenen Entscheidungen überhaupt eine Rolle? Hat das Leben im Multiversum einen Sinn?

Die Antwort auf beide Fragen lautet: Ja. Das Multiversum mit seinen Parallelwelten ändert nichts daran, dass Sie für die Konsequenzen Ihres Handelns verantwortlich sind. Mit jeder Zeitreise, jeder Entscheidung, jeder Handlung, jedem umgesetzten idiotischen Plan landen Sie in neuen Versionen der Welt. Alles, was Sie tun, hat einen Effekt, auch wenn der oft sehr klein ist. Alle gewohnten Verhaltensregeln haben weiterhin Gültigkeit. Seien Sie nett, wenn Sie mit Menschen (oder Tieren) zu tun haben. Vermeiden Sie es, absichtlich Dinge zu beschädigen. Nehmen Sie nichts mit zurück nach Hause außer Erinnerungen. Lassen Sie nichts zurück, keinen Müll, keine Tupperware, keine Mobiltelefone (mehr dazu im Ratgeberteil).

---

9. Zeitreisende sind verpflichtet, die Welt zu retten.

Eine Weile wurde Zeitreisenden eingeredet, sie müssten die Welt von ihren Übeln befreien. Zum Beispiel: Reisen Sie in die Vergangenheit, um Adolf Hitler noch als Kind umzubringen. Verhindern Sie dadurch den Zweiten Weltkrieg und den Holocaust. Aber geht das überhaupt? Und sollten Sie das tun? Einerseits nein, andererseits vielleicht.

Die Antwort lautet «nein», weil die Version der Geschichte, aus der Sie kommen, unangetastet bleibt. Sie erleben auf Ihrer Zeitreise nicht die Vergangenheit der Gegenwart, aus der Sie kommen, denn in dieser Vergangenheit gibt es keine Zeitreisenden. Sie erleben eine andere Vergangenheit, nämlich die, in der Sie als Zeitreisende gelandet sind. Die andere Zeit, die, in der alle Übel geschehen, die Sie gern beseitigen möchten, tickt unbeirrt weiter, Hitler kommt an die Macht, Millionen sterben. Man kann nicht das eigene Tun in der Vergangenheit dadurch rechtfertigen, dass man damit eventuell die Gegenwart, in der man die Reise begonnen hat, auf irgendeine Weise verbessert. Diese Gegenwart bleibt unverändert. Nur kehren Sie in diese Gegenwart zurück als jemand, der in einer anderen Version der Geschichte ein Kind umgebracht hat.

Die Antwort lautet «vielleicht», weil es in der Parallelwelt, in der Sie sich aufhalten, nach Ihrer Tat Hitler nicht mehr gibt – das war immerhin Ihre Absicht. Es könnte passieren, dass es in dieser Welt, in diesem speziellen Strang der Geschichte, nicht zum Zweiten Weltkrieg kommt und der Holocaust nie stattfindet. Aber das ist keineswegs garantiert. Vielleicht übernimmt jemand anderes die Rolle von Hitler. Vielleicht sind die gesellschaftlichen Umstände, die zum Dritten Reich führen, wichtiger als eine einzelne Person. Vielleicht passiert auch etwas noch viel Schlimmeres – sagen wir, die nicht von Hitler geführten Nazis entwickeln vor den Amerikanern die Atombombe. Und selbst wenn alles gut ausgeht und der Zweite Weltkrieg vermieden wird, kehren Sie am Ende in Ihre alte Welt zurück, in der Europa voll ist mit Kriegsgräbern.

Übrigens laden Sie auch Schuld auf sich, wenn Sie in die Vergangenheit reisen und Hitler eben nicht umbringen. Dann erzeugen Sie mit Ihrer Zeitreise eine Parallelwelt, in der das scheußliche Geschehen wahrscheinlich genauso passiert wie in der Welt, aus der Sie kommen. Die Opferzahlen verdoppeln sich. Das gilt allerdings nicht nur für Zeitreisen ins Dritte Reich oder in dessen Vorgeschichte, sondern ebenso für alle anderen Vergangenheiten.

Hier ein unverbindlicher Ratschlag: Begehen Sie keinen Kindsmord in der Vergangenheit, sondern kaufen Sie dem jungen Maler Hitler in den Jahren vor dem Ersten Weltkrieg stattdessen ein paar seiner Gemälde ab. Versuchen Sie darüber hinwegzusehen, was für Zeug Sie da kaufen, und seien Sie großzügig, wenn es um den Kaufpreis geht. Welche Auswirkungen diese Transaktion auf die Zukunft haben wird, bleibt natürlich unklar. Aber es besteht zumindest die Chance, dass der erfolgreiche Maler Adolf Hitler später nicht auf die Idee kommt, halb Europa in Schutt und Asche zu legen.

Von der Schwierigkeit,
die Welt zu verbessern

Der Verlauf der Geschichte ist nicht linear wie ein Marathon, bei dem alle dasselbe Ziel haben und dieselbe Strecke zurücklegen, mehr oder weniger schnell. Geschichte ist auch kein großer Plan, der ehernen Gesetzen folgt und schließlich in einer Utopie endet. Andererseits ist Geschichte aber auch kein Mensch-ärgere-dich-nicht-Spiel, in dem man vorwärtskommt, bis einen jemand anderes rauswirft und man wieder von vorne anfangen muss. Geschichte ist viel mehr vom Zufall geprägt, als wir uns das wünschen. Sie ist ein hässliches Durcheinander, ohne Plan, ohne Konsistenz und ohne Ziel.

Es macht daher wenig Sinn, nach großen, allumfassenden Strukturen in der Geschichte zu suchen, obwohl viele Veranstalter von Zeitreisen genau das versprechen: «Dabei sein, wenn Wissenschaft die Religion besiegt!» – «Die Geburt des Abendlandes, mit Nabelschnur und allem!» – «Das Weltereignis: die Befreiung des Menschen aus seiner selbstverschuldeten Unmündigkeit!» – «Die Völkerwanderung, live und in Farbe! Wandern Sie mit!»

Es hat auch keinen Zweck, nach einigen wenigen herausragenden Gestalten zu suchen, die angeblich den Lauf der Geschichte bestimmen. Auf jeden Wissenschaftler, Künstler, Komponisten oder Erfinder, den wir kennen, kommen Dutzende, die ebenso mitspielen, aber weniger Ruhm ernten oder deren Namen im Laufe der Zeit verlorengehen. Vor allem Wissenschaftlerinnen, Künstlerinnen, Komponistinnen und Erfinderinnen landen häufig in dieser zweiten Gruppe. Genauso Angehörige dieser Berufsgruppen, die in Afrika, Australien oder Amerika leben, insbesondere wenn sie nicht von europäischen Einwanderern abstammen. Vorsicht auch mit einseitiger Berichterstattung: Wenn eine geschichtliche Persönlichkeit von der Nachwelt nur in den höchsten Tönen gelobt wird, dann hat das ziemlich sicher wenig mit der echten Person zu tun.

Geschichte ist ein Netzwerk aus Ereignissen, die zufällig miteinander durch Raum und Zeit verbunden sind. Wir alle sind die Knoten im Netzwerk. Kluge Menschen gibt es zu jeder Zeit, gute Ideen ebenfalls, aber damit sich tatsächlich etwas ändert, müssen Ideen an der richtigen Stelle auftauchen, zur richtigen Zeit und im richtigen Kopf, sonst versickern sie.

Es sind zufällige Verbindungen, kleine, scheinbar unbedeutende Ereignisse, die im Zusammenspiel große Veränderungen bewirken. Meistens geht es weder vorwärts noch rückwärts, sondern in kleinen Schritten hin und her, bis sich irgendwas zusammenfindet, das im Nachhinein Sinn ergibt. Oder bis zwei zusammengehörende Puzzleteile zufällig am selben Ort auftauchen. Man muss sich eingestehen, dass die meiste Zeit einfach vergeudet ist, jedenfalls wenn man versucht, ein großes Ziel im Verlauf der Geschichte zu finden.

Man muss nicht an einen bestimmten Ort oder in eine bestimmte Zeit reisen, um dabei zu sein, wenn Geschichte geschrieben wird, weil das nicht nur an wenigen Orten und an ausgesuchten Zeitpunkten geschieht, sondern überall und immer. Es gibt weder unablässigen Fortschritt noch ein Endziel, auf das die Geschichte hinsteuert. Beides sind Mythen, erfunden, um den Menschen Halt zu geben.

Die Gesellschaft als solche lernt nichts aus den berühmten Fehlern der Geschichte. Das schließt nicht aus, dass die Dinge auf irgendeine Art besser und bequemer werden: weniger todbringende Krankheiten, besser geheizte Räume, Betäubungsmittel beim Zahnarzt. Zeitreisende begreifen das schnell, je weiter sie in die Vergangenheit vordringen. Aber die Gegenwart ist nicht zivilisierter als die Vergangenheit, die Menschen sind nicht netter. Was politische Entscheidungen angeht, verhält es sich anders als in der Naturwissenschaft, wo niemand mehr dieselben Fehler begeht wie vor fünfhundert Jahren. «Ptolemäus hatte recht», sagt heute kein Astronom. Die Fehler der Geschichte passieren dagegen immer wieder, nur in anderer Form, an anderen Orten, mit anderen Konsequenzen. Zeitreisende werden daran manchmal verzweifeln und sich fragen, wozu die ganze Zeit gut war.

Der Gedanke liegt nahe, dass nicht alles immer so lange dauern müsste. Immerhin kennen wir Lösungen für einige Probleme der Vergangenheit. Die Zeitreiseliteratur ist voll mit Vorschlägen, wie man die Geschichte abkürzen könnte. In Lyon Sprague de Camps Roman «Lest Darkness Fall» aus dem Jahr 1939 landet der Protagonist im Römischen Reich, erfindet dort die Druckerpresse und andere fortschrittliche Dinge und erspart der Menschheitsgeschichte damit einige hundert Jahre. Solche Projekte sind gut gemeint: Schließlich geht es Menschen in der Vergangenheit manchmal nicht so gut wie in der Gegenwart. Sie leben kürzer, verlieren ihre Kinder an Krankheiten, die aus heutiger Sicht vermeidbar sind, und können nachts im Bett kein Buch lesen, weil sie kein Licht, kein Buch und womöglich nicht einmal ein Bett haben. Aber diese Missstände lassen sich nicht so einfach beheben. In der Realität ist manches etwas komplizierter als in Zeitreiseromanen.

Egal, wie praktisch neue Erfindungen zurückblickend erscheinen mögen, sie werden zunächst nur selten freudig begrüßt. Um das festzustellen, muss man nicht auf die Erfahrungen von Zeitreisenden zurückgreifen. Das elektrische Licht zum Beispiel ist bei seiner Einführung umstritten, ebenso die Verwendung von Büchern. Die Anästhesie muss sich im 19. Jahrhundert gegen den Widerstand vieler Ärzte durchsetzen. Auch die Einführung neuer hygienischer Standards in Krankenhäusern stößt auf erheblichen Widerstand. Der österreichische Arzt Ignaz Semmelweis, der Mitte des 19. Jahrhunderts den Zusammenhang zwischen Kindbettfieber und mangelnder Krankenhaushygiene erkennt, wird kritisiert, verspottet und nur von wenigen Kollegen ernst genommen. Er stirbt jung und unter dubiosen Umständen in einer psychiatrischen Klinik. Der britische Chirurg Joseph Lister verbessert die Überlebenschancen seiner Patienten durch die Einführung der Wunddesinfektion – aber für seine Kritiker ist der Zusammenhang überhaupt nicht offensichtlich: Die schönen Zahlen könnten schließlich auch auf bessere Lüftung des Gebäudes zurückgehen! (Siehe Kapitel «Zum Weiterlesen».)

Wenn schon auf die Fachleute der jeweiligen Zeit niemand hört, ist es nicht sehr wahrscheinlich, dass Sie als dahergelaufene Zeitreisende eine gute Idee etablieren können. Sie selbst würden in Gesundheitsfragen ja auch eher auf die Fachleute der Gegenwart vertrauen als auf irgendwelche Durchreisenden, die keiner kennt. Natürlich können Sie jederzeit einzelnen Leuten helfen, indem Sie ein paar mitgebrachte Schmerztabletten oder Antibiotika verabreichen. Das ist nett von Ihnen, aber den allgemeinen Stand der Medizin werden Sie so nicht verbessern. Sie werden weder die Pest noch die Cholera verhindern. Eine wundersame Heilung macht noch keinen Fortschritt.

Kriege sind zwar ungünstige Reisezeiten – siehe Kapitel «Die Schattenseiten des Krieges» – aber der Widerwille gegen Neuerungen kann in solchen Zeiten manchmal etwas nachlassen. Wenn der Umgang mit benachbarten Dörfern, Städten oder Ländern angespannt ist, lassen sich die beteiligten Herrscher einiges verkaufen. Das offensichtliche Beispiel sind tödliche Superwaffen, aber Handel mit Waffen ist in der Vergangenheit genauso ethisch verwerflich wie heute. Vielleicht verkürzen Sie den Konflikt, indem Sie einer der Kriegsparteien zu einer Art Kanone verhelfen. Aber ein paar Jahre später haben alle Seiten Ihre Superwaffe, und Sie gehen als Werkzeug des Teufels in die Geschichte ein. Bei Auseinandersetzungen, die sich länger hinziehen und die hohe Verluste fordern, lassen sich medizinische Verbesserungen unter Umständen leichter durchsetzen als in Friedenszeiten. Und während die Fachleute aller Branchen mit dem Krieg beschäftigt sind, können experimentierwilligere Quereinsteiger oder Frauen in ihre bisherigen Berufe nachrücken. Rechnen Sie aber nicht damit, dass alle so erreichten Veränderungen nach Beendigung des Kriegs erhalten bleiben.

Auch wenn man es schafft, Situationen zu finden, in denen zumindest manche an einer speziellen Innovation interessiert sind, ist es nicht so einfach, damit die Welt zu verbessern. Häufig werden Neuerungen bald wieder verboten, zum Beispiel das Fahrrad (siehe Kapitel «Zwei einfache Erfindungen»), der Kaffee, die Farbe Indigo, das Spinnrad und das LSD. Später wird das Verbot zwar oft wieder gelockert oder aufgehoben, aber für diejenigen, die damit die Welt verbessern oder viel Geld verdienen wollten, ist das kein großer Trost. Für die Ablehnung einer Neuerung kann es schon genügen, dass dieses Neue «nicht von hier» ist, zum Beispiel die Pockenimpfung (mehr dazu im Ratgeberteil). Auch das Papier hat es in Deutschland anfangs schwer, weil es aus unchristlichen Ländern stammt.

Sie brauchen also eine friedliche Innovation, die zumindest von bestimmten Bevölkerungsgruppen bereits herbeigesehnt und nach ihrer Einführung nicht gleich wieder verboten wird. Der Jacquard-Webstuhl am Anfang des 19. Jahrhunderts ist ein Beispiel für so eine Erfindung. Zu dieser Zeit herrscht große Nachfrage nach Seidenstoffen mit eingewebten Mustern, aber der Herstellungsprozess ist quälend langsam. Zusätzlich zum Weber braucht man eine zweite Person, die von Hand für jede Zeile des Musters die richtigen Kettfäden anhebt. Pro Tag lassen sich auf diese Art nur zwei bis drei Zentimeter Stoff herstellen. Durch Joseph-Marie Jacquards neuen Webstuhl mit Lochkartensteuerung, eingeführt im Jahr 1805, steigt die Produktionsgeschwindigkeit auf das Zwanzigfache.

Aber selbst in einem solchen beinahe idealen Fall verläuft die Einführung des Neuen nicht ohne Streit und Unglück. Diejenigen, die bisher mit dem umständlicheren Verfahren gearbeitet haben, profitieren nicht von der Veränderung und sind deshalb dagegen. Eine auf den ersten Blick harmlose Neuerung wie die Einführung neuer Webstühle führt im 18. und 19. Jahrhundert zu weitreichenden sozialen Veränderungen. Menschen verlieren ihre angestammten Berufe, Familien verarmen. Es kommt zu Unruhen, Steine fliegen, Webstühle und Fabriken werden zerstört.

Oder aber es passiert einfach gar nichts: Sie überwinden alle Widerstände und bringen beispielsweise den Buchdruck mit in eine entferntere Vergangenheit, nur um dann festzustellen, dass er dort keineswegs die gleichen Wirkungen entfaltet wie in der uns bekannten Version der Geschichte. In China und Korea werden religiöse Werke schon im 8. Jahrhundert in hohen Auflagen im Holztafeldruck vervielfältigt – siebenhundert Jahre vor Gutenberg. Anders als in Europa führt das nicht zu großen gesellschaftlichen Umwälzungen. Staatliche Einrichtungen drucken Verwaltungsdokumente und Gesetzbücher, mehr nicht. Im Alltag der meisten Menschen spielt der Buchdruck keine Rolle.

Weltverbesserung ist kein erholsamer Urlaubsplan. An den meisten aus heutiger Sicht einleuchtenden Ideen besteht in der Vergangenheit kein Interesse. Wo ein solches Interesse existiert, ist die Umsetzung noch lange nicht einfach. Selbst wenn es Ihnen tatsächlich gelingt, eine Idee in die Vergangenheit zu transplantieren, wird man Ihnen wahrscheinlich Vorwürfe machen. Und zwar völlig zu Recht. Es gibt keine Verbesserung, die nicht auch irgendjemanden schlechter stellt als vorher. Jedenfalls auf kürzere Sicht. Bei einem zweiwöchigen Urlaub werden Sie vor allem Gleichgültigkeit ernten. Nehmen Sie sich mehr Zeit, dann können Sie den Missmut derer, die nicht profitieren, live miterleben. Wenn Sie möchten, dass man Ihnen am Ende dankbar die Hand schüttelt, planen Sie dafür am besten mindestens zwanzig bis fünfzig Jahre ein (siehe auch Kapitel «Für immer dableiben»).

Zwei einfache Erfindungen

Das beliebte «Time Travel Cheat Sheet», das es als Poster zum Aufhängen in Zeitmaschinen sowie als T-Shirt zu kaufen gibt, rät:

«Das beste Antibiotikum ist Penicillin. Der Schimmelpilz *Penicillium notatum* findet sich auf Lebensmitteln. Er ist äußerst wirksam gegen Infektionen, indem er andere Bakterien am Aufbau neuer Zellwände und an der Fortpflanzung hindert. Er wird ein neues Zeitalter der Antibiotika einläuten. Lass dich als Entdecker feiern. Wenn der Penicillium-Pilz unbekannt ist, such nach Lebensmittelschimmel, der unter einem Mikroskop wie komische Hände auf langen Stielen aussieht. Das ist dein Penicillin!»

Zunächst klingt das ganz einfach. Aber zwischen dem Auffinden von Schimmel mit komischen Händen und einer erfolgreichen Penicillinbehandlung liegen viele Arbeitsschritte. Der Weg von der zufälligen Entdeckung der Penicillinwirkung im Jahr 1928 bis zur Herstellung in praktikablen Mengen dauert zwölf Jahre. Dass Sie bereits wissen, wie es geht (oder eine Anleitung mitbringen können), wird Ihnen leider nicht wesentlich weiterhelfen. Sie brauchen eine Grundausbildung in der praktischen mikrobiologischen Arbeit mit Kulturen und Nährböden. Ein bis zwei Semester an der Universität genügen. Allerdings setzt das, was Sie dabei lernen werden, Geräte und Materialien voraus, mit denen Sie in der Vergangenheit nicht rechnen können. Alternative Verfahren werden Sie selbst entwickeln müssen.

Sie benötigen ein Mikroskop und Kenntnisse über die

Taxonomie von Schimmelpilzen, um den Penicillin produzierenden Pinselschimmel von anderen, zum Beispiel von gesundheitsschädlichen Gießkannenschimmeln (*Aspergillus*), unterscheiden zu können. Außerdem gibt es viele unterschiedliche Penicillium-Arten, die unter dem Mikroskop alle gleich aussehen. Nur manche von ihnen produzieren Penicillin in nennenswerten Mengen. Das Vorhandensein der «komischen Hände» ist dafür noch keine Garantie. Sie benötigen also Nährböden, auf denen Sie Bakterienkulturen anlegen können, um herauszufinden, ob Ihr Schimmelpilz der richtige ist. Ein Sammelsurium von Testbakterien können Sie einfach mit einem Stäbchen von Ihrer Mundschleimhaut schaben. Wenn es Ihnen um die Heilung einer ganz bestimmten Krankheit geht, beschaffen Sie sich Körperflüssigkeiten von Erkrankten.

In der Mikrobiologie stellt man Nährböden seit Ende des 19. Jahrhunderts auf der Basis von Agar her, einem aus Algen gewonnenen Geliermittel. In Asien können Sie Agar ab Mitte des 18. Jahrhunderts mit etwas Glück fertig kaufen. Der Mikrobiologe Robert Koch verwendet im 19. Jahrhundert Kartoffelscheiben, andere arbeiten mit Stärkebrei, Fleisch oder geronnenem Eiweiß. Sie können auch die Substanz, auf der Sie das vermutete Penicillium gefunden haben, sterilisieren und als Nährboden einsetzen. Ein fester Nährboden ist wichtig. In einem flüssigen Nährmedium – in der Frühzeit der Mikrobiologie verwendet man meistens Fleischbrühe – schwimmen die unterschiedlichen Bakterien alle durcheinander. Man kann sie nicht leicht voneinander unterscheiden und in weiter vermehrbare Kolonien aufteilen. Agar ist ein praktisches, bei vielen Temperaturen festes, transparentes und sterilisierbares Nährmedium, vorgeschlagen von Fanny Angelina Hesse in den 1880er Jahren. Je nachdem, was es in der jeweiligen Zeit zu kaufen gibt, müssen Sie eventuell zuerst das Mikroskop, das Agar und die Petrischale erfinden.

Alle Arbeitsschritte müssen gewissenhaft und steril ausgeführt werden. Unter anderem benötigen Sie dafür eine sehr heiße, nicht rußende Flamme, um die Drahtöse zu sterilisieren, mit der Sie immer die gleiche Menge Bakterienkulturen auf ihre Nährböden übertragen. Seit der ersten Hälfte des 19. Jahrhunderts verwendet man dafür Gasbrenner. Da steriles Arbeiten vorher weder in der Theorie noch in der Praxis existiert, müssen Sie selbst eine Lösung für Zeiten finden, in denen es noch keine Bunsenbrenner in Laboren gibt. Eventuell besteht sie in einem sehr großen Brennglas, wie es in den Anfangszeiten der Chemie zum Einsatz kommt, oder in einer Konstruktion aus vielen Spiegeln, die die Sonne bündeln, einem sogenannten Pyreliophorus. Am Draht selbst dürfen sich beim Erhitzen keine Oxide bilden, weil diese auf Mikroorganismen giftig wirken. In der Gegenwart setzt man dafür Platinlegierungen ein. In der Vergangenheit gibt es einigermaßen sortenreines Platin erst im späten 18. Jahrhundert zu kaufen.

Sie benötigen eine Möglichkeit, Kulturen unter sterilen Bedingungen für eine bestimmte Zeit bei einer bestimmten Temperatur aufzubewahren. Temperaturschwankungen sind zwar für das Gedeihen der Kulturen kein so großes Problem. In der Natur wechseln die Temperaturen schließlich auch. Aber wenn Sie die Wirkung Ihres selbstgemachten Penicillins an Bakterienkulturen testen wollen, brauchen Sie für beides standardisierte Verfahren, sonst können Sie die Ergebnisse nicht sinnvoll vergleichen. Da Sie etwas über das Geschehen im menschlichen Körper herausfinden wollen, bewahren Sie die Bakterien mitsamt Ihrem Schimmelpilz am besten bei gleichmäßigen siebenunddreißig Grad auf. Ob der Pilz wirkt, erkennen Sie mit bloßem Auge. Um den Pilz herum gedeihen die Bakterienkulturen, die Sie vorher dort gezüchtet haben, weniger gut oder sterben ab. Das zeigt sich in Form eines kleineren oder größeren Rings.

Wenn Sie einen vielversprechenden Pilz gefunden haben, legen Sie eine größere Kultur in einem Gefäß mit Nährlösung an, das nicht tiefer als anderthalb bis zwei Zentimeter sein sollte. Als Nährlösung eignet sich vieles, nur steril muss es sein. Ein wichtiger Bestandteil dieser Lösung ist Zucker (etwa vierzig Gramm pro Liter, in vielen Vergangenheiten nicht so einfach zu beschaffen). Bei einer Temperatur von dreiundzwanzig Grad bildet sich auf der Oberfläche der Flüssigkeit eine Schimmelpilzschicht. Der Penicillingehalt erreicht seinen Höhepunkt zwischen dem siebten und dem zehnten Tag. Details sowie eine Technik zur Bestimmung der Penicillinkonzentration im Ergebnis können Sie dem 1941 erschienenen Artikel «Further observations on penicillin» von Edward Penley Abraham und Kollegen entnehmen. Spätere Verfahren sind zwar produktiver, setzen aber aufwendigere Labortechnik voraus. Die Extraktion des Penicillins aus der Nährlösung ist ebenfalls in diesem Artikel beschrieben. Überlegen Sie sich vorher ein praktikables Verfahren zur Bestimmung des pH-Werts und eines zur Herstellung von Äther, den Sie als Lösungsmittel benötigen.

Aus hundert Litern Nährlösung gewinnen Sie auf diese

Art, wenn Sie alles richtig gemacht haben, ein Gramm Penicillin. Für eine Behandlung brauchen Sie drei bis fünf Gramm, Sie müssen also pro Patient drei- bis fünfhundert Liter Penicillinlösung herstellen und verarbeiten. Im Februar 1941, einige Monate vor dem Erscheinen der oben erwähnten Veröffentlichung, wird erstmals ein Patient mit dem in diesem Verfahren hergestellten Penicillin behandelt: ein britischer Polizist, der sich eine kleine Verletzung am Mund und in der Folge eine lebensbedrohliche Infektion zugezogen hat. Nach fünf Tagen Penicillinbehandlung ist er fieberfrei. Er hat 4,4 Gramm Penicillin erhalten, die gesamte zu diesem Zeitpunkt verfügbare Penicillinmenge. Das Penicillin, das er mit dem Urin ausscheidet, wird extrahiert und wiederverwendet. Trotzdem genügen die Vorräte nicht für eine vollständige Behandlung. Der Zustand des Patienten verschlechtert sich wieder, und einen Monat später stirbt er. So ein Ausgang kann dazu führen, dass man Sie beschuldigt, die Welt nicht etwa besser, sondern schlechter gemacht zu haben.

Noch im Juni 1942, anderthalb Jahre nach dem Tod des britischen Polizisten, gibt es in den USA gerade mal genug Penicillin für zehn Patienten. Den Plan, ganze Landstriche im Mittelalter mit Penicillin zu versorgen, können Sie also vergessen. Besser, Sie besuchen stattdessen im Jahr 1930 den Entdecker Alexander Fleming und reden ihm gut zu: Penicillin ist zwar mühselig herzustellen, und die klinischen Tests sind nicht besonders erfolgversprechend, aber er soll die Hoffnung nicht aufgeben. Er ist da einer wichtigen Sache auf der Spur!

Vielleicht ist es erfolgversprechender, etwas ganz Einfaches zu erfinden, ein Fahrrad zum Beispiel. In unserer Vergangenheit taucht es erst im 19. Jahrhundert auf. Aber was spricht dagegen, es in einem alternativen Strang der Zeit schon viel früher zu erfinden? Ein Fahrrad ist viel weniger kompliziert als eine Dampfmaschine, und wer selber zwei linke Hände hat, kann einem Handwerker das Grundprinzip leicht aufmalen.

Die erste fahrradähnliche Erfindung stammt aus dem Jahr 1817: Nachdem Karl Freiherr von Drais zunächst einen vierrädrigen «Wagen ohne Pferde» mit Kurbelantrieb entwickelt hat, kommt er beim Schlittschuhlaufen auf die Idee eines zweirädrigen Fahrzeugs. Sein anfangs als «Laufmaschine», «Reitmaschine», «Fahrmaschine ohne Pferd», später als «Draisine» bezeichnetes Ur-Fahrrad besteht aus Holz und hat noch keine Pedale. Es wiegt etwa fünfundzwanzig Kilo, wird durch abwechselndes Abstoßen mit den Beinen angetrieben und erreicht eine Durchschnittsgeschwindigkeit von etwa fünfzehn Stundenkilometern. Damit ist es viermal so schnell wie die Postkutsche der Zeit, dreimal so schnell wie ein Fußgänger und doppelt so schnell wie ein Reitpferd. Falls Sie Drais bei seiner ersten Fahrt beobachten möchten, können Sie das am 12. Juni 1817 zwischen seinem Wohnhaus in Mannheim, damals Abschnitt B6 und heute M1, Hausnummer 8, und dem «Schwetzinger Relaishaus», heute Relaisstr. 56, tun. Die Uhrzeit ist leider nicht überliefert.

Weil in den meisten Städten nur die Gehwege trocken, sauber und eben genug für die Laufmaschinen sind, kommt es zu den gleichen Konflikten, wie sie sich im frühen 21. Jahrhundert rund um Segways, E-Scooter und andere elektrische Kleinfahrzeuge entfalten. Schon wenige Monate nach Drais' erster öffentlicher Fahrt wird in Mannheim das Fahren auf den Gehwegen verboten. Mailand, London und New York erlassen kurz darauf ebenfalls Verbote, und die Laufmaschine kommt weitgehend zum Stillstand.

Fünfzig Jahre lang passiert nicht viel, bis die Franzosen Pierre Michaux und Pierre Lallement 1861 Tretkurbeln am Vorderrad anbringen. In den darauffolgenden Jahren kommen Fahrräder aus Metall mit gefederten Sätteln auf den Markt. Auf der Weltausstellung in Paris 1867 (siehe Kapitel «Die Welt versammelt an einem Ort») können Sie den aktuellen Standard der Fahrradtechnik besichtigen. Mangels Kette und Übersetzung dreht sich das Vorderrad mit jeder Pedalumdrehung nur einmal, man strampelt also wie bei einem Gegenwartsfahrrad in einem sehr niedrigen Gang. Das führt dazu, dass Hochräder mit immer größeren Vorderrädern verkauft werden, die man nur mit Hilfe eingebauter Stufen besteigen kann. Genau wie Drais' Laufmaschine werden auch diese Räder wieder von den Gehwegen und aus manchen Innenstädten sogar ganz verbannt. In Köln herrscht von 1870 bis 1895 in der ganzen Innenstadt Fahrradverbot.

In den späten 1880er Jahren wird die Luftbereifung erfunden. Ungefähr zur gleichen Zeit kommt die Fahrradkette auf den Markt und macht das Fahrrad in der heutigen Form möglich. Die Übersetzung wird jetzt nicht mehr durch riesige Vorderräder hergestellt, sondern durch ein großes Zahnrad am Tretlager und ein kleines am Hinterrad. Natürlich gilt das niedrigere Rad zunächst als unsportlich. Ab etwa 1895 sind die verfügbaren Fahrräder für Zeitreisende aus der Gegenwart ohne große Umstellungen benutzbar. Wer eines der früheren Modelle fahren will, muss beachten, dass das Fahrrad noch nicht Fahrrad heißt. Im deutschsprachigen Raum ist es anfangs eine «Laufmaschine» oder «Draisine», ab den 1860er Jahren ein «Velociped», dann ein «Hohes Sicherheitszweirad» oder ein «Niederes Sicherheitszweirad», bevor es um 1885 seinen heutigen Namen erhält.

Wer die Zeit bis zum massentauglichen Fahrrad verkürzen will, ist seinen Erfindern in einem Punkt voraus: Die Idee eines zweirädrigen Fortbewegungsmittels erscheint heute naheliegend, war es damals aber keineswegs. Wer die Fahrraderfindung weiter in die Vergangenheit verlegen möchte, könnte also mit dem bloßen Wissen, dass ein Fahrrad existieren kann, schon punkten. Aber danach wird es schwierig.

Die frühen Fahrräder bestehen aus Holz und Schmiedeeisen. Brauchbaren Stahl in ausreichender Menge gibt es erst ab 1880. Fahrradrahmen aus Holz oder Bambus gibt es auch in der Gegenwart wieder, aber wesentliche Bauteile lassen sich nicht oder nur auf Kosten des Fahrkomforts aus Holz herstellen. Stahl ist bis zur Entwicklung des Bessemerverfahrens um 1855 ein exotischer und rarer Werkstoff, und danach dauert es noch ein paar Jahre, bis die Produktion anzieht und die Preise fallen. Um Bessemers Erfindung in eine frühere Zeit zu verlegen, müsste man sich an einen Ort mit leicht zugänglichen Eisenerz- und Kohlevorräten begeben. Von diesen Orten gibt es weltweit nicht allzu viele. Einer davon ist Coalbrookdale in England, der Ausgangspunkt der Industrialisierung.

Fahrräder mit Holz- oder Metallreifen sind auch als «boneshakers», Knochenschüttler, bekannt. Für Vollgummireifen muss erst die Vulkanisation von Naturkautschuk erfunden werden. Zeitreisende können diesen Vorgang beschleunigen, indem sie Charles Goodyear ab etwa 1833 an wechselnden Wohnorten entlang der US-Ostküste aufsuchen und ihm den Tipp geben, den Kautschuk zusammen mit Schwefel zu erhitzen. Von allein findet er diese Lösung erst 1839 durch einen Zufall. Raten Sie Goodyear bei der Gelegenheit, sich von Bleioxiden fernzuhalten. Das könnte sein Leben verlängern.

Kautschuk ist zu dieser Zeit noch billig zu haben, weil er vor Goodyears Erfindung nicht so richtig nützlich ist, er wird in der Hitze klebrig und bei Kälte spröde. Wenn Sie sich in die Gummigeschichte einmischen wollen, bedenken Sie aber bitte die damit einhergehenden Probleme. Die Entdeckung der Vulkanisation löst einen Kautschukboom aus, der zu großflächiger Zwangsarbeit auf Kautschukplantagen im Amazonasgebiet führt. In manchen Gegenden kommen neunzig Prozent der Einwohner ums Leben. Das Kautschukmonopol Brasiliens wird erst Jahrzehnte später aufgebrochen, als die Briten Kautschukbaumsamen aus dem Land schmuggeln, um sie in ihren eigenen Kolonien anzupflanzen. Andere Kolonialmächte folgen, und insbesondere unter belgischer und französischer Herrschaft kommt es in Afrika rund um die Kautschukgewinnung zu brutalen Zuständen, die allein im Kongo fünf bis zehn Millionen Todesopfer fordern. Eine Welt, in der es anders läuft, ist denkbar, aber es übersteigt wahrscheinlich die Möglichkeiten einzelner Zeitreisender, sie Wirklichkeit werden zu lassen.

Die Fahrradkette, Zahnräder, Kugellager, Schrauben und Räder mit Metallspeichen kann es erst geben, wenn sich die Einzelteile in großen Mengen mit gleichbleibender Präzision fertigen lassen. Dafür braucht man die industrielle Revolution, und eine industrielle Revolution in Gang zu bringen ist eine etwas umfangreichere Aufgabe als die Erfindung eines Fahrrads.

Eigentlich ist das aber fast schon egal. Auch das beste Fahrrad funktioniert nicht für sich allein. Wenn es als Verkehrsmittel attraktiv werden soll, benötigt es eine bestimmte Umgebung, zum Beispiel Straßen. Mit einem Mountainbike der Gegenwart mit Luftbereifung, grobem Reifenprofil, guter Federung und hochentwickelten Bremsen kann man auch durch tiefen Schlamm fahren. Manchen macht das Spaß, viele bevorzugen trockene, feste Wege. Diese Wege gibt es in weiten Teilen Europas nur dann, wenn es gerade länger nicht geregnet hat. Reiseberichte sind bis weit ins 19. Jahrhundert voll mit Klagen über den Zustand der Straßen.

Karl von Drais wählt für seine erste Fahrt eine Strecke, die schon seit 1750 als Chaussee ausgebaut ist, mit einem aufwendigen Unterbau und einer ebenen, festen und entwässerten Oberfläche. In England, Frankreich und Südwestdeutschland findet man diese Straßen zu Drais' Zeiten bereits häufig. In vielen anderen Gegenden Europas aber gibt es nur unbefestigte Landstraßen oder solche mit Katzenkopfpflaster aus Feldsteinen. Letztere existieren im Berliner Umland bis in die Gegenwart. Wer sich einen ungefähren Eindruck des Radfahrkomforts im 19. Jahrhundert verschaffen will, muss nur mit einem möglichst einfachen Rad diese katzenkopfgepflasterten Straßen befahren. Selbst mit gefederten und luftbereiften Fahrrädern ist es kein Vergnügen.

Theoretisch könnte man den Bau fester Straßen weiter in die Vergangenheit verlegen und die etwa tausendfünfhundert Jahre lange Lücke zwischen den soliden Römerstraßen und den europäischen Chausseen zu schließen versuchen. Praktisch übersteigt das die Möglichkeiten von Zeitreisenden. Straßenbau funktioniert nur dann gut, wenn es eine zentralistische Regierung und einen klaren Mittelpunkt des Reichs gibt (Rom, London, Paris). Außerdem benötigt man ausreichend Arbeitskräfte. Bauern, die für ihren Lehnsherrn unbezahlte Arbeitsstunden ableisten müssen, lassen sich höchstens zu provisorischen Reparaturen motivieren, nicht zum Bau haltbarer Wege. Vor allem in Deutschland, das in viele kleine Territorien zersplittert ist, stehen einer vernünftigen Straßenbaupolitik viele Hindernisse im Weg.

Eine weitere Bedingung für den Erfolg des Fahrrads hängt wiederum mit der Industrialisierung zusammen: Das Fahrrad eignet sich nicht gut als Spielzeug für Reiche, denn sein Gebrauch erfordert Übung und birgt die Gefahr der Blamage. Selbst bei unfallfreier Fahrt sieht man in den Augen der Mitmenschen albern aus. Der Freiherr von Drais wird verspottet mit dem Vers «Freiherr von Rutsch, zum Fahre kei Kutsch, zum Reite kei Gaul, zum Laufe zu faul». Der Autor Karl Gutzkow schreibt 1837, zwanzig Jahre nach Drais' erster Fahrt, über das Laufrad: «Die ganze Maschine ist auf Lächerlichkeit angelegt, denn nur Kinder können sich derselben, der komischen Gestikulation wegen, die man dabei machen muß, bedienen. Es sieht fast so aus, wenn man auf der Maschine sitzt, als wollte man auf dem Straßenpflaster Schlittschuh laufen.» Fahrradfahrer sind von Anfang an ein beliebtes Motiv für Karikaturen in der Zeitung. Reiche besitzen ohnehin eine Kutsche oder zumindest ein Pferd, das dem Fahrrad insofern überlegen ist, als es auch mit schlechten Wegen klarkommt und selbständig nach Hause findet.

Fahrräder sind deshalb einige Jahrzehnte lang vor allem ein Fortbewegungsmittel für wohlhabende junge Männer und gegen Ende des 19. Jahrhunderts zunehmend auch Frauen, die aus Konventionen ausbrechen wollen – in unserer Zeit würde man sagen: für Hipster. Viele Frauenrechtlerinnen in den USA und in Europa sagen um das Jahr 1900, das Fahrrad habe zur Emanzipation der Frauen mehr beigetragen als alles andere. Damit das Fahrrad Erfolg haben kann, muss es also Bevölkerungsschichten geben, die sich ein Fahrrad sowohl leisten können als auch gute Gründe für seine Benutzung haben. Die Industrialisierung trägt zur Entstehung dieser Schichten bei und macht gleichzeitig die Fahrräder erschwinglich. Nach der Jahrhundertwende sinkt der Preis unter den Monatslohn von Arbeiterinnen. Ab jetzt können alle das Fahrrad nutzen, um ihren Aktionsradius zu erweitern und zum Beispiel aus einer Vorstadt in die Fabrik zu pendeln oder an freien Tagen Verwandte zu besuchen. Das Fahrrad ist zum Massenverkehrsmittel geworden – aber der Weg dorthin war lang und holprig.

Selbst wenn Zeitreisende, die keine Kosten und Mühen scheuen, von Handwerkern im antiken Rom, in Griechenland oder in China ein fahrradähnliches Fahrzeug herstellen lassen, führt das wahrscheinlich nur dazu, dass es im 21. Jahrhundert einige historische Abbildungen oder

Funde dieses raren Geräts gibt. Auf das Fahrrad als allgemein verbreitetes Fortbewegungsmittel werden auch die Bewohner dieser Parallelwelt noch lange warten müssen.

Was Sie ebenfalls lieber nicht erfinden sollten:

- Eine häufige Empfehlung in Zeitreiseratgebern ist die Einführung der Dampfmaschine in Zeiten, die noch keine haben. Schließlich gibt es schon im alten Ägypten und Griechenland Maschinen, die sich die Expansionskraft von Wasserdampf zunutze machen. (Ob diese Maschinen einen praktischen Nutzwert haben oder eher Vorzeigespielzeuge sind, ist umstritten – falls Sie bereits mehr darüber herausgefunden haben, schreiben Sie uns, wir berücksichtigen Ihre Erkenntnisse in Neuauflagen.) Von Reiseplänen rund um die Dampfmaschine raten wir ab. Sie ist im Grunde nicht schwer zu bauen, aber so teuer und umständlich, dass niemand sie einsetzen will, solange sich ein Problem auch anders lösen lässt – zum Beispiel mit der Arbeitskraft von Pferden oder Menschen. In der Anfangszeit der britischen Industrialisierung wird so dringend ein Verfahren zur Entwässerung von Kohlebergwerken benötigt, dass man bereit ist, sich auf das unpraktische Gerät einzulassen. Aber wenn diese Rahmenbedingungen fehlen, ist es so, als wollten Sie in der Gegenwart jemandem einen Mähdrescher als Firmenwagen verkaufen. Außerdem neigen die frühen Dampfkessel zum Explodieren.
- Den künstlichen Stickstoffdünger. Er hat zu einer Vervielfachung der weltweiten Ernteerträge und damit

zum Rückgang von Hungersnöten geführt. Es ist naheliegend und löblich, dass Sie die Welt schon früher
damit erfreuen wollen. Aber das dafür bis in die Gegenwart nötige Haber-Bosch-Verfahren ist extrem energieaufwendig und erfordert die Entwicklung einiger ganz
neuer Werkstoffe für den Bau von Hochdruckreakto-
ren. Es bewegt sich bei seiner Patentierung 1910 an der
Grenze des damals technisch Machbaren, und Sie werden dieses Datum kaum leichter verschieben können als
beispielsweise die Mondlandung.

Was vielleicht gehen könnte:

- Das Stricken wird in unserer eigenen Vergangenheit
  erst irgendwann zwischen den Jahren 300 und 900
  erfunden. Abgesehen davon, dass man sich in der Tex-
  tilforschung freuen wird, wenn Sie mehr darüber herausfinden, könnten Sie zumindest den Versuch machen,
  es schon früher einzuführen. Eigentlich braucht man
  dafür ja nichts außer zwei Nadeln aus Holz, Knochen
  oder Metall und einen Faden. Vielleicht werden Sie
  auf Widerstand stoßen, weil alle die ältere und in vielen Kulturen verbreitete Technik des Nadelbindens für
  überlegen halten – immerhin gibt es bei der Nadelbin-
  dung keine Laufmaschen. Vielleicht aber auch nicht.
- Die Herstellung eines Heißluftballons ist technisch kein
  großes Problem, man braucht nicht einmal Seide dazu:
  Die erste Montgolfière bestand aus Leinen, das innen
  mit drei Schichten Papier ausgekleidet war. Als Zeitreisende sind Sie im Vorteil, weil Sie bereits wissen, dass

man solche Luftfahrten in aller Regel überlebt und nicht etwa schon wenige Meter über dem Boden erstickt. Im achtzehnten Jahrhundert ist das noch umstritten, weshalb die Montgolfière zuerst mit einem Schaf, einem Hahn und einer Ente getestet wird. Sie wissen wahrscheinlich sogar, dass es nicht der Rauch ist, der den Ballon schweben lässt, wie die Brüder Montgolfier selbst glauben, sondern die heiße Luft. Zweifelnde lassen sich vielleicht mit kleinen Modellballons überzeugen.

- Schubkarren gibt es eventuell schon im antiken Griechenland, das deuten zumindest Bauinventurlisten an. (Falls Sie sowieso schon dort sind, halten Sie bitte nach tatsächlichem Schubkarrengebrauch Ausschau.) Zum einen könnten Sie diese Entdeckung generell zu verschieben versuchen, denn zwischen der Erfindung des Rads und der Erfindung der Schubkarre vergehen ohne erkennbaren Grund etwa viertausend Jahre, in Mitteleuropa noch mal tausend Jahre mehr. Dabei braucht man für die Schubkarre keine ebene Straße, sondern nur einen schmalen Pfad, und man spart damit ein bis drei teure Räder pro Fahrzeug ein. Zum anderen könnten Sie von Anfang an das chinesische Modell einführen, das dem europäischen weit überlegen ist: Die europäische Schubkarre verteilt das Gewicht je zur Hälfte auf das Rad und die schiebende Person. Die chinesische Schubkarre hat ein viel größeres und weiter hinten angebrachtes Rad, das die gesamte Last des Transportguts trägt. Der Mensch braucht die Karre nur im Gleichgewicht zu halten und zu schieben. Aus diesem Grund entwickelt sich das chinesische Modell zu einem Transportmittel für Menschen und Waren über weite Distanzen, während das europäische sich nur für kurze Strecken eignet. Auf einer einzigen chinesischen Schubkarre können bis zu acht Personen reisen. Sogar Segel lassen sich darauf befestigen. Versuchen Sie Ihr Glück! Die Bandscheiben Europas werden es Ihnen danken.

Generell gilt für alle solchen Unterfangen: Üben Sie alles, was Sie der Vergangenheit zeigen wollen, erst einmal in der Gegenwart. Wer in der Gegenwart noch nie Penicillin hergestellt hat, braucht es gar nicht erst in der Vergangenheit zu versuchen, wo jeder einzelne Schritt noch viel schwieriger ist und man nicht einfach ein Video oder die Fachliteratur konsultieren kann, wenn Fragen auftauchen.

Der Hauptvorteil, den Zeitreisende genießen, selbst wenn sie nicht einmal wissen, wie man einen Bleistift herstellt: Ihnen fehlen bestimmte Denkbarrieren. Sie glauben zum Beispiel nicht, dass ein Vakuum unmöglich ist, wie es zwischen dem 1. und dem 17. Jahrhundert so gut wie alle Fachleute Europas tun. Viele Erfindungen beginnen mit einer Ahnung, dass etwas möglich sein könnte. Genau zu wissen, dass eine Sache möglich ist, kann bei ihrer tatsächlichen Herstellung sehr motivierend sein. Man braucht dann nicht nachts wachzuliegen und etwa daran zu zweifeln, dass die elektrische Telegrafie jemals funktionieren kann.

Allerdings hat man es in allen Zeiten – einschließlich der Gegenwart – mit Menschen in einflussreichen Positionen zu tun, die davon überzeugt sind, dass die jeweilige Neuerung ein Ding der Unmöglichkeit oder zwar möglich, aber völlig nutzlos ist. Je sicherer man selbst weiß, dass das nicht stimmt, desto größer ist das Potenzial für Ärger, Frustrationen und Burnout.

Auch wenn niemand eine Neuerung aktiv verhindert, garantiert das Wissen, dass etwas existieren könnte, keineswegs die erfolgreiche Umsetzung. Im alten Rom gibt es robuste Straßen, Beton von hoher Qualität und eine ausgezeichnete Wasserversorgung. Wie man das alles herstellt, gerät in den tausend Jahren nach dem Ende des Römischen Reichs nicht überall in Vergessenheit. Es fehlt nur an Geld, an Arbeitskraft und an den passenden politischen Systemen. Wenn die Rahmenbedingungen nicht stimmen, kann man sich vom bloßen Wissen nichts kaufen. Um das festzustellen, muss man nicht in die Vergangenheit reisen: In Deutschland gibt es noch im Jahr 2019 in vielen ländlichen Regionen schlechten oder gar keinen Mobilfunkempfang, während das Problem in allen Nachbarländern schon lange gelöst ist. Fehlendes Wissen hat mit dem Problem nichts zu tun, und es wäre sinnlos, aus der Zukunft nach Deutschland im Jahr 2019 zu reisen, um dort den Zuständigen die Mysterien des Mobilfunks zu erklären.

Kleinere Reparaturen

Große Änderungen am Verlauf der Weltgeschichte oder die Beschleunigung technischer Entwicklungen können, wie im vorangegangenen Kapitel gezeigt, schwierig bis unmöglich durchzuführen sein. Kleine Reparaturen lassen sich leichter erledigen, speziell im Rahmen eines kurzen Urlaubs. In Biographien berühmter Leute geht es oft darum, dass sie es unnötig schwer haben, weil zum endgültigen Beweis ihrer Idee oder zur Umsetzung ihrer Erfindung oder zum Gelingen eines Plans nur noch ein kleiner Baustein fehlt. Wenn man ihnen dabei ein bisschen unter die Arme greift, schreibt man zwar nicht die Weltgeschichte neu, macht sich aber vielleicht doch ein bisschen nützlich.

Es folgen ein paar Vorschläge. Beim mitfühlenden Lesen von Biographien finden Sie leicht noch mehr. Allerdings handelt schon der erste dieser Vorschläge von einem Fall, in dem Sie der betreffenden Person überhaupt nicht weiterhelfen können. Wir haben ihn aufgenommen, weil man daran einige typische Schwierigkeiten dieser Art von Urlaubsbeschäftigung erkennt.

Die Forschung beschleunigen: Alfred Wegener

Der Meteorologe und Geophysiker Alfred Wegener kann sich mit seiner Theorie von der Kontinentaldrift zu Lebzeiten nicht durchsetzen, obwohl die Passgenauigkeit der südamerikanischen Ost- und der afrikanischen Westküste genauso offensichtlich ist wie heute. Immer wieder kommen Zeitreisende auf die Idee, Wegener zu trösten, indem sie ihm mitteilen, dass er recht hatte und die Nachwelt das schon noch einsehen wird. Ein freundlicher Gedanke, aber leider hilft diese Auskunft Wegener nicht weiter. Was wir heute über die Bewegung der Kontinente wissen, haben wir durch neuere Techniken herausgefunden: zunächst durch eine gründliche Kartierung des Meeresbodens in den 1950er Jahren und später durch GPS-Daten. Wegener aber hat weder ein Forschungsschiff noch GPS-Satelliten zur Verfügung.

Es ist auch keineswegs so, dass dem klugen Wegener in der Diskussion lauter borniert und ahnungslose Zeitgenossen gegenüberstehen. Manche seiner Gegner begreifen wegen ihrer fehlenden Ausbildung in Physik tatsächlich weder die Probleme der etablierten Theorie noch die Vorteile der neuen. Die Kritik an Wegeners These ist aber nicht aus der Luft gegriffen. Was ihm in der fachlichen Auseinandersetzung fehlt, ist vor allem eine Erklärung für die Kräfte hinter der Wanderung der Erdplatten. Dieser Mechanismus ist bis heute nicht vollständig aufgeklärt.

Besuchen Sie Wegener also nur, wenn Sie eine Idee haben, die ihm konkret weiterhelfen könnte. Alle Adressen, an denen er im Laufe seines Lebens gewohnt hat, und viele nützliche Details der Kontroverse finden sich in Mott T. Greenes Biographie «Alfred Wegener: Science, Exploration, and the Theory of Continental Drift».

Vor dem gleichen Problem stehen Zeitreisende immer wieder, wenn sie Wissenschaftlern oder Erfindern helfen wollen, die ihrer Zeit voraus sind oder denen nur ein Element zum großen Durchbruch fehlt. Einfach nur jemanden aufzusuchen und ihm «Sie haben übrigens recht» oder «Probieren Sie mal dies und das aus» mitzuteilen, bringt gar nichts. «Sie haben recht, und das weiß ich, weil ich aus der Zukunft komme» ist auch nicht besser. Die zeitgenössischen Gegner einer Idee lassen sich wenig durch Argumente beeindrucken, die mit «Neulich sprach mich eine unbekannte Person an ...» beginnen. Selbst wenn Sie wissen, wie sich eine Hypothese belegen oder mit welchen Methoden sich ein Beweis finden ließe, hilft das der jeweiligen Person nur dann weiter, wenn sich dieser Plan in der jeweiligen Zeit auch wirklich umsetzen lässt. Das ist leider nur selten der Fall.

Angenommen, Sie haben tatsächlich einen praktikablen Hinweis, den Sie überbringen wollen. Die Vorstellung ist verlockend: Sie klingeln an der Haustür, tragen die seit Jahren gesuchte Lösung des schwierigen Problems vor, man fällt Ihnen vor Freude um den Hals und verspricht Ihnen die Hälfte des Nobelpreisgeldes. Die Wirklichkeit sieht oft anders aus: Die betreffende Person ist nicht zu Hause, gerade in Eile, oder sie sieht überhaupt nicht ein, warum sie ihre Forschung an der Haustür mit einem unbekannten, die eigene Sprache womöglich nur schlecht sprechenden Touristen diskutieren soll.

Auch Tricks wie «die Handschrift der jeweiligen Person nachahmen und dann Nachrichten auf dem Nachttisch hinterlassen, die wie im Halbschlaf aufgeschrieben wirken» sind leichter ausgedacht als umgesetzt. Bedenken Sie, dass Sie sich nicht einfach wie ein Geist im Schlafzimmer materialisieren und wieder verschwinden können, sondern ins Haus einbrechen müssten – ein Vorgang, der in den meisten Vergangenheiten so illegal ist wie in der Gegenwart.

Erfolgversprechender ist es – vor allem, wenn die bereiste Zeit mehr als nur ein paar Jahre zurückliegt oder Sie die Sprache Ihres Gegenübers nicht perfekt sprechen –, einen Schreiber zu engagieren, der Ihre Nachricht elegant ausformuliert, in seriöser Handschrift niederschreibt und auf die Post bringt. Im Prinzip können Sie einen solchen Brief in der Gegenwart in Auftrag geben, die Beauftragung von Schreibern in der jeweiligen Zeit ist aber in vielen Fällen billiger und wegen der zu berücksichtigenden stilistischen Feinheiten auch zielführender.

Alfred Wegener würde das alles nichts nützen. Auf einen Besuch brauchen Sie aber deswegen nicht zu verzichten. Falls Sie sich zufällig in der Nacht vom 2. auf den 3. Juli 1900 in Heidelberg aufhalten, sollten Sie die Gelegenheit nutzen, Wegener zu begegnen. Um drei Uhr morgens zieht er mit einem umgehängten weißen Tuch durch die Hauptstraße Richtung Marktplatz und erzeugt dabei «durch überlautes Schreien ungebührlicherweise ruhestörenden Lärm», wie ein Schutzmann namens Eiermann später zu Protokoll geben wird. Wegener ist zu diesem Zeitpunkt neunzehn Jahre alt und interessiert sich noch nicht für die Kontinentaldrift. Lassen Sie ihn damit in Ruhe. Am nächsten Morgen würde er sich sowieso nicht an Ihre guten Ratschläge erinnern.

Der Maler und Erfinder Samuel Morse befasst sich in den 1830er Jahren mit der Entwicklung von Morsezeichen und Telegraphie. Was er anfangs nicht weiß: Elektrizität lässt sich sehr gut durch kurze Drähte übertragen, sehr viel weniger gut aber durch längere. Morse und William Fothergill Cooke, der zur gleichen Zeit ebenfalls an der Erfindung eines Telegraphen arbeitet, sind mit diesem Problem überfordert. Tatsächlich aber hat der amerikanische Physiker Joseph Henry einige Jahre zuvor eine Lösung gefunden. Sie brauchen die Geschichte gar nicht zu verbiegen, sondern den beiden nur das Ergebnis mitzuteilen: Man braucht die richtige Batterie. Wenn man statt einer einzigen großen Batterie viele kleine verwendet, lassen sich elektrische Signale auch über weite Strecken übertragen. Cooke lässt sich in Physikfragen von verschiedenen Leuten beraten, unter anderem von dem britischen Wissenschaftler Michael Faraday. Falls Sie Cooke helfen wollen, raten Sie ihm dringend davon ab, in seinem Gespräch mit Faraday das Perpetuum mobile zu erwähnen. Cooke denkt darüber nach, eines zu bauen, und Faraday nimmt ihn nach diesem Gespräch (in der Version der Zeit, über die wir Bescheid wissen) nicht mehr ernst.

Morses Hauptproblem ist aber nicht die Länge der Leitungen, sondern die Tatsache, dass er Jahre in die Entwicklung einer komplizierten Konstruktion steckt, die er letztlich verwerfen wird. Raten Sie ihm zu der einfacheren Konstruktion mit dem Taster, und empfehlen Sie ihm außerdem, statt auf einen Zahlencode auf die Sache mit den Punkten und Strichen zu setzen. So spart er Zeit und

Nerven. Beides wird er noch brauchen, denn wie immer erweist sich die Vermarktung der Innovation als der weit schwierigere Teil der Geschichte. Bedenken Sie aber, dass die Zeit, in der Sie sich befinden, nicht in jedem Detail identisch sein muss mit der Vergangenheit, über die wir Bescheid wissen. Vielleicht finden Morse oder Cooke ohne Ihren Beistand eine ganz andere, noch bessere Lösung. Das gilt im Übrigen – genau wie der Ratschlag mit dem Perpetuum mobile – auch für alle anderen Gespräche mit Erfindern.

Fehlschläge vermeiden helfen: Horace Wells

Der Zahnarzt Horace Wells besucht im Dezember 1844 in Boston mit seiner Frau eine öffentliche Vorführung der Wirkung von Lachgas. Sie dient nur zur Belustigung des Publikums, aber Wells fällt auf, dass die Versuchsperson sich die Knie an einer hölzernen Bank stößt und keine Schmerzensregung zeigt. Er ahnt einen Nutzen für seine Zahnarztpraxis und lässt sich am nächsten Tag unter dem Einfluss von Lachgas schmerzlos einen Zahn ziehen. Auch Experimente an seinen Patienten verlaufen erfolgreich. Am 20. Januar 1845 führt er die neue Methode im Massachusetts General Hospital Medizinstudenten vor. Allerdings verwendet er zu wenig Gas, der Patient schreit auf, und das Publikum verspottet Wells, der daraufhin krank wird und seine Zahnarztpraxis aufgibt. Vier Jahre später nimmt er sich das Leben. Mit nur ein bisschen mehr Übung – oder Beratung durch Zeitreisende – hätte Wells zum erfolgreichen Begründer der Anästhesie mindestens in der Zahnheilkunde, wenn nicht der gesamten neueren Medizin werden können.

Leben retten: Apsley Cherry-Garrard

Der sechsundzwanzigjährige Apsley Cherry-Garrard ist eines der jüngsten Mitglieder von Robert Falcon Scotts Expedition zum Südpol. Ende Februar 1912 macht er sich zusammen mit dem russischen Schlittenhundspezialisten Dimitri Gerov auf den Weg zum One Ton Depot, das er am 3. März erreicht. Dort wartet er eine Woche lang bei Schneesturm und Temperaturen von bis zu achtunddreißig Grad unter Null auf Scotts Südpolteam, das er auf dem letzten Abschnitt des Heimwegs unterstützen soll. Am 10. März tritt er den Rückweg an, unter anderem weil das Hundefutter knapp wird. Scott und seine zwei Begleiter sind zum Zeitpunkt von Cherry-Garrards Umkehr hundertzehn Kilometer vom One Ton Depot entfernt. Von ihrem letzten Zeltplatz, den sie am 19. März erreichen, sind es noch etwa achtzehn Kilometer zum Depot. Etwa zehn Tage später sterben sie. Scotts Begleiter Edward Wilson und Henry «Birdie» Bowers waren Cherry-Garrards engste Freunde. Er wird sich den Rest seines Lebens Vorwürfe machen.

Für dieses Problem gibt es keine einfache Lösung. Eigentlich hätte jemand rechtzeitig weitere Hundefuttervorräte zum One Ton Depot bringen sollen, aber weil Scott seine Pläne unterwegs mehrmals geändert hat, ist dieser Auftrag nicht ausgeführt worden. Auch ohne diese Vorräte hätte Cherry-Garrard der Polarmannschaft weiter entgegenkommen können, wenn er entschlossen genug gewesen wäre und die Hunde nach und nach geschlachtet und an die übriggebliebenen verfüttert hätte. Rationen für Menschen sind ausreichend vorhanden. Man könnte ihm einen eindringlichen Brief mitgeben, auf dem «Erst im Februar 1911 öffnen» steht. Aber er ist jung, unerfahren und stark kurzsichtig, und der für die Hunde zuständige Gerov erkrankt kurz nach der Ankunft am One Ton Depot schwer. Wahrscheinlich ist es falsch, Cherry-Garrard noch stärker unter Druck zu setzen.

Stattdessen sollte man lieber auf Scott einzuwirken versuchen: Klare Pläne, die nicht bei jeder Gelegenheit wieder geändert werden, könnten vielleicht sogar dazu führen, dass es auf dem Heimweg gar nicht erst zum tödlichen Mangel an Rationen und Brennstoff kommt. Andererseits ist Scott nicht gerade leicht zu beeinflussen. Vielleicht hilft es, wenn er während der Vorbereitung der Expedition immer wieder Briefe bekommt, die ihn darauf hinweisen, dass das Paraffin aus den Kanistern in seinen Depots verdunsten wird. Der Norweger Roald Amundsen, der sich fast gleichzeitig auf den Weg zum Südpol gemacht hat, weiß das jedenfalls und hat alle seine Brennstoffkanister hartverlöten lassen. Ihm gelingt es schließlich, zusammen mit vier Begleitern als erster Mensch den geographischen Südpol zu erreichen – und im Unterschied zu Scott kommt er lebend wieder zurück. Wenn Sie keine Kosten und Mühen scheuen und über Polarkompetenzen verfügen, können Sie unauffällig ein zusätzliches Depot an den Koordinaten von Scotts letzter Station anlegen. Von der Küste aus sind es bis dort nur etwa zweihundert Kilometer.

Probleme an der Entstehung hindern: Eichhörnchen, Katzen, Enten, Aristoteles

Täglich gibt es Medienberichte über Eichhörnchen, die aus Gullydeckeln befreit, Katzen, die von Bäumen geholt, oder Entenküken, die aus irgendeiner misslichen Lage gerettet werden müssen. Aber auch eine erfolgreiche Rettungsaktion bedeutet für die betreffenden Tiere Stress. Eine der unauffälligsten Möglichkeiten, sich auf Zeitreisen nützlich zu machen, besteht darin, rechtzeitig vor Ort zu sein und das Tier zu verscheuchen, bevor es sich in die gefährliche Lage bringt.

Ähnlich lassen sich Probleme angehen, die nicht die Form feststeckender Eichhörnchen haben. Viele langwierige Probleme in den Naturwissenschaften etwa gehen darauf zurück, dass sich Aristoteles über einen Sachverhalt im Irrtum befindet und diesen Irrtum in seinen Schriften niederlegt. Europäische Forscher lassen sich noch viele Jahrhunderte später von seiner Meinung beeinflussen oder müssen viel Zeit darauf verwenden, ihre Kollegen davon abzubringen. Viel Unglück in der Polarforschung geht nur auf den Glauben an ein offenes Polarmeer zurück. Sobald sich eine Idee einmal in den Köpfen festgesetzt hat, ist sie von dort nur schwer wieder zu vertreiben. Meistens ist es einfacher, ein Problem frühzeitig am Entstehen zu hindern, als es später zu beheben. Aus Zeitreisensicht ist das leider weniger befriedigend. Anstatt Polarforscher oder Eichhörnchen zu retten, steht man womöglich nur so strategisch wie ereignislos im Weg herum.

Wissen wiegt nichts

Die einen stellen erst am Urlaubsort fest, wie wenig sie eigentlich über die Errungenschaften der Gegenwart wissen. Die anderen weisen schon zu Hause den Gedanken weit von sich, sie könnten der Vergangenheit irgendetwas Nützliches mitteilen. Dabei gibt es vieles, was wir wissen, ohne es zu wissen. Diese Kenntnisse sind so selbstverständlich geworden, dass sie den meisten gar nicht in den Sinn kommen. Aber es war ein weiter Weg vom Unwissen bis zum Lehrstoff für Grundschulen.

Was folgt, ist eine Auswahl von Kenntnissen, die Sie wahrscheinlich längst haben, ohne es zu bemerken. Selbst wenn Sie gar nicht vorhaben, in Ihrem Urlaub die Vergangenheit zu verbessern, kann es doch vorkommen, dass man Sie in ein Gespräch etwa über die Navigation der Fledermaus oder die Form des Mondes verwickelt. In so einem Gespräch sollten Sie die Verwirrung Ihrer Mitmenschen zumindest nicht noch vermehren. Sie brauchen dabei weder Belege noch genaue Anleitungen zu liefern. Es genügt, wenn Sie – genau wie in einem normalen, höflichen Gespräch in der Gegenwart – sagen: «Ich habe gehört, es verhält sich vielmehr folgendermaßen, aber mehr weiß ich darüber auch nicht.»

Antarktis

Am Südpol liegt ein Kontinent. Die Vermutung ist schon alt, tatsächlich entdeckt wird das Land aber erst Anfang 1820. Das geschieht dafür gleich mehrmals innerhalb weniger Wochen.

Arktis

Es gibt kein offenes Polarmeer, zu dem man nur vorzudringen braucht, um neue Handelsrouten zu eröffnen, wie im 19. Jahrhundert viele Fachleute glauben. Am Nordpol ist – zumindest zu dieser Zeit – einfach nur Eis. Dennoch werden Hunderte auf der Suche nach dem offenen Polarmeer scheußliche Tode sterben. Wenn Sie nur ein einziges Mitglied der Franklin-Expedition Mitte des 19. Jahrhunderts dazu bewegen können, lieber zu Hause zu bleiben, ist schon etwas gewonnen.

Erde

Stellen Sie sich vor, Sie reisen in die USA und bekommen dort ungefragt erklärt, was ein Kühlschrank oder eine Rolltreppe ist. So fühlen sich die Menschen in vielen Vergangenheiten, wenn Sie ihnen mitteilen, dass die Erde keine Scheibe, sondern eine Kugel ist. Gebildeten ist das schon lange bekannt. Wenn Sie nicht weiter zurückreisen als 2500 Jahre und nicht direkt danach gefragt werden, schweigen Sie am besten von der Form der Erde.

Falls Sie zufällig wissen, wie alt die Erde ist: Diese Information ist unbekannt bis ins 20. Jahrhundert. Zur aktuellen Datierung gelangt man erst nach der Entdeckung der Radioaktivität, die meisten Ihrer Gesprächspartner werden also keine Möglichkeit haben, Ihre Angabe zu überprüfen. Und viel Spaß beim Erklären, was Radioaktivität ist.

Erdkern

Er besteht aus heißem Metall, wie Sie entweder aus der Schule oder aus dem Film «The Core» wissen. Die Sache mit dem Metall ist seit dem späten 18. Jahrhundert bekannt, als in Schottland die gründliche Vermessung eines Bergs namens Schiehallion ergibt, dass die Erde insgesamt deutlich dichter sein muss als das Gestein auf ihrer Oberfläche. Dass dieses metallene Erdinnere flüssig ist und deshalb heiß sein muss, stellt sich im frühen 20. Jahrhundert heraus. Der innerste Teil des Erdkerns ist dann wiederum fest. Diese letzte Auskunft hat 1930 noch Neuigkeitswert und bleibt bis in die 1970er Jahre umstritten.

Findlinge

Warum liegen an manchen Orten große Steine in der Gegend herum, die eindeutig nicht aus dieser Gegend stammen, sondern denen einer weit entfernten Region ähneln? Diese Frage beschäftigt Geologen ab Mitte des 18. Jahrhunderts. Sind die Steine von Vulkanen ausgespuckt worden? Während einer Überschwemmung auf Eisschollen dahergeschwommen? Die Idee mit den Gletschern, die Steine durch die Gegend schieben, können Sie bis ins frühe 19. Jahrhundert verbreiten, ohne ernst genommen zu werden.

Fingerabdrücke

Fingerabdrücke sind einzigartig, keine zwei Menschen haben dieselben. Diese Erkenntnis und ihre Nutzung für die Aufklärung von Straftaten setzt sich erst gegen Ende des 19. Jahrhunderts allmählich durch.

Fledermäuse

Die Frage, wie Fledermäuse im Dunkeln navigieren, beschäftigt aufmerksame Beobachter schon lange. Bis ins 18. Jahrhundert nimmt man an, sie hätten einfach sehr gute Augen. Dass sie sich tatsächlich mit den Ohren orientieren, findet erst der italienische Priester und Naturforscher Lazzaro Spallanzani heraus, indem er Fledermäusen die Augen aussticht. Seine Zeitgenossen kümmern sich allerdings nicht um seine Ergebnisse, und noch lange danach glaubt man, Fledermäuse fänden sich irgendwie mit Hilfe ihres Tastsinns zurecht (obwohl Spallanzani auch das bereits ausgeschlossen hat, und zwar durch Anstreichen der Fledermäuse mit Mehlkleister). Dass sie hochfrequente Töne ausstoßen, wird erst im 20. Jahrhundert allmählich entdeckt, nachdem auch Menschen die Navigation und Ortung mittels Sonar entwickeln und ein Gerät zur Sichtbarmachung von Ultraschall erfinden. Zunächst vermutet man, diese Töne dienten der Kommunikation. Erst ab 1950 ist die Fledermausfrage geklärt.

Folter

Bringt schnelle Geständnisse, was in Strafverfahren natürlich praktisch ist. Aber eigentlich liegt auf der Hand, dass die Befragten unter diesen Umständen alles sagen, was man von ihnen hören möchte. Die Aufklärung von Verbrechen wird so nicht befördert, sondern behindert. In einigen Zeiten und an einigen Orten der Vergangenheit, namentlich auf dem Gebiet des Heiligen Römischen Reichs zwischen dem 14. und 18. Jahrhundert, werden Sie Gelegenheit haben, diese Meinung zu äußern. Berichten Sie davon, dass in dem Land, aus dem Sie kommen, Strafverfahren auch ohne abgepresste Geständnisse einigermaßen gut funktionieren. Also, falls Sie aus so einem Land kommen.

Fortpflanzung

Eine Eizelle und eine Samenzelle müssen zusammenfinden, damit ein neuer Mensch entstehen kann. Das ist lange umstritten. Irgendeine Beteiligung von Mann und Frau ist wohl erforderlich, wie sich empirisch leicht feststellen lässt. Aber die Details sind unklar. Transportiert der männliche Samen eine wie auch immer geartete Lebenskraft ins Menstruationsblut der Frau, wie der Philosoph Aristoteles glaubt? Hat der Arzt Galen recht, wenn er auch in der Frau Samen vermutet, der an der Zeugung beteiligt ist? Ist im Spermium womöglich bereits ein fertiges Miniaturwesen enthalten, das im Körper der Frau nur ausgebrütet wird, wie manche Besitzer von Mikroskopen glauben? Oder steckt das neue Leben im Ei und wird durch die Beteiligung des Mannes zur Weiterentwicklung inspiriert? Das Unwissen rund um die menschliche Fortpflanzung ist auch rechtlich relevant: Weil beim Mann das Hervortreten von Samenflüssigkeit meistens mit einem Orgasmus verbunden ist, gehen Galen und Aristoteles davon aus, dass bei der Frau Fortpflanzung und Orgasmus auf die gleiche Art zusammengehören und deshalb aus einer Vergewaltigung keine Schwangerschaft entstehen kann. Wird eine vergewaltigte Frau trotzdem schwanger, erkennt man daran, dass sie in Wirklichkeit einverstanden war. Dieser Glaube hält sich in der europäischen und amerikanischen Rechtsprechung bis ins späte 18. Jahrhundert. Es wäre daher durchaus hilfreich, wenn sich der Erkenntnisprozess beschleunigen ließe.

Fruchtbarkeitszyklus

Die fruchtbaren Tage liegen beim Menschen rund um den Eisprung, und der findet wiederum in der Mitte zwischen zwei Monatsblutungen statt. Sie haben das, wenn Sie nicht gerade mit albernen Witzen beschäftigt waren, irgendwann um die achte Klasse herum im Biologieunterricht erfahren. Aber so war es nicht immer, und nicht nur, weil Aufklärungsunterricht eine sehr neue Angelegenheit ist. Aus dem alten Griechenland, Byzanz und China gibt es Quellen, die die Zeit direkt vor oder nach der Menstruation als die fruchtbarste bezeichnen. Noch im 19. und frühen 20. Jahrhundert gibt es eine Vielzahl widersprüchlicher Lehrmeinungen: Die Wahrscheinlichkeit, schwanger zu werden, ist an allen Tagen gleich hoch, sagen die einen. Die Menstruation zeigt die fruchtbarste Zeit an, sagen die anderen, und in der Zyklusmitte ist man deshalb am sichersten vor einer ungewollten Schwangerschaft. Tatsächlich findet nur ein Eisprung pro Monat statt, und die Wahrscheinlichkeit, schwanger zu werden, ist genau zwischen zwei Blutungen am größten. Aber das können erst in den 1920er Jahren die Gynäkologen Kyusaku Ogino und Hermann Knaus unabhängig voneinander belegen.

Schwierig wird es, wenn man Sie nach Beweisen fragt. Knaus ist zu seinen Ergebnissen durch Röntgenaufnahmen gelangt, Ogino bei gynäkologischen Routineoperationen. Beides ist nicht wesentlich früher machbar. Tierversuche bringen ihre eigenen Probleme mit sich. Hündinnen etwa bluten anders als Menschen oft während des Eisprungs und verwirren dadurch die Forscher des 19. Jahrhunderts. Wenn Sie den Sachverhalt am Tier demonstrieren wollen, sollten Sie auf Schimpansinnen und Gibbons setzen, auch wenn die nicht in jedem europäischen Haushalt verfügbar sind.

Geographie

Selbst wenn Sie die Weltkarte aus dem Gedächtnis nur äußerst vage aufzeichnen können, befinden Sie sich damit bis ins 16. Jahrhundert an vorderster Front der Kartographie. Bedenken Sie dabei, dass die Konvention, auf Karten den Norden oben darzustellen, noch jung ist. Auf frühen ägyptischen, arabischen und chinesischen Karten ist der Süden oben, in Europa bis zur Renaissance der Osten. Am besten lassen Sie sich vorher eine vorhandene Karte zeigen oder in den Sand zeichnen. Es kann allerdings sein, dass sich Ihre Gesprächspartner überhaupt nicht für die Antarktis oder Amerika interessieren und viel lieber wüssten, wie es hinter den Bergen am Horizont weitergeht oder welche Flüsse man an welchen Stellen überqueren muss, um nach Rom zu gelangen. Ihre aus dem Gedächtnis gezeichnete Weltkarte ist dann weniger wert als eine Beschreibung der Strecke, wie sie jeder zeitgenössische Handlungsreisende liefern kann.

Gezeiten

Dass die Gezeiten mit den Mondphasen zu tun haben, ist so offensichtlich, dass alle Küstenbewohner es von allein mitbekommen – umso mehr, als dieses Wissen für ihre Fischfangtätigkeiten relevant ist. Warum das so ist und insbesondere, warum es nicht nur eine Flut pro Tag gibt, sondern zwei, bleibt länger umstritten. Kepler ist im Prinzip auf dem richtigen Weg, Galileo und Descartes nicht. Erst Newton kommt im späten 17. Jahrhundert auf die Sache mit der gegenseitigen Anziehung von Massen, zum Beispiel der von Erde und Mond. Bis die Gezeiten im 19. Jahrhundert einigermaßen berechenbar werden, müssen aber noch diverse Feinheiten entdeckt werden, über die Sie wahrscheinlich genauso wenig wissen wie Ihre Gesprächspartner. Schweigen Sie lieber, anstatt unvorsichtig irgendwas zu behaupten. Seltsame Meinungen über Gezeiten sind auch in der Gegenwart häufiger als korrekte.

Gold

Ja, man kann es im Prinzip aus anderen Elementen herstellen. Nein, die Sache lohnt sich nicht. Die Kosten der Herstellung übersteigen den Gewinn bei weitem, und ein Alchimistenlabor und etwas Pferdemist reichen dafür nicht aus. Man braucht schon einen Atomreaktor. Es gibt keinen «Stein der Weisen», mit dessen Hilfe man billige Substanzen in Gold oder Silber verwandeln oder das ewige Leben erlangen kann. Allerdings führen solche falschen Hoffnungen zu vielen richtigen Erkenntnissen über Chemie und hin und wieder auch zur Bereitstellung von Forschungsgeldern. Strategisch ist es hier vielleicht günstiger zu schweigen. Halten Sie Gastgeber aber davon ab, ihr Geld offensichtlichen Betrügern zu schenken.

Homosexualität

Die Welt geht nicht unter, nur weil man Homosexualität toleriert oder legalisiert. Allerdings ist das auch in der Gegenwart in vielen Ländern umstritten, und in der Vergangenheit gibt es wiederum Zeiten und Orte, an denen die Leute gar nicht wissen, von welchem Problem Sie überhaupt reden.

Hygiene

Es gibt Lebewesen, die so klein sind, dass man sie nicht sehen kann. Sie können Krankheiten hervorrufen. In der Antike taucht dieser Gedanke zwar schon gelegentlich auf, er setzt sich aber erst ab Mitte des 19. Jahrhunderts allgemein durch, zusammen mit der Erkenntnis, dass kochendes Wasser diese Lebewesen abtötet.

Kunst

Vielleicht besuchen Sie im Jahr 1889 die Ausstellung, die Paul Gauguin parallel zur Weltausstellung (siehe Kapitel «Die Welt an einem Ort versammelt») organisiert hat. Vielleicht hören Sie Anfang der 1960er eine britische Band mit seltsamen Frisuren in einem Hamburger Club. Neben Ihnen sagt jemand: «Ich glaube ja, dieser Impressionismus kommt eines Tages noch ganz groß raus», oder: «Ich glaube ja, dieser Krach, den die da vorne machen, wird in vierzig Jahren von Sinfonieorchestern nachge-

spielt werden». Sagen Sie dann einfach: «Genau, das
glaube ich auch.»

Leben

Entsteht unter Alltagsbedingungen nicht spontan aus
Staub oder Schlamm, wie man im antiken Griechenland
annimmt. Die Forschung wird lange Zeit dadurch verwirrt,
dass herumstehende Lebensmittel, sogar wenn man sie
vorher auf eine lebensfeindliche Temperatur erhitzt hat,
Schimmel, Mikroben oder sogar Maden hervorbringen.
Zusätzlich ist das Problem wie so oft, dass Aristoteles in
dieser Angelegenheit auf dem Holzweg ist, man seine
Schriften in Europa aber zweitausend Jahre lang nicht groß
anzweifelt. Tatsächlich enthält die Luft Keime, die auf den
Nährboden herabrieseln, und Fliegen, die Eier legen. Erst
im späten 17. Jahrhundert mehren sich die Experimente,
bei denen eine solche Kontamination verhindert wird. Dieser experimentelle Nachweis enthält aber diverse Fehler-
quellen, und so dauert es trotzdem noch ziemlich lange,
bis Louis Pasteur 1864 abschließend belegt, dass Leben
nicht aus dem Nichts entstehen kann.

Irgendwoher muss das Leben, wenn man weit genug in
die Vergangenheit zurückgeht, allerdings einmal gekommen sein. Diese Frage ist zum Erscheinungszeitpunkt des
vorliegenden Buchs noch umstritten. Leider sind Sie als
Zeitreisende in keiner günstigen Position, sie zu beant-
worten. Sie können in eine Vergangenheit zurückreisen, in
der die Erde noch unbelebt war, und dort nachsehen. Aber
wo und wann genau Sie nachsehen müssen, können wir

Ihnen nicht sagen. Außerdem werden Sie auf der Früherde so viele Keime hinterlassen, dass in dieser Parallelversion Sie die Ursache für das Leben auf der Erde sind. Klingt erst mal super, aber dieses Leben wird nicht direkt von Ihnen abstammen, sondern von den Bazillen auf Ihrer Haut oder in Ihrer Spucke. Und das sind noch die schöneren Möglichkeiten.

Menstruation

In vielen Zeiten und Ländern herrscht der Glaube vor, dass Frauen durch die Menstruation körperlich so stark beeinträchtigt sind, dass sie zum Beispiel keine politischen Ämter ausüben können. Häufig kommt dazu die Annahme, dass von menstruierenden Frauen irgendeine Art problematische Wirkung ausgeht, die Pflanzen schadet, Bier und Wein verdirbt und Teig am Aufgehen hindert. Noch in den 1920er Jahren behauptet der amerikanische Kinderarzt Béla Schick, ein «Menotoxin» im Blut menstruierender Frauen entdeckt zu haben, das Blumen bei Berührung verwelken lässt. Andere Forscher schließen sich an, und es dauert bis in die 1970er Jahre, bis diese Idee wieder aus der Welt geschafft werden kann. Machen Sie sich aber keine großen Hoffnungen, hier durch Berichte aus der Gegenwart etwas ändern zu können. Das Problem geht letzten Endes nicht auf mangelhafte Forschung zurück, sondern auf den Wunsch, Frauen von einflussreichen Positionen fernzuhalten. Gegen solche Wünsche helfen keine medizinischen Erkenntnisse.

Meteorite

Gelegentlich fällt mit Getöse etwas Leuchtendes vom Himmel. Und gelegentlich werden Metallbrocken auf der Erde gefunden. Zwischen diesen beiden Phänomenen gibt es einen Zusammenhang, den der deutsche Physiker Ernst Florens Friedrich Chladni erstmals 1794 beschreibt. Seine These ist umstritten und wird unter anderem von Goethe und Alexander von Humboldt abgelehnt. Falls jemand Sie fragt, können Sie bestätigen, dass diese Brocken nicht aus der Erdatmosphäre stammen und auch nicht von «Mondvulkanen» ausgeworfen werden, sondern aus dem Weltall herabfallen.

Mond

Sie wissen, dass er nicht selbst leuchtet, sondern nur das Sonnenlicht reflektiert. Beides ist in Griechenland, China und Indien seit rund zweitausend Jahren bekannt. Vor dieser Zeit oder in eher schlecht informierten Regionen können Sie vielleicht Forscher oder interessierte Laien mit Ihrem Wissen erfreuen.

Religion

Man kann durchaus komfortabel und friedlich in einem Land leben, in dem die Religion nicht die Kontrolle über alles hat. Eventuell kommt man dafür in die Hölle, das ist nicht erwiesen, und um es zu beweisen, bräuchte man eine andere Art Reisemaschine. Aber Sie können davon berichten, dass in dem Land, aus dem Sie kommen, Priester auch nur ein normaler Beruf ist, und dass man dort Kirchen umwandelt in Hotels, Bars, Ferienwohnungen, Kletterhallen. Okay, der letzte Punkt ist schwer zu verstehen, dafür muss man erst mal Klettern erklären.

Sonne

Obwohl der Augenschein dagegen spricht, dreht sich die Erde um die Sonne und nicht umgekehrt. Diese Meinung wird vor dem 16. Jahrhundert nur ganz vereinzelt vertreten. Auch die chinesische und die islamische Welt haben hier ausnahmsweise keinen Wissensvorsprung. Überlegen Sie sich aber vorher, was Sie antworten können, wenn man Sie nach Anzeichen fragt, die für Ihre bizarre Behauptung sprechen.

Ärger mit dem Papst ist übrigens nicht zu erwarten. Sie sind keine berühmte Autorin und kein anerkannter Wissenschaftler, sondern nur irgendeine seltsame Person auf der Durchreise. Wenn Sie nicht Galilei sind (siehe Kapitel «Galileo, Maria, James und Emmy»), brauchen Sie sich deshalb keine Sorgen zu machen.

Stechmücken

Denguefieber, Gelbfieber, Malaria und noch einige andere Infektionskrankheiten werden, wie man seit den 1890er Jahren weiß, nicht durch schlechte Luft, sondern durch

Stechmücken übertragen. Mückennetze verringern das Risiko.

Wärme

Wahrscheinlich wissen Sie zumindest, was Wärme *nicht* ist, nämlich keine Substanz, von der warme Gegenstände mehr enthalten als kalte. Das ist im 17. Jahrhundert noch umstritten.

Wahlrecht

Der Staat geht nicht gleich zugrunde, wenn man ein Wahlrecht einführt – nicht einmal dann, wenn auch Frauen oder Arme wählen dürfen. Abgesehen von gelegentlichen Experimenten zum Beispiel bei den alten Griechen (auch hier ohne Frauen und Versklavte), breitet sich das Wahlrecht nicht vor dem 19. Jahrhundert aus, und Frauen bekommen es erst im Laufe des 20. Jahrhunderts. Aber Vorsicht, in vielen Zeiten ist das Wahlrecht ein riskantes Thema. Als ortsfremde Person genießen Sie wahrscheinlich etwas Narrenfreiheit. Falls Sie mit Menschen ins Gespräch kommen, die sich mehr Gleichheit wünschen, können Sie jedenfalls versichern, dass solche Meinungen Zukunft haben.

Zähne

Zahnschmerzen beschäftigen die Menschheit schon lange, sie sind also unabhängig von Ihrem Reiseziel kein ungewöhnliches Gesprächsthema. In Assyrien, Ägypten, Asien, Südamerika, Griechenland und noch im mittelalterlichen Europa verdächtigt man als Ursache den Zahnwurm. Im Laufe des 19. Jahrhunderts kommt der Zahnwurm aus der Mode. Im 20. Jahrhundert wird eine Reihe von Hypothesen durchprobiert, deren allmähliche Verfeinerung aber für Urlaubsgespräche keine Rolle spielt. Von der entscheidenden Tatsache, dass Kohlenhydrate, insbesondere Zucker, in Kombination mit schlechter Zahnhygiene die Ursache von Karies sind, haben Sie in der Grundschule erfahren. Nützlich wird diese Idee aber eigentlich erst ab dem 16. Jahrhundert, weil insbesondere arme Leute vorher keinen Zucker und auch sonst kaum Süßes konsumieren.

Zugvögel

Obwohl sich einiges über die jahreszeitabhängigen Wandergewohnheiten von Vögeln schon seit Jahrtausenden in Texten und Traditionen niederschlägt, bleiben die Details lange unklar. Dass Schwalben und Störche den Winter in Afrika und nicht etwa im Winterschlaf oder unter Wasser (so wie die Frösche) verbringen, ist bis ins 18. Jahrhundert umstritten und wird auch im 19. Jahrhundert noch diskutiert. Bewiesen wird die Sache schließlich durch «Pfeilstörche», die mit Pfeilen aus afrikanischem Holz im Körper nach Deutschland zurückkehren, und später durch das systematische Beringen von Vogelbeinen.

Natürlich geht es nicht nur darum, die armen Menschen in der Vergangenheit großzügig an unseren Erkenntnissen teilhaben zu lassen und dabei selbst schlau zu wirken, obwohl man persönlich nicht das Geringste zur Erforschung der Fledermaus oder des Mondes beigetragen hat. Zeitreisen sind keine Einbahnstraße. Die Bewohner der Vergangenheit verfügen ihrerseits über eine ganze Menge Wissen, das für die Gegenwart ohne Zeitmaschine unzugänglich oder nur indirekt zu erschließen ist.

Der Schriftsteller Johann Gottfried Seume gibt in seinem «Spaziergang nach Syrakus im Jahre 1802» eine Geschichte wieder, die ihm eine Reisebekanntschaft über einen Ausflug mit einer Gruppe von Forschern erzählt: «Hier entstand nun ein Zwist über eine Vertiefung in dem Felsen, die ein jeder nach seiner Weise interpretierte. Einige hielten sie für das Grab eines Kindes irgendeiner alten vornehmen Familie, und brachten Beweise, die vielleicht ebenso problematisch waren, wie die Sache, welche sie beweisen sollten. Man sprach und stritt her und hin. Das bemerkte ein alter Bauer nicht weit davon, daß man über dieses Loch sprach. Er kam näher und erkundigte sich und hörte, wovon die Rede war. Das kann ich Ihnen leicht erklären, hob er an; vor ungefähr zwanzig Jahren habe ich es selbst gehauen, um meine Schweine daraus zu füttern: da ich nun seit mehrern Jahren keine Schweine mehr habe, füttere ich keine mehr daraus. Die Archäologen lachten über die bündige Erklärung, ohne welche sie unstreitig noch lange sehr gelehrt darüber gesprochen und vielleicht sogar geschrieben hätten.»

Es gibt viele Fragen der Gegenwart, über die Sie in der Vergangenheit leicht Auskunft erhalten können, wenn Sie im richtigen Moment vor Ort sind. Bräuche, Bauwerke, die Funktionsweise und Verwendung von Geräten sind leichter zu verstehen, wenn man sie sich von Zeitgenossen erklären lässt, als wenn man ihre archäologischen Überreste betrachtet. Über Herkunft und Bedeutung vieler Ortsnamen, aber auch die Entwicklung aller anderen Wörter können Sprachforscher ohne Zeitreisen nur umständlich spekulieren. Der mündliche Sprachgebrauch ist bis zur Erfindung von Tonaufnahmegeräten weitgehend undokumentiert. Manches gerät einfach in Vergessenheit. Römische Aquädukte werden zu geheimen Verbindungsgängen umgedeutet, die Überreste des Limes gelten als «Teufelsmauer», und niemand weiß mehr, wozu die Osterinselköpfe oder die Nazca-Linien gut sein sollten.

Mit Sicherheit ist unser heutiger Wissensstand nicht einfach die Summe alles früheren Wissens plus noch ein paar schlaue neue Erkenntnisse. Die Vergangenheit enthält nicht nur verlorene Volksbräuche und Sprachen oder unerklärte Schweinetröge, sondern auch in Vergessenheit geratene Theorien, Erkenntnisse, Ideen und Informationen, die für die Gegenwart von ganz konkretem Nutzen sein könnten. Durch Fragen an die Vergangenheit wird auch die Gegenwart klüger. Stellen Sie diese Fragen, oder sehen Sie wenigstens aufmerksam hin.

Kalte Zeiten, warme Zeiten

Ein weites Betätigungsfeld für Zeitreisende ist die Klimaforschung. Die Erde ist viereinhalb Milliarden Jahre alt. Für knapp viereinhalb Milliarden davon gab es keinerlei direkte Temperaturmessungen, bis zur Ausbreitung von Zeitreisen. Solche Messwerte von der Oberfläche der Erde sind – in Verbindung mit Daten zur Sonnenaktivität, Wolkenverteilung, Kohlendioxidkonzentration – eine Grundlage für die Erforschung globaler, langfristiger Klimaveränderungen. Man braucht sie insbesondere zur Einordnung und zum Verständnis der globalen Erwärmung, die in der zweiten Hälfte des 20. Jahrhunderts beginnt.

Alle Temperaturdaten vor 1850 sind Stückwerk. Langfristige Temperaturmessungen existieren vorwiegend für Europa, Nordamerika und Ostasien. Für weite Teile der restlichen Welt gibt es überhaupt keine Daten oder nur solche, die weniger als ein paar Jahrzehnte zurückreichen. Bisher behilft man sich hier mit indirekten Methoden, indem man Prozesse betrachtet, die von der Temperatur abhängen, zum Beispiel anhand von Baumringen, Korallenriffen und antarktischem Eis. Die Interpretation und Kalibration dieser indirekten Methoden ist allerdings nicht ganz einfach. Die Zeitmaschine kann hier nützlich sein, um kritische Lücken in der Datenbasis zu füllen.

Thermometer sind billig, die Temperatur ablesen geht schnell, und irgendein Wetter ist immer, egal, wie weit man zurückreist. Sie müssen lediglich ein paar Grundregeln beachten. Zum einen empfiehlt es sich, nicht nur ein Thermometer zu kaufen, sondern mehrere, die auf unterschiedliche Art messen. Professionelle Wetterstationen arbeiten heute mit digitalen Thermometern, die allerdings Strom oder Batterien benötigen, beides in der Vergangenheit nicht immer einfach zu beschaffen. Man sollte deshalb auf jeden Fall auch ein robustes analoges Gerät mitnehmen, etwa eines mit Quecksilber- oder Alkoholsäule.

Es empfiehlt sich, jedes einzelne Thermometer vor der Zeitreise eine Weile zu beobachten und die Ergebnisse mit anderen Messungen zu vergleichen. So findet man heraus, ob das Gerät systematische Fehler hat, also immer zu hohe oder immer zu niedrige Temperaturen anzeigt. Außerdem können Sie so eingrenzen, inwieweit Ihre eigenen Messungen vertrauenswürdig sind. Wenn sie mehr als ein Grad danebenliegen, dann ist das Thermometer zumindest für die letzten hundert Jahre nutzlos, weil die historischen Messungen genauer sind. Wer weiter zurückkreist, kann sich größere Abweichungen leisten, weil die existierenden Temperaturmessungen und -schätzungen weniger präzise sind.

Als Nächstes sollten Sie prüfen, an welcher Stelle Sie das Thermometer aufstellen. Es empfiehlt sich, in der Vergangenheit zunächst eine offizielle Messstation aufzusuchen und das eigene Thermometer auch dort noch einmal zu überprüfen. Der Transport in Zeitmaschinen sollte zwar keine Auswirkungen auf Thermometer haben, aber genau untersucht hat das noch niemand. Die Messstation am ehemaligen Flughafen Berlin-Tempelhof verfügt über Daten, die bis zum Jahr 1876 zurückreichen. Allerdings ist die Station mehrfach umgezogen und deshalb nicht unbedingt leicht zu finden. Sie wandert in ihrer Geschichte durch die Stadtteile Mitte, Kreuzberg und Dahlem. Erst im Jahr 1950 landet sie tatsächlich am Flughafen Tempelhof.

Besser eignet sich die Sternwarte Kremsmünster in Oberösterreich, an der seit 1762 jeden Tag die Temperatur gemessen wird, immer am selben Ort. Die Sternwarte ist mit ihrem fünfzig Meter hohen Turm, der wenige Jahre vor Beginn der Temperaturmessungen vollendet wurde, leicht zu finden. Wer noch weiter zurückreist, sollte in England vorbeischauen: Die längste kontinuierliche Serie von Temperaturmessungen überhaupt ist die CET, kurz für «Central England Temperatures». Die Messungen beginnen im Jahr 1659, erfolgen allerdings zunächst in unregelmäßigen Abständen und teilweise in ungeheizten Räumen statt draußen. Seit 1772 wird die Außentemperatur in mehreren Stationen in England täglich gemessen. Die Temperatur ist eine der am häufigsten gemessenen oder geschätzten Parameter in der Geschichte der Menschheit, übertroffen nur von der Zeit. Zumindest in den letzten zweihundert Jahren sollten Sie problemlos jemanden finden, der über die Temperatur Auskunft geben kann. Die Frage ist nur, in welcher Einheit.

Verlässliche Thermometer, die auf der Wärmeausdehnung von Alkohol oder Quecksilber beruhen, gibt es erst seit dem frühen 18. Jahrhundert. Zu dieser Zeit sind Dutzende unterschiedliche Temperaturskalen im Umlauf. Scheinbar jeder Naturwissenschaftler, der etwas auf sich hält, hat seine eigene. Zur Eichung der Skalen verwendet man jeweils zwei Dinge mit vermeintlich konstanter Temperatur, eines am kalten und eines am warmen Ende der Skala, etwa gefrierendes Wasser und den menschlichen Körper (irgendeinen) oder ein Wasserbad, das für den

Menschen (oder jedenfalls für Isaac Newton) gerade noch so erträglich ist. Im 18. Jahrhundert setzen sich die ersten Varianten der Skalen durch, die wir heute noch verwenden, Celsius und Fahrenheit.

Erst im späten 19. Jahrhundert stellt sich heraus, dass man Thermometer vor Wind und direkter Sonneneinstrahlung schützen muss und sie nicht direkt am Boden installieren darf, da sonst das Messergebnis verfälscht wird. Aus dieser Zeit stammt das Design der heute noch gebräuchlichen, weiß lackierten Thermometerhütten, in etwa so groß wie ein Katzenhaus, installiert zwei Meter über dem Boden. Erfunden werden diese Hütten von Thomas Stevenson, dem Vater des Schriftstellers Robert Louis Stevenson. Messwerte von Wissenschaftlern, die ihre Thermometer ohne jeden Schutz installieren, sind jedenfalls nur bedingt vertrauenswürdig.

Aus all dem folgt für klimainteressierte Zeitreisende zweierlei: Um die eigenen Geräte zu testen, sollten Sie besser nicht mehr als hundert Jahre zurückreisen, weil früher kein einfacher Vergleich möglich ist. Es hilft nicht, bei Newton oder Galilei zu klopfen und sie nach der Temperatur zu fragen. Beide haben dazu sicher eine Meinung, nur wird Ihnen die nicht weiterhelfen. Andererseits müssen Sie nur wenig mehr als hundert Jahre zurückreisen, um der Wissenschaft einen Dienst zu erweisen, selbst wenn Sie sich geographisch nicht vom Fleck bewegen und in Industrieländern bleiben.

In der Vergangenheit angekommen, egal welcher Vergangenheit, sollten Sie das Thermometer wie erwähnt geschützt aufstellen und sorgsam die Temperaturen über den Tagesverlauf notieren, zusammen mit Datum, Ort,

Zeit und Notizen über andere relevante Wetterereignisse, die die Temperatur beeinflussen könnten (Bewölkung, Niederschlag, Schneedecke, Waldbrände, Vulkanausbrüche, Asteroideneinschläge). Diese Metadaten sind genauso wichtig wie die Temperatur selbst. Achten Sie darauf, dass niemand sich an den Apparaten vergreift, kein Tier, kein Mensch, und dass niemand auf die Idee kommt, Sie betreiben irgendeine Art Hokuspokus. Am besten verstecken Sie sich vor anderen Erdbewohnern.

Wie wertvoll diese Temperaturmessungen sind, hängt davon ab, wie weit Sie zurückreisen, wohin Sie reisen, wie lange Sie dort bleiben und wie unsicher die bisherigen Schätzungen für die gewählte Epoche sind. Schon die vorhandenen Messungen von einem einzigen Ort in Mitteleuropa zeigen deutlich den Anstieg der Temperaturen in den letzten fünfzig Jahren um ein Grad über dem Langzeitmittel. Die Messungen aus Großbritannien decken sogar einen Teil der Kleinen Eiszeit ab. Zwischen 1600 und 1800 liegen die Temperaturen in England manchmal bis zu zwei Grad unter dem langfristigen Durchschnitt. Allerdings benötigt man für solche Beobachtungen jahrelange, konsistente Messreihen, um kurzfristiges Wetter von langfristigem Klima unterscheiden zu können.

Eine einzelne Messung der Temperatur ist nutzlos. Temperaturschwankungen von mehreren Grad von einem Tag auf den anderen sind nicht selten. Das kann jeder bestätigen, der schon einmal im Frühling in ein Schneegestöber geraten ist. In einem Jahr verändert sich die monatliche Durchschnittstemperatur in mitteleuropäischen Orten um fünfzehn bis zwanzig Grad. Zum Vergleich: Die Temperatur auf der Erde, geschätzt mit Hilfe von Baumringen,

Fossilien, Eisbohrungen oder Tiefseeablagerungen, hat sich in den letzten zehn Millionen Jahren um weniger als zehn Grad verändert. In den letzten zehntausend Jahren sind es sogar weniger als zwei Grad.

Die Auswahl des Messzeitraums ist ebenfalls wichtig. Erdgeschichtlich betrachtet sind die letzten zehntausend Jahre relativ langweilig. Die aktuelle schnelle Erwärmung ist eindeutig das aufregendste Ereignis in der Temperaturgeschichte des Planeten seit der letzten Eiszeit. Im Pleistozän dagegen, das die zweieinhalb Millionen Jahre davor umfasst, springt die Temperatur auf der Erde wild auf und nieder (mehr über diese Epoche im Kapitel «Durchs wilde Pleistozän»). Eine Serie von Messungen, die nur ein paar tausend Jahre abdeckt, könnte deutliche Veränderungen der mittleren Temperaturen offenbaren, vielleicht sogar um mehr als ein Grad. In der Klimaforschung ist das schon sehr viel.

Wer noch weiter zurückreist, wird in den meisten Fällen höhere Temperaturen vorfinden als heute. Die letzte Warmzeit im Paläozän und Eozän eignet sich wie kein anderes Erdzeitalter für klimainteressierte Zeitreisende. Gerahmt wird diese Periode von mehreren schweren Kollisionen mit Asteroiden. Sie beginnt mit dem Chicxulub-Einschlag vor circa sechsundsechzig Millionen Jahren (bitte im Kapitel «Kleine und große Weltuntergänge» nachlesen) und endet dreißig Millionen Jahre später mit den Einschlägen in der Chesapeake Bay (Nordamerika) und am Fluss Popigai (Sibirien). Dazwischen liegen die Temperaturen fünf bis fünfzehn Grad über den aktuellen Durchschnittswerten.

So warm war es seitdem nicht mehr, und es wird womög-

lich bis 2200 dauern, bis wir wieder in diese Temperatur-
bereiche vorstoßen. Feldforschung in dieser Warmzeit bietet sich auch deshalb an, weil die Atmosphäre genügend
Sauerstoff zum Atmen enthält. Saurier oder andere Tiere,
die am Verzehr von Zeitreisenden interessiert sein könnten, gibt es für eine Weile nicht mehr. Große Säugetiere
sind selten. In arktischen Regionen leben unter anderem
Krokodile und Schildkröten. Man darf sich jedoch nicht
vorstellen, dass man spektakuläre Bilder von Krokodilen
auf Eisschollen machen kann, denn natürlich gibt es in
dieser Zeit kein Eis.

Wer auf schnellen Erfolg aus ist, kann sich auf Epochen konzentrieren, in denen die Temperatur sich rasant
ändert. Eine spektakuläre Wärmeperiode, die den sper-
rigen Namen «Paläozän-Eozän-Temperaturmaximum»
(PETM) trägt, findet vor etwa 55,5 Millionen Jahren statt.
Innerhalb kurzer Zeit steigen die globalen Temperaturen
um fünf bis acht Grad an, bevor es ebenso schnell wieder
kälter wird. Die gesamte überraschende Phase dauert nur
zweihunderttausend Jahre. Man geht heute davon aus,
dass das PETM auf einige tausend Milliarden Tonnen
Kohlenstoff zurückgeht, die innerhalb von Tausenden von
Jahren in der Atmosphäre landen, in Form von Kohlendioxid und Methan. Beides sind Treibhausgase, die Energie
in der Atmosphäre halten, die ansonsten ins Weltall entkommen würde; daher die Erwärmung. Pro Jahr entsteht
in der Zeit des PETM etwa eine Milliarde Tonnen von
diesen Gasen. Zum Vergleich: Die Menschheit produziert
ungefähr das Zehnfache pro Jahr. Woher der Kohlenstoff
kommt, der das PETM verursacht, ist unklar. Autos und
Kohlekraftwerke gibt es noch nicht. Stattdessen werden

Vulkane, Kometen, Plattentektonik, Änderungen der Erd-
bahn und andere drastische natürliche Ursachen zur
Erklärung herangezogen. Das PETM ist vor Erscheinen
der Menschheit die rasanteste Erwärmungsphase der letzten hundert Millionen Jahre. Seitdem wurde es nie wieder
so warm auf dem Planeten.

Gleich nach dem PETM, vor 53,6 Millionen Jahren,
kommt es zu einer ganz ähnlichen, etwas weniger rasan-
ten Periode, Eozän-Temperaturmaximum-2, ETM-2 oder,
leichter zu merken, Elmo-Ereignis (benannt nicht nach
der roten Muppets-Figur, sondern nach dem «Eocene
Layer of Mysterious Origin», einer zu dieser Zeit abgela-
gerten Sedimentschicht in den Meeren). Wieder gelangen
Unmengen Kohlenstoff in die Atmosphäre, wieder steigen
die Temperaturen schnell an. Dann, nur wenige Millionen
Jahre später, vollzieht sich ein ganz anderes Spektakel, das
sogenannte Azolla-Ereignis: Im Arktischen Ozean, der in
dieser Zeit vermutlich durch Landmassen vom Rest der
Weltmeere getrennt ist, vermehren sich die Algenfarne,
wissenschaftlich Azolla. Die Ausbreitung der Azolla wird
begünstigt durch warme Temperaturen, geringe Nieder-
schläge und die spezielle Zusammensetzung der Atmosphäre, die wiederum eine Folge der vorangegangenen
Erwärmung ist. Azolla-Farne wachsen wie wild und binden dabei Kohlendioxid aus der Atmosphäre. Nach dem
Absterben der Pflanzen sammeln sie sich am Meeresboden. Der Kohlendioxidgehalt in der Luft verringert sich auf
weniger als ein Drittel, was dazu führt, dass die Temperaturen auf der Erde zügig abfallen, der erste Schritt auf dem
Weg von der Warmzeit zur Eiszeit. Die gewaltigen Schichten an toten Azolla-Farnen, die sich in der Folge bilden,

sind heute die Stellen, an denen man in der Arktis nach Erdöl sucht. Manche behaupten, ein künstlich herbeigeführtes Azolla-Ereignis könnte uns heute vor der erneuten globalen Erwärmung retten.

Warmzeiten sind keineswegs so etwas wie Urlaub am Strand. Schon wenige Grad Erwärmung verändern die Atmosphäre, das Wetter, die Vegetation und die Tierwelt nachhaltig. Gletscher schmelzen, und das Eis an den Polen verschwindet. Der Meeresspiegel steigt, niedrig liegende Teile der Kontinente werden überflutet. Wenn die Erwärmung so schnell vonstatten geht wie im PETM oder gerade jetzt, dann kann die Evolution nicht mithalten. Es bleibt nicht genug Zeit für die natürlichen Prozesse der Anpassung. Die Folge ist das massenhafte Aussterben von Pflanzen- und Tierarten, eine drastische Umkrempelung des Ökosystems.

Zeitreisende sollten sich darauf vorbereiten, unerwartete Bedingungen vorzufinden. Sie müssen Ihre vorgefassten Meinungen über Jahreszeiten, Temperaturen, Flora, Fauna und die damit verbundenen Reiseplanungen über Bord werfen. Planen Sie stattdessen flexibel und versuchen Sie, auf alles vorbereitet zu sein. Sonnencreme einpacken, auch wenn Sie in Wintermonate verreisen. Moskitonetze mitnehmen, auch wenn Sie in die Antarktis fahren. Gummistiefel für überraschend auftretende Feuchtgebiete.

PETM, Elmo- und Azolla-Ereignis sind niedrig hängende Früchte für Zeitreisende mit Thermometer. Sie müssen lediglich direkt davor ein paar Messstationen einrichten, geschützt vor Sonne und Wind und am besten verteilt über verschiedene Kontinente, dann über ein paar tausend Jahre regelmäßig die Temperatur messen, vielleicht jeden Tag einmal, und gleichzeitig aufmerksam die Umwelt beobachten und Veränderungen dokumentieren. Nimmt man an, dass eine Temperaturmessung wenige Minuten dauert, und ignoriert man die Dauer der Zeitreise, dann benötigt man für das gesamte Unterfangen ein paar hundert Jahre Arbeit, jedenfalls bei Annahme einer Vierzig-Stunden-Woche. Für eine Person scheint das übermäßig viel Aufwand zu sein, aber schon ein wohlorganisiertes Team von nur hundert Zeitreisenden könnte innerhalb von wenigen Jahren eine wirklich einmalige Messreihe abliefern. Es gibt leider keinen Nobelpreis für Temperaturmessungen, aber verdient hätten diese Leute ihn jedenfalls.

TEIL III

Praktische Informationen
für Zeitreisende

Benehmen

Die Menschen der Vergangenheit gehören zwar derselben Spezies an wie wir, jedenfalls sofern man nicht mehr als ein paar hunderttausend Jahre zurückreist. Trotzdem kommt es einem manchmal so vor, als hätte man es mit Außerirdischen zu tun. Sicher, es gibt grundlegende Gemeinsamkeiten. Menschen haben Wünsche, Hoffnungen, Sorgen und Ängste. Die fundamentalen Bedürfnisse, wie Essen, Trinken, Gemeinschaft, Unterhaltung, sind dieselben. Aber ansonsten benehmen sich Menschen in anderen Zeiten oft sehr seltsam.

In Teilen der Vergangenheit herrschen rohe Sitten. Öffentliche Grausamkeiten gegen Kinder, Frauen, Diener, Untergebene und Tiere sind in einigen Jahrhunderten und Kulturen normaler als heute. Gewalt kann alltäglich und ein Teil der sozialen Umgangsformen sein, etwa in Form der Prügelstrafe. Und sie ist für alle sichtbar: Womöglich stoßen Sie auf Galgen, an denen Leute baumeln. Oder auf Berge aus Schädeln, die am Straßenrand liegen. Das heißt nicht automatisch, dass wir heute bessere Menschen sind. Gewalt ist im Alltag oft nur besser versteckt, kein öffentliches Schauspiel mehr.

Menschen in der Vergangenheit haben Prioritäten, die ein wenig ungewohnt sein können. Man betet, fastet, geht in die Kirche, pilgert, als hätte man sonst keine Hobbys. Loyalität zur Familie und zur Gemeinschaft sind in vielen Epochen stärker ausgeprägt als heute. Das hat gute Gründe, zum Beispiel muss das soziale Umfeld für Sicherheit sorgen, wenn das sonst niemand tut. Wer den Bewohner eines Dorfes angreift, muss damit rechnen, den Zorn aller anderen Bewohner auf sich zu ziehen.

Sie sollten sich aber trotz dieser Verhältnisse nicht dazu verleiten lassen, beispielsweise Fechtunterricht zu nehmen für den Fall, dass man Sie aus irgendeinem Grund zum Duell fordert. Sie werden zwar in einigen Epochen nur ernst genommen, wenn Sie mit Degen unterwegs sind. Aber modernes Sportfechten hat sehr wenig mit dem zu tun, was in der Vergangenheit praktiziert wird. In der Gegenwart gilt es als Treffer, wenn man den Gegner mit der Klingenspitze berührt. Für einen echten Kampf fehlt Ihnen sowohl die Bereitschaft, die Waffe in jemanden hineinzurammen, als auch die Übung im Umgang mit den ganz anderen Technik- und Gleichgewichtsproblemen, die sich daraus ergeben. Mit modernen Fechtkenntnissen werden Sie sich nicht nur lächerlich machen, sondern kurze Zeit später auch einen kläglichen Tod sterben.

Moderne Sprachkenntnisse helfen ebenfalls nur bedingt. Latein ist in Europa zwar vielseitig einsetzbar. Das Latein aus der Schule hilft aber nicht einmal dann, wenn Sie im Leistungskurs nur die besten Noten hatten. Sie haben dann zwar gelernt, aus dem Lateinischen zu übersetzen, können die Sprache aber nicht sprechen, geschweige denn Vorlesungen an der Universität verstehen. Falls Sie vorhaben, sich in der Landessprache zu verständigen, haben Sie immerhin den Vorteil, dass es in der Vergangenheit mangels überregionaler Medien wie Fernsehen und Radio noch keine Einheitssprache gibt. Es wird zwar auffallen, dass Sie sich seltsam ausdrücken, aber Sie erregen nicht so schnell Misstrauen.

Bis ins späte Mittelalter hält sich in Europa die Legende vom Schattenfüßer, die ursprünglich aus der Antike stammt. Beim Schattenfüßer handelt es sich um ein Wesen mit einem riesigen Fuß, das auf der anderen Seite der Erde wohnt, wo es sehr heiß ist. In der Mittagshitze legt sich der Schattenfüßer auf den Rücken und benutzt den sehr großen Fuß als Sonnenschirm. Falls Sie Sorge haben, in der Vergangenheit zu sehr herauszustechen: Im Vergleich mit dem Schattenfüßer werden Sie mit Ihren seltsamen Gegenwartsgewohnheiten gar nicht so stark auffallen.

Wichtiger als Spezialkenntnisse ist die Einsicht, dass Sie ziemlich hilflos sind. Versuchen Sie gar nicht erst, alleine klarzukommen, egal, wie gut sie das Französisch des 14. Jahrhunderts oder die Hofsprache der Preußen zu beherrschen glauben. Die Einheimischen wissen es einfach besser. Von ihnen erfahren Sie, in welchen Straßen oder Gegenden Sie Gefahr laufen, ausgeraubt zu werden, an welchem Stand auf dem Markt man das beste Brot kauft, wann die Postkutsche abfährt und wie man sich in allen Situationen am besten benimmt.

Reiseführer raten mitunter dazu, die Einheimischen genau zu beobachten und dann einfach dasselbe zu tun. Das hört sich zunächst einfach an, ist aber ausgesprochen schwierig. Ein verstörend großer Teil der Regeln ist nämlich unsichtbar. Insbesondere das, was alles *nicht* geschieht, weil es verboten ist oder unhöflich wäre, ist schwer zu erkennen. Manchmal kann das Nachahmen des Beobachteten sogar Schaden anrichten: Was für Angehörige einer religiösen Gemeinde, in einem Dorf, einer Handwerksgilde, an einem Königshof erlaubt oder vorgeschrieben ist, kann wie eine Verspottung der Bräuche aussehen, wenn es von Unbefugten praktiziert wird. Die Regel, einfach alles so zu machen wie die anderen, ist also nur begrenzt hilfreich.

Alle Ratschläge, die wir in diesem Buch geben können, sind allgemeiner Natur und daher mit Vorsicht zu genießen. Je nach gewählter Urlaubszeit und gewähltem Urlaubsort können die Regeln auch ganz anders aussehen. Selbst für die beliebtesten Urlaubsziele im Europa der letzten fünfhundert Jahre gelten die unterschiedlichsten Verhaltensweisen. Insbesondere entstehen neue Regeln, sobald sich die wirtschaftlichen, sozialen oder technologischen Gegebenheiten verändern. Vor der Einführung des Eisenbahnabteils wusste niemand, wie man stundenlang mit Fremden einen Raum teilt. Muss man sich begrüßen? Unterhalten? Darf man lesen, oder ist das unhöflich? Auf die feinen Verästelungen der Benimmregeln, die aus solchen Veränderungen resultieren, können wir hier nicht im Detail eingehen. Der letzte Ratschlag ist deshalb überall anwendbar und gleichzeitig der beste: Es ist immer, wirklich immer ratsam, vor Ort noch mal nachzufragen. Und zwar rechtzeitig vor dem Eintreten der jeweiligen Situation. Wenn man gleichzeitig mit dem König durch die Tür zu gehen versucht, ist es zu spät dafür.

Identität

 Stellen Sie sich vor, Sie begegnen in der Gegenwart fremdartig angezogenen Personen, die ein seltsam gebrochenes Deutsch reden oder vielleicht eine Sprache, die Sie noch nie gehört haben. Nachdem diese Personen ohne jede Vorsicht auf die Straße laufen und weil sie überhaupt nicht ganz bei Sinnen zu

sein scheinen, beginnen Sie, sich Sorgen zu machen. Sie erkundigen sich, ob Sie helfen können, und erhalten die Auskunft, alles sei in Ordnung, man komme eben aus der Zukunft. Diese Information dürfte Ihre Sorgen nur vertiefen. Im Umkehrschluss bedeutet das: Schon aus Rücksichtnahme auf andere Menschen können Sie sich in der Vergangenheit nicht einfach mit Ihrem richtigen Namen vorstellen und erklären, wo Sie herkommen. Sollte jemand fragen, wer Sie sind und was Sie hier tun, haben Sie besser eine vorbereitete Antwort parat, oder noch besser: Sie benehmen sich auf eine Art, die solche Fragen von vornherein vermeidet.

Seriöse Zeitreiseanbieter entlassen ihre Kunden nur mit sorgsam geprüften falschen Identitäten in den Urlaub. Das bedeutet, Sie erhalten nicht nur Pässe und Empfehlungsschreiben, sondern auch passende Kleidung und eine kurze Einweisung in orts- und zeittypische Sitten und Gebräuche. Die meisten Anbieter werden eine Identität vorschlagen, die Ihnen an Ihrem Reiseziel Privilegien verschafft. In der Vergangenheit werden Sie eine wohlhabende, hochgestellte Person sein oder jedenfalls so tun als ob. Das mag aus heutiger Sicht unangenehm und gewöhnungsbedürftig sein, aber es hat gute Gründe. Die Menschen sind nicht nur aus Größenwahn von ihrem Status besessen, sondern auch weil ein hoher Rang Schutz mit sich bringt.

Als höhergestellte Person können auch Sie sich ein wenig sicherer fühlen, gerade wenn Papiere und Briefe Ihre Identität nachweisen. Die Gefahr, am Galgen zu landen, nur weil man anders aussieht oder sich falsch verhält, ist wesentlich geringer. Sie können glaubhaft machen, dass Sie aus einem fremden Land kommen, einem fremden König dienen und unter dessen Schutz stehen. Dieser Trick funktioniert allerdings nicht überall. In vielen Zeiten und Gegenden sind den Einheimischen Privilegien egal oder sogar suspekt, wenn sie diese nicht gerade selbst verliehen haben. Aber dort, wo eine Gesellschaft passend strukturiert ist, wird Ihr Reiseveranstalter Ihnen eine solche Rolle dringend empfehlen. Als wohlhabende Person aus einem wenig bekannten Land haben Sie außerdem einen Exzentritätsbonus. Egal, was Sie tun, man wird es zunächst tolerieren, auch wenn es unhöflich und unangebracht scheint.

Ein weiterer Vorteil: Sie können Bedienstete anstellen, die Ihnen helfen, in der Vergangenheit zurechtzukommen. Das kann jemand sein, der für Sie übersetzt, Ihnen den Weg zeigt, Sie in die Gepflogenheiten vor Ort einweist, Ihnen Unterkunft und Nahrung organisiert. Für Privilegierte ist es normal, von einer Schar Angestellter umgeben zu sein. Ihre Assistenten können in der Gegenwart rekrutiert werden oder aber direkt am Reiseziel. Beides hat seine Vor- und Nachteile. Helfer aus der jeweiligen Zeit werden sich wenig darüber wundern, dass Sie sich wie ein Narr verhalten, sie sind das von ihren Vorgesetzten so gewöhnt.

Und schließlich haben Privilegierte Zugang zu Orten, die man nicht so einfach zu sehen bekommt, wenn man zu Fuß unterwegs und einfach gekleidet ist. Die Schlösser der Adligen, die Feste am Hof, Universitäten, die Liste ist lang. Mehrere der in diesem Buch geschilderten Ausflüge in die Vergangenheit setzen voraus, dass dem Reisenden viele Türen offenstehen.

Welche Rolle genau Ihr Veranstalter Ihnen zumutet, hängt davon ab, in welche Zeit Sie verreisen. Geht es nach Europa zwischen 1600 und 1800, wird man männliche Touristen als Edelleute aus fremden Ländern in die Vergangenheit entlassen. Sie kommen aus einer Gegend, die zwar so weit entfernt ist, dass die Einheimischen nur eine vage Vorstellung davon haben, aber nicht so weit, dass sie noch nie davon gehört haben. Letzteres erregt Misstrauen, vielleicht sogar den Verdacht auf Hochstapelei. Falls Sie durch Deutschland oder Frankreich oder England reisen, bieten sich Herkunftsländer wie Russland, Schweden oder Litauen an.

Eine andere mögliche Identität für Männer ist die des Aufpassers für einen jungen Menschen, der mit Ihnen reist. Sie könnten ein Lehrer sein für einen Studenten, der an einer Universität eingeschrieben ist, oder ein Erzieher für einen jungen Adligen auf Bildungsreise. Diese Rolle bringt mit sich, dass man eher nicht Gefahr läuft, zum Duell gefordert zu werden. Insbesondere handelt es sich um eine gute Option, wenn Sie älter aussehen als etwa vierzig oder wenn Sie eine Brille tragen. Brillen haben bis zum 18. Jahrhundert schlechte Linsen und keine Ohrenbügel. Sie werden vorwiegend von Berufsgruppen verwendet, die viel lesen und schreiben. Edelleute tragen keine Brillen.

Sollten Sie jung und männlich sein, steht es Ihnen natürlich frei, gleich in die Rolle des Studenten zu schlüpfen, zumindest wenn Sie in Zeiten verreisen, in denen es Universitäten gibt. Vielleicht wollen Sie ein ganzes Semester in der Vergangenheit verbringen? Dazu müssten Sie sich an der Universität Ihrer Wahl immatrikulieren. Sie benötigen dazu zumindest ein Dokument, das Ihnen Lateinkenntnisse bestätigt. Ob Sie dann tatsächlich Latein brauchen oder nicht, hängt von Zeit und Ort ab. An vielen Stellen kann man sich auch ohne Latein durchschummeln, zum Beispiel mit der Hilfe eines Übersetzers. Oder aber Sie besuchen außerordentliche, öffentliche Veranstaltungen. Das könnte eine Möglichkeit sein, bekannte

Wissenschaftler in Person zu erleben (mehr dazu im Kapitel «Galileo, Maria, James und Emmy»).

Wenn Sie als Frau ins mittelalterliche oder neuzeitliche Europa verreisen, ist eine der praktischsten Identitäten die einer Stiftsdame. Ein Frauenstift ist eine Art religiöse Wohngemeinschaft, in der man mehr Freiheiten hat als in einem Kloster. Stiftsdamen sind unverheiratet und müssen sich daher beim Herumreisen nicht auf einen Mann berufen. Sie tragen ein würdevolles, wenn auch etwas sackartiges Gewand. Ihre seltsamen Interessen und Ihre Ahnungslosigkeit in Alltagsfragen wird man Ihnen leicht verzeihen. Sie können Dienerinnen anstellen und müssen nicht übermäßig viel beten. Kompetente Zeitreiseveranstalter halten ein passendes Stift in einem entlegenen Land für Sie bereit.

Sie können sich auch als Ehefrau eines höhergestellten Mannes ausgeben und damit dessen Privilegien mit sich herumtragen. Im Europa der letzten paar hundert Jahre leben wohlhabende Frauen nicht selten getrennt von ihren Ehemännern. Es fällt kaum auf, wenn Sie alleine in einer Kutsche unterwegs sind, solange Sie glaubhaft machen können, mit wem Sie verheiratet sind oder zumindest mit wem Sie verheiratet waren – verwitwet zu sein ist kein Problem, auch nicht, wenn Sie sich dafür zu jung fühlen. Es ist nicht schwer, einen frühen Tod des Mannes zu begründen.

In den meisten Fällen werden Sie eine Rolle spielen, die für Sie ungewohnt ist. Mit großer Wahrscheinlichkeit haben Sie in Ihrem Leben in der Gegenwart keine Diener, die Ihnen alles hinterhertragen. Gewöhnen Sie sich ab, die Dinge selbst zu erledigen. Gewöhnen Sie sich daran, dass Ihre Angestellten immer dabei sind, auch wenn Sie sich umziehen. Ihr Status bringt mit sich, dass Sie kaum noch Privatsphäre haben. Auch ist es verboten, mit dem eigenen Status oder dem anderer Leute Scherze zu treiben. Verhalten Sie sich unbedingt so, wie es Ihrem fiktiven Rang entspricht.

Im Minenfeld einer hierarchisch geordneten Gesellschaft kann jede Geste, jede Bewegung, jedes Wort eine tiefere Bedeutung haben, die Ihnen entgeht. Regel Nummer eins ist darum: Ruhe bewahren. Bleiben Sie stoisch, kontrollieren Sie Ihre Reaktionen, stellen Sie sich dumm, bis klarer wird, was um Sie herum geschieht, oder bis Sie eine Chance haben, Ihre Berater zu konsultieren.

Bei Abläufen mit vorgegebener Reihen- und Rangfolge müssen Sie besonders aufpassen. Dazu zählt zum Beispiel das Passieren von Engstellen wie Türen oder Brücken, aber auch das Hinsetzen vor dem Essen oder das Befüllen der Teller. Man erwartet von Ihnen, dass Sie wissen, wo Sie sich einzuordnen haben. Wenn Sie zu früh durch die Pforte gehen, beleidigen Sie eventuell Höhergestellte. Wenn Sie zu spät kommen, verursachen Sie Störungen in der sorgsam gehüteten Rangordnung.

Machen Sie sich vertraut mit körperlichen Demonstrationen der Unterwürfigkeit: Lernen Sie, sich zu verbeugen, zu knicksen, niederzuknien oder zumindest den Hut abzunehmen, alles Praktiken, die in der Gegenwart weitestgehend ausgestorben sind. Andere Regeln sind vertrauter: Halten Sie Ihre Hände bei sich, fuchteln Sie nicht, fassen Sie sich nicht ins Gesicht oder in Körperöffnungen. Fluchen Sie nicht. Küsse zur Begrüßung sind sicherheitshalber zu vermeiden. Man sagt oder tut in Gegenwart von Autoritätspersonen nur dann etwas, wenn man gefragt oder dazu aufgefordert wird. Im europäischen Mittelalter ist es äußerst misslich, dem sozial Höhergestellten den Rücken zuzudrehen – was zufällig auch gilt, wenn man einen Bären in freier Wildbahn trifft (das kann in den heute bärenfreien Teilen Europas noch bis ins 19. Jahrhundert geschehen, lesen Sie mehr dazu im Kapitel «Durchs wilde Pleistozän»).

Bezahlen

 Bei Zeitreisen in die jüngste Vergangenheit können Sie zwar wahrscheinlich wie gewohnt mit Ihrer Bank- oder Kreditkarte bezahlen, das Geld wird aber nicht von Ihrem eigenen Konto abgebucht, sondern von dem Ihrer Parallelperson im besuchten Strang der Zeit. Tun Sie das nur, wenn Sie genau wissen, dass Ihr anderes Ich genauso reich und schusselig ist wie Sie selbst und diese Abbuchungen gar nicht bemerken wird. In allen anderen Fällen wäre es unanständig, und zwar Ihnen selbst gegenüber.

Wenn Sie innerhalb Europas weiter als bis in die 1970er Jahre zurückreisen, ist Kartenzahlung keine Option. Sie müssen sich dann vor der Abreise ausreichend mit Bargeld eindecken. Werden Sie nicht leichtfertig, nur weil die Währung an ihrem Reiseziel dieselbe ist, die Sie noch immer verwenden: Auf Münzen und Geldscheinen darf kein Jahr aus der Zukunft stehen! Mittlerweile abgeschaffte Währungen können Sie bei Münzsammlern oder im Zeitreisebedarf erwerben. Allerdings sind auch Münzen und Scheine die längste Zeit der Menschheitsgeschichte nicht das übliche Zahlungsmittel. Papiergeld wird in Europa im Alltag erst im Laufe des 19. Jahrhunderts allmählich akzeptiert.

Mit Münzen können Sie in Ländern am Mittelmeer etwa

ab dem Jahr 500 vor unserer Zeitrechnung bezahlen. Etwas später wird das neumodische Zahlungsmittel dann auch im restlichen Europa akzeptiert. Goldmünzen sind unabhängig von ihrer Prägung fast überall beliebt. Allerdings hat Gold den Nachteil, dass es auch in der Gegenwart nicht billig ist. Seine Kaufkraft ist in den letzten zweitausendfünfhundert Jahren weitgehend unverändert geblieben. Für ein Gramm Gold bekommt man unter dem babylonischen Herrscher Nebukadnezar II. um 600 vor unserer Zeitrechnung etwa zehn Laib Brot. Heute kostet das Gramm Gold um die fünfunddreißig Euro, das entspricht immer noch etwa zehn Laib Brot. Urlaubsschnäppchen sind so nicht zu machen. Mit Silber reisen Sie etwas günstiger: Derzeit kostet das Gramm Silber etwa vierzig Cent. In der Gegenwart bekommen Sie dafür nicht viel, im 14. Jahrhundert aber schon einen Laib Roggenbrot.

Allgemein üblich ist ein Durcheinander verschiedener Währungen. Einige größere Goldmünzen sind in ganz Europa und in einigen anderen Weltgegenden anerkannt. Ab dem 13. Jahrhundert sind das zum Beispiel Florentiner Gulden, die ursprünglich aus Venedig stammenden Dukaten und später die von den Spaniern eingeführten Piaster und Dublonen. Der milanesische Staatsmann und Pilger Santo Brasca rät Reisenden nach seiner Pilgerfahrt nach Jerusalem im Jahr 1480 zur Mitnahme von «zwei Reisetaschen, eine randvoll mit Geduld und eine mit zweihundert venezianischen Dukaten, oder doch wenigstens einhundertfünfzig». Mit ungemünzten Edelmetallen in Form von Schmuck oder kleinen Barren können Sie auch wenig falsch machen.

Bei den meisten Kaufvorgängen bekommen Sie Wechselgeld in anderen Währungen zurück. Damit geht – genau wie in Urlaubsländern der Gegenwart – ein gewisses Risiko einher, insbesondere wenn Sie keine Ahnung haben, welche Art Münzen in welcher Menge Sie als Wechselgeld erwarten können. Zedlers Universallexikon mahnt im 18. Jahrhundert: «Mache dir, vornemlich, ehe du in ein Land gehest, die Müntzen derselben Provinz bekannt, und laß sie dir von Kaufleuten, die deine gute Freunde sind, erklären. Denn sonst lernest du dieselben gewiß in der Fremde mit deinem Schaden kennen.» Eignen Sie sich also Grundkenntnisse in den Währungsangelegenheiten Ihrer Urlaubszeit an. Ab dem Mittelalter gibt es nützliche «Kaufmannshandbücher» mit Anleitungen für den Umgang mit den jeweiligen Zahlungsmitteln.

Ein Nachteil von Gold und Silber als Zahlungsmittel besteht darin, dass sie unserer Zeit dadurch so gründlich verloren gehen wie Helium, das die Erdatmosphäre verlässt. Die Gegenwart wird etwas ärmer und ein anderer Strang der Zeit etwas reicher. Wahrscheinlich gleicht sich das insgesamt aus, falls in anderen Parallelwelten ebenfalls Zeitreisen entwickelt werden, wofür statistisch manches spricht.

Wer weiter zurückreist als etwa 2500 Jahre, muss sich mit dem sogenannten Primitiv- oder Primärgeld befassen. Noch in der Gegenwart kommt es gelegentlich zum Einsatz, etwa in Kriegszeiten oder in Gefängnissen, und hat dann die Form von Zigarettenpackungen, Fischkonserven oder Seife. Selbst in der jüngeren Vergangenheit ist es an vielen Reisezielen wahrscheinlicher, dass Sie einer solchen Währung begegnen werden, als dass Sie mit Münzen bezahlen können. So verwendet man etwa in Amerika zwischen Kolonialisierung und Unabhängigkeit Nägel, Biberfelle, Tabak und «Wampum», längliche Perlen aus Meeresschnecken und Muscheln. Muschelgeld ist auch sonst in vielen Zeiten und

Gegenden beliebt und zum Teil bis ins 20. Jahrhundert hinein gültiges Zahlungsmittel. Informieren Sie sich vorher über die mitunter sehr spezifischen regionalen Vorlieben für bestimmte Muschelarten. Die Kaufkraft variiert naturgemäß in den vielen Jahrtausenden des Muschelgeld-Einsatzes, ist aber generell höher, je weiter eine Region von der Küste entfernt liegt. Klagen Sie nicht, wenn Ihr Urlaubsgepäck mehrere Kilo Muscheln enthält, es könnte schlimmer sein: Auf den mikronesischen Yap-Inseln besteht die Währung aus bis zu vier Meter großen Steinscheiben.

Eine Alternative zu Münzen und Muscheln sind begehrte Waren, die man vor Ort verkaufen oder gegen den Urlaubsbedarf eintauschen kann. In Europa sind Gewürze aus Indien und Südostasien vom 12. bis zum 17. Jahrhundert Luxusgüter. Für Zeitreisende ist das aus verschiedenen Gründen vorteilhaft: Gewürze kosten in der Gegenwart weniger als damals, sie sind klein und leicht und hinterlassen keine dauerhaften Spuren. Das wichtigste dieser Gewürze ist der Pfeffer, gefolgt von Zimt, Ingwer, Gewürznelken und Kubebenpfeffer. Vergleichen Sie die aktuellen Preise mit denen in der gewünschten Urlaubszeit, um das Gewürz mit dem besten Verhältnis zwischen heutigem Preis und Kaufkraft in der Vergangenheit zu finden.

Salz ist in vielen Zeiten kostbar, insbesondere an küstenfernen Orten, an denen es auch keine Möglichkeit zur Salzgewinnung aus Bergwerken gibt. Das liegt weniger an seiner Funktion als Gewürz als daran, dass man es zur Konservierung von Lebensmitteln benötigt. Allerdings wird sein Import gern besteuert. Sie bekommen daher unter Umständen Probleme wegen Salzschmuggels. Außerdem ist es wegen des großen Volumens schwer, genug Salz zur Urlaubsfinanzierung mitzubringen, und wenn Ihr Gepäck nass wird, haben Sie ein Problem.

Die niederländische «Tulpenmanie» ab etwa 1634 scheint auf den ersten Blick einen verlockenden Weg zur Reisefinanzierung zu bieten. Aber sie ist nicht nur regional, sondern auch zeitlich eng begrenzt: Schon im Februar 1637 ist es wieder vorbei mit der Bereitschaft, mehrere tausend Gulden (den Preis eines Hauses) für eine einzige Tulpenzwiebel auszugeben. Zudem findet der Tulpenhandel vor allem in einem überschaubaren Kreis von einigen hundert Personen statt, die einander kennen und vertrauen. Weil man einer Tulpenzwiebel nicht ansieht, ob sie eine billige Allerweltsblüte oder eine seltene und teure hervorbringen wird, werden Zwiebeln in den Sommermonaten gehandelt, die Bezahlung ist aber meist erst nach der Blüte fällig. Auch das ist für Durchreisende unpraktisch. Und nicht zuletzt kann man die damals wertvollsten Tulpen nicht aus der Gegenwart in die Vergangenheit mitbringen, weil sie größtenteils ausgestorben sind.

Diamanten sind in der Vergangenheit weniger beliebt als in der Gegenwart. Ihr Aufstieg beginnt erst im 19. Jahrhundert mit der Einführung neuer Schneide- und Poliertechniken. Der hohe gegenwärtige Preis ist aber vor allem das Ergebnis von Werbekampagnen der Firma De Beers Mitte des 20. Jahrhunderts. In den 1960er Jahren sind Diamanten bereits teuer und begehrt. Juweliere wissen aber noch nichts von den Herstellungsverfahren des 21. Jahrhunderts. Der Preis für synthetisch hergestellte Diamanten ist seit 2016 deutlich unter den für Diamanten aus Minen gesunken. Auch synthetische Saphire und Rubine sind günstig zu haben. Das ermöglicht den vorteilhaften Eintausch gegen Bargeld zur Urlaubsfinanzierung. Aber wenn Sie in der Gegenwart niemanden auf diese Art betrügen würden, gibt es keinen Grund, es in der Vergangenheit zu tun.

Im Prinzip können Sie Gold und Diamanten an den bekannten Fundstellen suchen, bevor dort der erste Mensch mit einer Keilhaue auftaucht. Der erste Diamant in Südafrika wird beispielsweise 1867 in der Nähe von Hopetown gefunden, man erkennt die Stelle heute an einem großen Loch namens «The Big Hole», das durch den nachfolgenden Diamantrausch entstanden ist. Den Stein können Sie theoretisch schon etwa hundert Millionen Jahren vorher entdecken, wobei er wahrscheinlich nicht die ganze Zeit leicht sichtbar an der Oberfläche herumliegt. Aber zum einen findet man auch an den ergiebigsten Fundorten nur durch genaues Hinsehen gar nicht so viel. Der Abbau ist zeitraubend, mühselig und kein Urlaubsspaß. Zum anderen bringen solche Entdeckungen verlässlich großes Leid über die lokale Bevölkerung. Die Diamant- und Goldfunde in Südafrika ziehen Minenarbeit unter katastrophalen Bedingungen, den Burenkrieg und eine Reihe anderer Probleme nach sich. Der Weltverbesserung wäre es dienlicher, Sie würden so ein Grundstück rechtzeitig aufkaufen und zubetonieren. Wenn Sie dazu nicht die Mittel haben, sollten Sie zumindest nicht persönlich zum bevorstehenden Unheil beitragen.

Datum und Uhrzeit

 Wir haben uns daran gewöhnt, dass wir überall auf der Welt dasselbe Jahr haben und denselben Kalender verwenden. Wer schon die zweimal jährlich auftretende Verwirrung durch die Umstellung von Sommerzeit auf Winterzeit und umgekehrt

als Zumutung empfindet, sollte sich besser nicht auf Zeitreisen begeben.

Wenn man im Januar 1366 in England die Reise antritt und ein paar Wochen später in Pisa landet, wird dort das Jahr 1367 geschrieben. Wer weiter nach Venedig fährt und noch im Februar ankommt, befindet sich wieder im Jahr 1366. Anfang März kann man hier den Anfang des Jahres 1367 erleben, aber wenn man danach nach Florenz weiterreist, wird man dort wieder im Jahr 1366 ankommen. Und sollte man nach dem 25. März nach Pisa zurückkehren, ist dort schon 1368. Wenn man von Pisa aus nach Portugal segelt, springt man sogar ins Jahr 1405.

Die Verwirrung gründet sich zum einen auf unterschiedliche Wege, den Beginn eines Jahres festzulegen. Im Mittelalter stehen in Europa sieben verschiedene Jahresanfänge zur Wahl, die sich über das gesamte Jahr verteilen. Zum anderen unterscheiden sich Kalender in ihrem Startpunkt, also dem Jahr null, dem Beginn ihrer Zeitrechnung.

Überquert man im 19. oder frühen 20. Jahrhundert im litauischen Kaunas die Memel, kommt man erst dreizehn Tage später am anderen Ufer an, obwohl der Fluss an dieser Stelle nur zweihundert Meter breit ist. Das eine Ufer gehört zu Preußen, wo seit 1612 der gregorianische Kalender gilt, das andere zu Russland, das noch bis 1918 beim julianischen Kalender bleibt. Vor allem zwischen 1582 und 1700 ist erhöhte Aufmerksamkeit geboten, denn in diesem Zeitraum sind beide Kalender in Europa noch verbreitet. Ab 1923 wird die Situation etwas übersichtlicher, denn jetzt gilt der gregorianische Kalender überall außer in China. Zum Ausgleich ist einige Jahre zuvor die Sommerzeit eingeführt worden, die für neue Verwirrung sorgt.

In der Regel hat es wenig Sinn, Einheimische nach dem Datum zu fragen. Das Jahr wird häufig als soundsovieltes Jahr der Herrschaft irgendeines Herrschers angegeben oder, wie zeitweise in Rom, seit Gründung der Stadt. Falls Sie ein konkretes Jahr erfahren, folgt wahrscheinlich der Tag einer Ordnung, mit der Sie nicht viel anfangen können. Das Römische Reich kennt dreizehn Monate und eine Acht-Tage-Woche. Im Mittelmeerraum werden vom 10. bis zum 13. Jahrhundert die Tage des Monats zwar nummeriert, ähnlich wie heute, aber nur in der ersten Monatshälfte aufsteigend gezählt. In der zweiten Hälfte läuft die Zählung wieder rückwärts.

Verbreiteter ist im Mittelalter zumindest in offiziellen Dokumenten die römische Datierung mit Kalenden, Nonen und Iden: In jedem Kalendermonat gibt es drei feste Tage, von denen aus rückwärts gezählt wird. In vielen Gegenden Europas erfolgt die Datumsangabe relativ zu kirchlichen Feiertagen, «am Sonntag nach Simon und Judas» zum Beispiel. Auch öffentliche Kalender, in denen etwa verzeichnet steht, wann Messen und Märkte stattfinden, geben das Datum auf diese Art an: In Frankfurt an der Oder finden die Messen Mitte des 19. Jahrhunderts am zweiten Montag nach Invocavit statt, am Montag vor Margarethen und am Montag vor Martin Bischof. Am besten fragen Sie einfach nie jemanden nach dem Datum, wenn es sich irgendwie vermeiden lässt.

Falls Sie etwas planen, für das die Uhrzeit wichtig ist, müssen Sie sich auch mit Zeitangaben auseinandersetzen. Im alten Rom haben die Tage vierundzwanzig Stunden, zwölf davon in der Nacht und zwölf bei Tageslicht. Das bedeutet, dass die Länge einer Stunde im Jahresverlauf schwankt. Im Winter dauert eine Stunde im Mittelmeerraum nur ungefähr fünfundvierzig Minuten, im Sommer eher fünfundsiebzig. Wenn Sie jemanden nach der Uhrzeit fragen, werden Sie außerdem je nach Religionsangehörigkeit der befragten

Person unterschiedliche Antworten bekommen: Die Uhren der jüdischen und der christlichen Bevölkerung Roms gehen anders als die offiziellen.

Vom 14. bis ins 19. Jahrhundert gilt südlich der Alpen die «italienische Zeit». Hier werden die Stunden bis vierundzwanzig durchnummeriert, und die Zählung beginnt bei Sonnenuntergang: «Es schlägt vierundzwanzig Uhr, oder, wie man es durch ganz Italien nennt, Ave Maria – wann die Nacht da ist, wann man nichts mehr zu lesen sieht, oder so bald man bey heller Luft die Sterne zu sehen anfängt.» So beschreibt der Zürcher Pfarrer Hans Rudolf Schinz im 18. Jahrhundert das auch in der italienischen Schweiz übliche System. Goethes «Italienische Reise» enthält eine kommentierte Umrechnungstabelle für deutsche und italienische Uhrzeiten. Im 16. und 17. Jahrhundert erfolgen Zeitangaben auch in einigen Regionen nördlich der Alpen in italienischer Zeit.

Bis zur Einführung von Telegraphie und Eisenbahn, also etwa bis Mitte des 19. Jahrhunderts, haben größere Städte ihre eigene Zeit, die vom Sonnenhöchststand und damit von der geographischen Lage abhängt.

Am einfachsten (und auch am erholsamsten) ist es, wenn Sie im Urlaub gar keine Pläne machen, für die eine genaue Uhrzeit wichtig ist.

Fortbewegung und Unterkunft

 Wenn Sie in der Vergangenheit herumreisen möchten, müssen Sie sich darauf einstellen, dass alles viel länger dauert als heute. Zum einen sind die Verkehrsmittel vergleichsweise

langsam und die Straßen schlecht. Zum anderen sitzt man oft tagelang herum und wartet auf Mitreisende, damit man etwas weniger oft ausgeraubt wird. Auch werden Sie stark auf die Mithilfe der Einheimischen angewiesen sein. Wegweiser gibt es erst ab dem 18. Jahrhundert. Landkarten sind bis vor relativ kurzer Zeit wenig hilfreich. Sie werden vor allem verwendet, um Informationen über eine Gegend zu erfassen, aber meistens nicht die Informationen, an denen man im Urlaub interessiert sein könnte. Zudem sind die verfügbaren Landkarten lange Zeit sehr groß und unhandlich. Die «Gough Map», die beste Karte für das späte Mittelalter in England, ist so groß wie eine Tür und lässt sich nicht zusammenfalten. In Ermangelung von Karten (und ganz ohne Internet natürlich) wird man herumfragen müssen, um herauszufinden, wie man von A nach B gelangt.

Für einige Gegenden empfiehlt sich die Mitnahme von Einheimischen mit Ortskenntnissen selbst dann, wenn Sie den Weg im Prinzip kennen: Gebirgspässe, Sumpfgebiete, Wälder und unbewohnte Landstriche. Die Ortskundigen wissen einfach besser, wo Lawinengefahr herrscht, wie man es vermeidet, im Sumpf steckenzubleiben und wie man Räubern aus dem Weg geht. Auf bloße Wegbeschreibungen der Einheimischen ist hingegen in der Vergangenheit genauso wenig Verlass wie in der Gegenwart.

«Ich möchte einen anderen Ort sehen, einfach nur so», wird in Europa erst ab dem 18. Jahrhundert zu einem einigermaßen normalen Grund für eine Reise. Wenn Sie Ihre Mitmenschen nicht verwirren wollen, sollten Sie sich einen verständlichen Reiseanlass zurechtlegen. Ab dem 11. Jahrhundert – eventuell auch schon früher, aber das müssen Sie selbst herausfinden – gibt es an einigen Orten Europas jährliche Messen, zu denen man aus Geschäftsgründen unterwegs sein kann. Vielleicht wechseln Sie gerade die Universität oder treten andernorts eine Stelle an. Vielleicht pilgern Sie zu einem bekannten Wallfahrtsort oder suchen Ihrer Gesundheit zuliebe eine heilende Quelle auf.

Das gewählte Verkehrsmittel sollte zu Ihrer Identität passen – falls Sie überhaupt eine Wahl haben. Es kann nicht schaden, reiten zu lernen. Ob Sie gut reiten können oder wie ein Sack Kartoffeln auf dem Pferd hängen, ist dabei nur für Ihr Wohlbefinden relevant. Mangelhafte Reitfähigkeiten kommen in den besten Familien vor und erregen kein Misstrauen. Im alten Rom kennt man zwar bereits Reisewagen, aber es handelt sich um staatliche Dienstfahrzeuge und nichts, was Ihnen bei Ihren Urlaubsplänen von Nutzen sein wird. Danach heißt es einige Jahrhunderte lang reiten oder zu Fuß gehen. Vielleicht nimmt Sie jemand auf einem einfachen Wagen mit. Kutschen gibt es in Europa ab dem späten 16. Jahrhundert, im 17. taucht die Postkutsche auf. Ab dem 18. wird sie zu einem regulären Beförderungsmittel, das Sie in Ihren Urlaubsplänen berücksichtigen können. In den Innenraum einer solchen Kutsche passen vier bis sechs Fahrgäste. Außen finden je nach Bauart und Gepäckmenge etwa zehn weitere Personen Platz. Erwarten Sie aber nicht, dass Sie auf diese Art schneller vorankommen als zu Fuß: Im Jahr 1700 legt eine Postkutsche im Schnitt zwei Kilometer pro Stunde zurück.

In Zeiten und Gegenden, in denen Postkutschen existieren, zahlt es sich aus, frühzeitig vor der Abfahrt zu erscheinen. So müssen Sie nicht einen der unbeliebten Notsitze an der Außenseite der Kutsche oder auf dem Dach einnehmen. Vergewissern Sie sich unbedingt selbst, dass Ihr Gepäck an Bord und ordnungsgemäß verstaut ist. Bei der Ankunft erwartet man von Ihnen, dass Sie sich einen Träger für Ihr Gepäck nehmen. Vereinbaren Sie den Lohn vorab und lassen Sie den Träger nicht aus den Augen. Sparen Sie generell bei Postillonen, Wirten und anderen Personen, die viel mit Reisenden zu tun haben, nicht an Freundlichkeit und Trinkgeld. Sie sind die beste Quelle nützlicher Informationen.

Noch bis weit ins 19. Jahrhundert ist es üblich, dass Fahrgäste an schlammigen Stellen aussteigen und die Kutsche aus dem Morast hieven müssen. Dazu gibt es nicht selten Gelegenheit. Der Bau von befestigten Straßen bleibt lange Zeit die Ausnahme. Murren Sie nicht und machen Sie niemandem deswegen Vorwürfe. Die Straßensituation ist nicht die Schuld Einzelner, sondern hat politische und ökonomische Gründe. Das ist in der Gegenwart im Übrigen ganz ähnlich, wie man an der vernachlässigten Bahntrasse von München nach Zürich sehen kann: Angeblich, so argumentieren die Zuständigen, lohnt sich der Ausbau der Strecke nicht, weil das Land zwischen den beiden Endbahnhöfen zu dünn besiedelt ist.

In Zeiten, in denen Fuhrwerke und Kutschen üblich sind, müssen Sie als Fußgänger an vielbefahrenen Straßen Vorsicht walten lassen. Der Verkehr fließt nicht so geregelt dahin, wie Sie das vielleicht erwarten, und Kollisionen mit Pferdefuhrwerken sind keineswegs harmloser als solche mit Autos. Falls die Straße Raum für mehr als ein Fahrzeug bietet, sollten Sie auch beachten, dass bereits in der Antike meist Linksverkehr herrscht. Rechtsverkehr wird erst im 20. Jahrhundert zum Normalfall.

Wo es Wasserwege gibt, kann eine Schiffsreise in mancher Hinsicht komfortabler sein als eine zu Lande. Auf vielen europäischen Flüssen und Kanälen gibt es ab dem 16. Jahrhundert regelmäßige Schiffsverbindungen in andere Städte. Falls Sie in entfernteren Vergangenheiten unterwegs sind und die Reise auf einer Galeere erwägen, sollten Sie genau wie bei der Postkutsche Ihren Platz frühzeitig buchen oder einnehmen. Anders als bei der Kutsche sind allerdings die obersten Plätze die besten, im Schiffsinneren ist es «ryght smolderyng hote and stynkyng» (schwelend heiß und stinkig), wie der englische Pilger William Wey in einem Reiseführer aus dem 15. Jahrhundert warnt.

Egal, womit Sie unterwegs sind: Unterwegs ist die Auswahl der möglichen Unterkünfte nicht so groß wie in Städten. Das hat den Vorteil, dass Sie keine komplizierten Entscheidungen treffen müssen. Poststationen und Karawansereien sind auf die Bedürfnisse Reisender spezialisiert und genießen einen guten Ruf.

Je nachdem, in welcher Zeit, Gegend und Rolle Sie reisen, kann es sein, dass andere bereit sind, Sie aus reiner Gastfreundschaft zu beherbergen. Wenn Sie eine Pilgerreise vortäuschen (oder vielleicht auch wirklich unternehmen), werden Sie entlang der wichtigen Pilgerwege in Hospizen und Klöstern unterkommen. Auch auf den Passhöhen der Alpen gibt es solche Hospize. Sie stehen allen Reisenden offen, nicht nur Pilgersleuten.

Sobald in einer Gegend der Reiseverkehr zunimmt, entstehen aus privaten Unterkünften allmählich kostenpflichtige Herbergen und Gasthäuser. Der Komfort steigt dadurch nicht automatisch. Mit der Abwesenheit von Betten, der Anwesenheit von großen und kleinen Tieren sowie anderen Gästen im gleichen Raum müssen Sie weiterhin rechnen. Der Preis ist Verhandlungssache – anders als heute, wo man überall nachlesen kann, wie viel Übernachtung und Verpflegung kosten.

Kleidung

 Gegenwartskleidung erweckt keineswegs in allen Vergangenheiten den Eindruck, dass da jemand aus einer besonders fortschrittlichen Gegend kommt. Auf die meisten Vergangenheiten wirken wir so wie auf uns jemand in Badelatschen, löchrigen Jogginghosen und Unterhemd beziehungsweise wie Sittenstrolche, selbst wenn wir uns Mühe geben, einen vernünftigen Eindruck zu vermitteln. Wenn Sie nicht gerade in eine menschenleere Vergangenheit reisen, hat Ihr Reiseveranstalter Sie wahrscheinlich ohnehin zum Tragen der bereitgestellten Kleidung verpflichtet. Falls man Sie lediglich beraten hat, berücksichtigen Sie die erhaltenen Hinweise unbedingt. Hier sparen heißt am falschen Ende sparen!

Sie sind zwar in der Vergangenheit so ahnungslos wie ein Maulwurf im Kino. Aber diese Tatsache lässt sich genau wie in der Gegenwart teilweise dadurch kaschieren, dass Sie sich nach örtlichen Standards gut und seriös kleiden. Allerdings sehen Sie dadurch auch wieder besonders ausraubenswert aus. In jeder Situation, in der Personal im Spiel ist – zum Beispiel in Unterkünften oder bei der Benutzung von Verkehrsmitteln –, erwarten alle Beteiligten Trinkgeld von Ihnen. Ohne die Hilfe von Fachleuten wird Ihnen die Gratwanderung zwischen den unterschiedlichen Kleiderordnungen und Anforderungen kaum gelingen.

Es kann preiswerter sein, nur mit dem Nötigsten anzureisen und sich erst in der Vergangenheit einzukleiden. In beiden Fällen muss die Kleidung von Fachkräften handgefertigt werden. Teuer ist das heute wie damals; der Preisvorteil entsteht, weil diese spezialisierten Anbieter in der Vergangenheit weniger selten sind als in der Gegenwart. Eilig sollten Sie es dabei aber nicht haben. Die Maßanfertigung dauert mindestens ein paar Tage, bei aufwendiger Kleidung länger.

Gewöhnungsbedürftig ist häufig, dass Vergangenheitskleidung kratzt. Wenn Ihre Reiseidentität es zulässt, können Sie das Problem durch Tragen seidener Unterkleidung lindern. Unterwäsche im heutigen Sinne kommt erst im 19. Jahrhundert in Mode, aber als schrullige ortsfremde Person genießen Sie in dieser Hinsicht Narrenfreiheit. Legen Sie Ihre Oberbekleidung also nicht unnötig ab und verweisen Sie auf die besonderen Ansprüche Ihrer schrulligen ortsfremden Haut, falls es zu Nachfragen kommt.

Um das Kratzproblem nicht noch durch Läuse, Flöhe, Milben und Mücken zu vermehren, sollte möglichst die gesamte Kleidung mit dem Insektengift Permethrin imprägniert sein. Das ist auch in der Gegenwart beim Aufenthalt in Malariagebieten üblich. Die Gesundheitsschädlichkeit von Permethrin für Menschen ist umstritten. Unumstritten ist jedoch die Gesundheitsschädlichkeit von Malaria, Pest, Gelbfieber, Fleckfieber und anderen Krankheiten, die man sich durch blutsaugende Insekten zuziehen kann (siehe «Krankheiten und Seuchen»). Chemisch nahe verwandt und in der Vergangenheit leichter erhältlich ist Pyrethrum, das man aus Blütenköpfen der Dalmatinischen Insektenblume (*Tanacetum cinerariifolium*) und verschiedenen Chrysanthemenarten gewinnt. In Persien ist das seit etwa zweitausendfünfhundert Jahren bekannt. Nach Europa gelangt die nützliche Information im frühen 19. Jahrhundert – oder vielleicht auch früher, wenn Sie dafür sorgen.

Dunkle schlichte Kleidung hat den Vorteil, dass sie zu vielen Anlässen passt und man daher weniger Wechselkleidung mitzunehmen braucht. In Situationen, in denen Sie eigentlich anders gekleidet sein müssten, können Sie einen Trauerfall vorschützen (jedenfalls in Zeiten und Regionen, in denen man bei Trauer Schwarz trägt). Diese Ausflucht schützt aber nicht in allen Fällen – bei Galaveranstaltungen an Herrscherhöfen müssen Sie sich angemessen kleiden, Trauerfall hin oder her.

Schlamm ist ein wesentlicher Bestandteil der Vergangenheit. Helle Kleidung sollten Sie sich nur zulegen, wenn Sie in der Kutsche, auf einem Schiff oder mit der Bahn unterwegs sind und sich nicht bei jedem Schritt schmutzig machen. Selbst dann werden Sie auf dem Weg zu Ihrem Verkehrsmittel und nach dem Ausstieg wahrscheinlich Schlammlöcher durchqueren müssen. Wer zu Fuß geht, trägt dunkel. Wenn Sie Schlamm vermeiden möchten, verreisen Sie in eine Vergangenheit mit gepflasterten Straßen, zum Beispiel nach Granada im 14. Jahrhundert (mehr dazu im Kapitel «Ein unvergessliches Wochenende»).

Ernährung

 Wir wissen immer noch zu wenig über die Ernährungsgewohnheiten in der Vergangenheit. Die meisten Erkenntnisse stammen aus überlieferten Kochrezepten und von Nahrungsresten, die man auf Kochgeschirr und in Latrinen findet. In seltenen Fällen helfen gut erhaltene Tote mit ihrem Mageninhalt aus, so wie die fünftausend Jahre alte Gletscherleiche Ötzi oder die etwa halb so alten skandinavischen Moorleichen Tollund-Mann und Grauballe-Mann. Kochrezepte und überlieferte

Speisenfolgen sind problematisch, weil sie meist eher spezielle Luxusgerichte dokumentieren. Gelegentlich bereist in der Vergangenheit einmal jemand eine ferne Gegend und berichtet später zu Hause, wovon man sich dort so ernährt. Aber das alles betrifft nur die letzten paar Jahre der Menschheitsgeschichte. In vielen Zeiten und Gegenden werden Sie auf Ihrer Zeitreise selbst herausfinden müssen, ob und wo man ein Käsebrot bekommt.

Immerhin kann man sich darauf verlassen, dass Ernährung grundsätzlich stattfindet. Alle Menschen interessieren sich für Nahrung und sogar für dieselben Nahrungsbausteine. Unsere Vorfahren sind keine Außerirdischen, die Siliziumstäbe essen. Man wird wahrscheinlich nicht verhungern – sofern nicht gerade eine Hungersnot herrscht, was gar nicht so selten vorkommt. Konsultieren Sie vor der Abreise unbedingt einen Hungersnotkalender für die jeweilige Gegend.

Wenn Sie sich nicht nur fürs Sattwerden, sondern für gutes Essen interessieren, ist Europa vor dem Ende des 15. Jahrhunderts kein empfehlenswertes Reiseziel. In China wird schon seit dem 5. Jahrhundert abwechslungsreich und aufwendig gekocht, in der islamischen Welt seit dem 11. Jahrhundert. In Europa hingegen geht es auch bei denen, die sich das Essen etwas kosten lassen können, noch lange um Quantität, nicht um Qualität. Generell ist der Norden kulinarisch weniger interessant als der landwirtschaftlich ergiebigere Süden. In Island (siehe Kapitel «Ein Paradies im Mittelalter») sollten Sie nicht viel mehr als Skyr, Fisch und Getreidebrei erwarten, wobei das Getreide für den Brei in kälteren Zeiten importiert werden muss. Sommer und Herbst sind in ganz Europa die günstigeren Reisezeiten. Im Winter gibt es kaum frische Lebensmittel. Im Frühjahr kann die Nahrung knapp werden.

Ein Großteil der Lebensmittel, die Sie aus der Gegenwart kennen, existiert in den meisten Reisezeiten und -gegenden noch nicht. Außerhalb Amerikas gibt es weder Kartoffeln noch Tomaten oder Mais, außerhalb Asiens keinen Reis. Die vorhandenen Lebensmittel sehen wahrscheinlich anders aus als erwartet. Zum Beispiel sind Karotten lange Zeit weiß, violett oder gelb. Die orangefarbige Variante wird erst im späten 17. Jahrhundert in den Niederlanden gezüchtet. Vertraut aussehende oder klingende Lebensmittel können ganz anders schmecken.

Das Essen ist nicht unbedingt karg und eintönig im Vergleich zur Gegenwart. Die Bandbreite an Pflanzen und Tieren, die gegessen werden, ist in der Vergangenheit größer als heute, zumindest in landwirtschaftlich einigermaßen ergiebigen Regionen. Je nach Zeit und Gegend kommen auch Pflanzen auf den Tisch, deren Essbarkeit derzeit nur noch in Survival-Handbüchern erwähnt wird – bis zu ihrer Wiederentdeckung durch die feine oder die gesunde Küche, wie es bei Rucola, Bärlauch und Chiasamen passiert ist. Beim Fleisch beschränkt sich die Auswahl heute im Wesentlichen auf Rind, Schwein, Lamm, Wild und bestimmte Geflügelsorten. In der Vergangenheit ist kaum ein Geschöpf sicher vor dem Kochtopf: Haselhuhn, Eichhörnchen, Fettammer, Siebenschläfer, Seeotter, Katze, Igel, Pfau, Flamingo und neugeborenes Kaninchen – für all das gibt es Rezepte. Selbst Fleisch von vertrauten Tierarten schmeckt wahrscheinlich wegen der anderen Ernährung der Tiere intensiver, als Sie es gewohnt sind. Außerdem wird das gesamte Tier von der Schnauze bis zur Schwanzspitze verwertet. Wenn Sie in einer Gegend aufgewachsen sind, in der auch Blutwurst, Lunge, Pansen, Schweinsköpfe und Hühnerfüße auf den Tisch kommen, sind Sie gut gerüstet für die Vergangenheit.

Viele Gerichte werden Gäste aus der Gegenwart vor ethische Probleme stellen. Darf man im Urlaub Tiere essen, die in der Gegenwart vom Aussterben bedroht oder bereits ausgestorben sind? Wenn Sie aus Gewissensgründen keine Tiere essen möchten, sollte Ihre Entscheidung unabhängig von Ort und Zeit sein. Wenn es Ihnen um das Aussterben der Art geht, machen ein paar von Ihnen verzehrte Bekassinen oder Otter keinen Unterschied. Viele Tiere sind zudem nicht aus kulinarischen Gründen selten geworden, sondern weil ihre Lebensräume verschwinden. Dieser Prozess hält bis in die Gegenwart an, und es ist einfacher, dort zu protestieren.

Zwar liest man oft, dass noch nie so viel Fleisch verzehrt wurde wie heute. Wer sich vegetarisch ernährt, hat es aber nicht unbedingt leichter als in der Gegenwart. In manchen Zeiten kommt auch in relativ armen Haushalten täglich Fleisch auf den Tisch, zum Beispiel zwischen 1350 und 1550 in weiten Teilen Europas. Seit der schweren Pestepidemie ab 1347 sind die Arbeitskräfte knapp. Die Löhne und der Lebensstandard liegen deshalb vergleichsweise hoch. Nach 1550 verschlechtert sich die Lage wieder, der Fleischverbrauch geht zurück und erreicht erst im 20. Jahrhundert wieder den Stand von damals. Auch in fleischarmen Zeiten ist es aber nicht immer einfach, sich vegetarisch zu ernähren, denn das wenige Fleisch wird häufig kleingehackt und in den Gerichten verteilt.

Wenn Sie bei wohlhabenden Leuten essen, können Sie sich auf religiöse Fastengebote berufen. Insbesondere der Katholizismus sieht eine Vielzahl von regulären Fasttagen und Fastenzeiten vor. Außerhalb dieser Zeiten und in nichtkatholischen Gegenden wird es ebenfalls wenig Aufsehen erregen, wenn Sie wegen eines religiösen Gelübdes den Fleischverzehr meiden. Rechnen Sie in Gegenden mit kalten Wintern damit, dass im Spätherbst mehr Fleisch auf den Tisch kommt, weil es zu teuer ist, alle Tiere bis zum Frühjahr durchzufüttern. Wenn Sie sich für problemlos erhältliche und schmackhafte fleischfreie Verpflegung interessieren, sind Reiseziele auf anderen Kontinenten, zum Beispiel Japan, Indien, und China, besser geeignet.

Importierte Gewürze gelten in Europa einige Jahrhunderte lang als Statussymbol (siehe auch «Bezahlen»). Wer es sich leisten kann, mischt Pfeffer, Zimt, Nelken, Muskatnuss oder Ingwer in jedes Gericht und Getränk. Wenn Sie zwischen dem 12. und 17. Jahrhundert bei wohlhabenden Leuten zum Essen eingeladen werden, müssen Sie darauf gefasst sein, dass alles ein bisschen nach Lebkuchen schmeckt. Dass die vielen Gewürze lediglich den Geschmack von verdorbenem Fleisch verdecken sollen, ist hingegen nur ein Gerücht aus der Gegenwart. Wer reich genug für Gewürze ist, hat auf jeden Fall genug Geld für das viel billigere Fleisch. Sobald importierte Gewürze im 17. Jahrhundert billiger werden, lässt ihre ausschweifende Verwendung nach. Falls Sie sich vor dem 1. Jahrhundert unserer Zeitrechnung im Römischen Reich aufhalten, sollten Sie unbedingt versuchen, mehr über das seitdem ausgestorbene *Silphium* oder *Laserpitium* herauszufinden, eine bei den Griechen wie bei den Römern begehrte, seltene und entsprechend teure Gewürzpflanze.

Brot schmeckt — wenn es frisch ist — besser als in der Gegenwart, ist aber nicht so allgegenwärtig, wie viele Zeitreisende erwarten. Es ist aufwendiger, Getreide zu Brot zu verarbeiten, als es in Form von Brei zu essen. Brei kann man in einem Topf über dem Feuer herstellen. Für Brot hingegen braucht man einen speziellen Backofen und mehr Zeit. Wenn

Sie schon in der Gegenwart nicht gern Gerichte wie Porridge, Reisbrei oder Buchweizengrütze essen, kann es in der Vergangenheit schwierig werden. Auch wer so etwas im Prinzip mag, darf im Vergangenheitsbrei nicht die in der Gegenwart üblichen Luxuszutaten Milch, Sahne, Zimt oder Zucker erwarten. Die Idee einer Mahlzeit ist oft nicht, dass man satt vom Tisch aufsteht, sondern lediglich, dass man weniger hungrig ist als vorher. Achten Sie daher darauf, Gastgeber nicht mit Ihrem Gegenwartsappetit zu überfordern. Sie reisen kurze Zeit später wieder ab. Ihre Gastgeberfamilie muss noch bis zur nächsten Ernte oder dem nächsten Jagderfolg über die Runden kommen. Wenn Nahrungsmittel allgemein knapp sind, hilft auch Geld nicht unbedingt weiter.

Über die Tischsitten der meisten Reisezeiten ist wenig bekannt. Wahrscheinlich erwartet man von Ihnen, dass Sie ein eigenes Messer mitbringen. Löffel werden in Europa erst im 16. Jahrhundert gebräuchlich. Kurze Zeit später verbreitet sich auch der Einsatz von Gabeln. Selbst bei Hof können Sie noch im 17. Jahrhundert mit den Fingern essen, ohne Anstoß zu erregen. Viele überlieferte Ratschläge für das Benehmen bei Tisch behandeln Dinge, die die meisten Zeitreisenden aus der Gegenwart ohnehin beherrschen werden: vor dem Trinken aus gemeinsam genutzten Bechern Mund und Bart abwischen, Finger nicht ablecken, nicht auf den Teller spucken und sich nicht ins Tischtuch schnäuzen. Orientieren Sie sich an Ihren Tischnachbarn und dokumentieren Sie Ihre Erkenntnisse nach der Rückkehr für nachfolgende Zeitreisende. Wenn Sie sich aus der Sicht der Mitessenden trotzdem barbarisch benehmen, lädt man Sie eben kein zweites Mal ein.

Trinkwasser

 Die Qualität des Trinkwassers hängt davon ab, in welcher Zeit und an welchem Ort Sie sich befinden. Quellwasser in dünn besiedelten und landwirtschaftlich ungenutzten Gegenden ist jederzeit trinkbar, ebenso wie selbst gesammeltes Regenwasser. In allen dichter besiedelten Gegenden und Zeiten ist Vorsicht geboten – insbesondere, wenn Menschen auf engem Raum mit Tieren zusammenleben. Verwenden Sie unbehandeltes Wasser nicht zum Waschen, und baden Sie nicht in siedlungsnahen Gewässern. Dass im Mittelalter statt Wasser aus Gesundheitsgründen nur Wein und Bier getrunken worden sei, ist eine moderne Legende. Der Aufschreibewert des Wassertrinkens ist nur nicht so groß. Niemand wird sich wundern, wenn Sie Wasser aus Bächen, Flüssen, Brunnen oder Zisternen trinken.

Ungewöhnlich ist allenfalls der Wunsch, es vorher abzukochen. Schützen Sie diesmal keine religiösen Pflichten vor, sondern sagen Sie ruhig, dass im Wasser unsichtbare Krankheitserreger leben, die durch das Kochen absterben. Man wird Sie wahrscheinlich nicht ernst nehmen, aber immerhin haben Sie es versucht. Das Wasser sollte dabei mindestens drei Minuten sprudelnd kochen. In höheren Lagen kocht Wasser schon bei weniger als hundert Grad, deshalb muss je hundertfünfzig Meter über dem Meeresspiegel eine Minute Kochzeit aufgeschlagen werden. In der Gegend des heutigen München sind also beispielsweise insgesamt fünf bis sechs Minuten erforderlich. Achten Sie darauf, dass der Erfolg des Abkochens nicht durch Umfüllen in unsaubere Gefäße wieder zunichtegemacht wird.

Im antiken Griechenland und in Indien sind Methoden zur Trinkwasseraufbereitung, darunter das Abkochen, seit mindestens viertausend Jahren bekannt. Ihr Wunsch wird hier wenig Aufsehen erregen. Allerdings geht es in früheren Zeiten vor allem um den besseren Geschmack. Wasser gilt als suspekt und behandlungsbedürftig, wenn es trübe ist. Dass auch einwandfrei aussehendes Wasser Krankheitserreger oder chemische Verunreinigungen enthalten kann, ist noch unbekannt.

In brennstoffarmen Gegenden stellt das Abkochen ein Problem dar. Tabletten zur Trinkwasserentkeimung lassen sich unauffällig anwenden und hinterlassen keine dauerhaften Spuren. Beachten Sie die je nach Mittel unterschiedlichen Anwendungsverfahren und halten Sie insbesondere die vorgeschriebenen Einwirkzeiten ein. Wenn es gar nicht anders geht, lassen sich durch das Filtern von verkeimtem Wasser durch ein mehrfach gefaltetes Tuch neunundneunzig Prozent aller Krankheitserreger entfernen. Das verbleibende eine Prozent kann immer noch zu viel sein, aber diese Methode ist besser als gar nichts. Das Tuch wird dreimal gefaltet, sodass sich acht Schichten ergeben, und nach dem Filtervorgang entweder mit Seife gereinigt oder mit dem gefilterten Wasser durchgespült und an der Sonne getrocknet. Die Hände sollten dabei möglichst nicht in Kontakt mit dem ungefilterten Wasser kommen. Dieses Verfahren hat den Vorteil, dass es auch für die Menschen in der besuchten Zeit praktikabel ist, sollten sie Interesse daran zeigen.

In einigen Zeiten und Gegenden, insbesondere in Städten vom Mittelalter bis ins 20. und teilweise 21. Jahrhundert, kann das Trinkwasser Schwermetalle und andere Chemikalien enthalten, die durch Abkochen nicht entfernt werden.

Dazu gehören Blei aus Gefäßen und Wasserleitungen, Arsen aus der Textilfärberei und Quecksilber aus dem Silberbergbau. Auch das lokal gebraute Bier enthält diese Inhaltsstoffe. Wenn Sie aber nicht gerade Ihren Wohnsitz in die jeweilige Zeit verlegen wollen (siehe Kapitel «Für immer dableiben»), spielt das keine große Rolle. Das Problem sind langfristige Vergiftungen, nicht kurzzeitig erhöhte Belastungen.

Krankheiten und Seuchen

 In der Vergangenheit leben heißt vor allem sterben. Wer Geburt und Kleinkindalter überlebt, wird von Seuchenzügen ins Massengrab gebracht, von Quacksalbern mit wirkungslosen Behandlungen malträtiert und von heute trivialen Erkrankungen vorzeitig dahingerafft. So klingt es jedenfalls in manchen Darstellungen, und man muss sich wundern, dass wir unter diesen Umständen überhaupt existieren und zudem bereit sind, freiwillig zurück in diese Welt voller Siechtum zu reisen.

In Wirklichkeit sind die Menschen in der Vergangenheit meistens gar nicht damit beschäftigt zu sterben. Zwar wissen wir in Ermangelung genauer Aufzeichnungen wenig über die durchschnittliche Lebenserwartung in den meisten Zeiten. Vor Ort werden Sie allerdings feststellen, dass Menschen über sechzig mitnichten ein seltener Anblick sind. Die Kindersterblichkeit ist bis ins 20. Jahrhundert überall auf der Welt sehr hoch. Wer die ersten Lebensjahre übersteht, hat aber gute Aussichten, alt zu werden. Diabetes ist selten. Maschinengewehre, Bomben, Autounfälle und Flugzeugabstürze müssen erst noch erfunden werden. Insgesamt steht die Vergangenheit gar nicht so schlecht da.

Epidemien und Hungersnöte sind zwar in vielen Zeiten alltäglicher als in der Gegenwart, aber trotzdem keineswegs Alltag. Durch sorgfältige Auswahl von Reisezeit und Reiseort können Sie dem Schlimmsten aus dem Weg gehen. Seuchen findet man vor allem dort, wo bereits Krieg, Belagerung oder Hunger herrschen. In solche Zeiten und Gegenden werden sich die wenigsten Reisenden freiwillig begeben. Belagerte Städte sind mit flüchtenden Landbewohnern überfüllt, die Lebensmittel und oft auch das Wasser sind knapp. Durch das enge Zusammenleben können sich Krankheiten und Parasiten leichter als sonst ausbreiten. Eine belagerte Stadt ist kein Urlaubsort, und auch zu den Belagerern sollten Sie – aus ethischen wie aus gesundheitlichen Gründen – nicht gehören.

Die Vorstellung, dass es in der Geschichte keinen gesünderen Aufenthaltsort als die Gegenwart gibt, ist falsch, und das war schon vor der Erfindung der Zeitreise bekannt. Tatsächlich gehören die jüngere Vergangenheit und in einigen Ländern der Welt auch die Gegenwart zu den riskanteren Abschnitten der Weltgeschichte, was Infektionskrankheiten betrifft.

Am geringsten ist das Infektionsrisiko naturgemäß in Zeiten, in denen es weder Menschen noch Menschenaffen gibt, also vor zwanzig Millionen Jahren oder früher. Man kann dort höchstens zum Fehlwirt von Parasiten werden oder sich eine Infektionskrankheit zuziehen, deren Erreger nicht besonders wählerisch ist.

Die zweitbeste Wahl sind Zeiten, in denen Menschen vom Jagen und Sammeln leben. Sie wohnen noch nicht auf engem Raum mit Tieren zusammen, deren Krankheiten auf Menschen überspringen können. Solange es keinen Ackerbau gibt, werden Pflanzen nicht mit den Ausscheidungen von Menschen und Haustieren gedüngt, sodass Krankheitskeime und Parasiten es schwerer haben, wieder zurück in die Nahrung zu gelangen. Falls trotzdem eine tödliche Krankheit entsteht, kann sie nur eine kleine Gruppe ausrotten, weil sonst niemand da ist. Harmlose Krankheitserreger mutieren mangels infizierbarer Menschen nicht so leicht zu tödlichen Monstern. In der Levante, also der Gegend östlich vom Mittelmeer, endet diese Zeit vor rund zwölftausend Jahren, in Mitteleuropa vor etwa achttausend Jahren.

Der Erreger der **Malaria** findet sich bereits in dreißig Millionen Jahre alten, in Bernstein konservierten Mücken. Die Wahrscheinlichkeit, an Malaria zu sterben, steigt aber erst mit dem Übergang zu Ackerbau und Viehzucht. Vorher ist es sehr unwahrscheinlich, dass eine Mücke einen infizierten Menschen sticht und danach einen zweiten, nicht infizierten. Die Malaria stellt danach in allen Zeiten ein Problem dar, in Europa gilt sie erst seit dem frühen 21. Jahrhundert als ausgerottet. Praktisch für Zeitreisende: Prophylaxemaßnahmen aus der Gegenwart helfen mit hoher Wahrscheinlichkeit auch gegen die Malaria der Vergangenheit. Das ist, wie wir gleich sehen werden, nicht selbstverständlich.

Lepra ist eine der ältesten bekannten Krankheiten. Vermutlich entsteht sie vor etwa hunderttausend Jahren in Ostafrika oder im Nahen Osten. Schriftliche Belege gibt es aus Indien und Ägypten seit mindestens viertausend Jahren. Im alten Rom und Griechenland kommt Lepra vor allem in der armen Bevölkerung häufig vor. In Europa ist das 13. Jahrhundert die ungünstigste Reisezeit. Danach tritt Lepra immer seltener auf, bis sie im 16. Jahrhundert weitgehend verschwindet. Eine wenig erfreuliche Erklärung für den Rückgang lautet, dass die zu dieser Zeit neu auftauchenden tödlichen Krankheiten, von denen gleich die Rede sein wird, bevorzugt die geschwächten Leprakranken dahinraffen. Lepra ist nicht besonders ansteckend für Zeitreisende mit funktionierendem Immunsystem und lässt sich in der Gegenwart mit Medikamenten gut behandeln. Das kann allerdings einige Monate bis Jahre in Anspruch nehmen.

Gelbfieber ist in Afrika ebenfalls schon sehr alt. Das Virus gelangt zusammen mit der Mückenart, die es überträgt, auf Sklavenschiffen nach Amerika, ist aber auch im Süden Europas zeitweise sehr verbreitet. Dass die Ansteckung bei dieser und anderen Krankheiten durch Mücken erfolgt, wird erst Ende des 19. Jahrhunderts bewiesen (mehr dazu im Kapitel «Wissen wiegt nichts»). Für Zeitreisende besteht Impfpflicht, aber schützen Sie sich vorsichtshalber zusätzlich durch Mückennetze.

Die **Pocken** oder **Blattern** (nicht zu verwechseln mit den harmlosen Windpocken) kann man sich in Nordafrika wahrscheinlich schon seit mindestens zwölftausend Jahren zuziehen. Nach Europa kommen sie um das Jahr 165, als römische Legionen eine Stadt im heutigen Irak einnehmen. Danach wird im gesamten Römischen Reich vierundzwanzig Jahre lang an der «Antoninischen Pest» gestorben (benannt nach dem Geschlechtsnamen des damaligen Kaisers Mark Aurel). Im 11. bis 13. Jahrhundert tragen Kreuzritter weiter zur gründlichen Verbreitung der Pocken in Europa bei. Von dort gelangt die Krankheit durch spanische Eroberer im Jahr 1518 nach Amerika, wo sie auf ahnungslose Immunsysteme trifft und Millionen das Leben kostet. Erst ab den 1970er Jahren gelten die Pocken als weltweit ausgerottet – jedenfalls bis zur Erfindung der Zeitreise. Wenn Sie zwischen 1970 und der Einrichtung zeitreisemedizinischer Zentren geboren sind, kann es sein, dass Ihnen die Pockenimpfung fehlt (siehe dazu weiter unten im Abschnitt «Impfungen»).

Seit wann es die **Pest** gibt, ist nicht so leicht zu sagen, weil in alten Quellen häufig alle Seuchen unter diesem Namen zusammengefasst werden. Auch die Beschreibungen der Symptome sind häufig nicht so präzise, dass sie die eindeutige Identifikation der jeweiligen Krankheit erlauben. Erschwerend kommt hinzu, dass es auch die eigentliche Pest in vielen verschiedenen und später teilweise wieder ausgestorbenen Varianten mit unterschiedlichen Symptomen, Ausprägungen und Übertragungswegen gibt. Deshalb sind die Auslöser der großen Pestwellen bis in die Gegenwart umstritten. Es gibt aus diesem Grund keinen hundertprozentig zuverlässigen Schutz für Zeitreisende. Die vorbeugende Einnahme von Antibiotika wird empfohlen, folgen Sie den Anweisungen Ihres zeitreisemedizinischen Zentrums. Die Krankheit lässt sich in der Gegenwart behandeln – falls Sie es dorthin zurückschaffen. Die Aufzeichnungen aus Pestzeiten sind reich an Berichten, in denen jemand sich vormittags noch ganz gesund fühlt, mittags etwas kränkelt und nachmittags tot im Bett liegt.

Die ältesten Nachweise des Pestbakteriums stammen aus etwa fünftausend Jahre alten Knochenfunden. Im Jahr 541 bricht die Krankheit in Ägypten aus, 542 erreicht sie Konstantinopel und von dort aus ganz Europa. Günstigere Reisezeiten finden sich dann wieder zwischen 770 und etwa 1346. Aus unbekannten Gründen gibt es in dieser Phase keine Pest in Europa. Danach kommt es immer wieder zu großen Epidemien, bis die Krankheit um 1770 herum zum zweiten Mal aus Europa verschwindet. Welche Region wann von der Pest heimgesucht wird, ist im Allgemeinen gut dokumentiert, was die Reiseplanung vereinfacht. Wenn Sie in der Geschichte einer Stadt lesen, dass diese Stadt von der Pest verschont geblieben ist, bedeutet das allerdings nicht, dass sie ein ideales Reiseziel darstellt. Eventuell erfasst die Pest diese Stadt nur deshalb nicht, weil man dort zweifelhafte Reisende wie Sie schon am Stadttor abweist.

Das **Fleckfieber** wird zum ersten Mal im Jahr 1489 beschrieben, im Zuge der Eroberung des Emirats von Granada (siehe Kapitel «Ein unvergessliches Wochenende»). Die spanische Armee, die die Stadt Baza östlich von Granada belagert, büßt zwanzigtausend Männer ein, davon nur dreitausend durch die eigentlichen Kampfhandlungen und siebzehntausend durch das Fleckfieber. Es wird durch Läuse, Milben, Zecken oder Flöhe übertragen und lässt sich in der Gegenwart mit Antibiotika behandeln.

Wenige Jahre später, 1494 oder 1495, kommt es zum ersten großen Ausbruch der **Syphilis**, als der französische König Karl «der Freundliche» mit seiner Armee in Neapel einfällt. Wo die Krankheit hergekommen ist, weiß man nicht so genau, aber es ist verständlich, dass die Bewohner von Neapel den Franzosen die Schuld geben. Die Armee besteht aus Söldnern, die nach dem Sieg in ihre Heimatstädte zurückkehren. So verteilt sich die Syphilis gründlich über Europa. Vom 16. bis zum 19. Jahrhundert ist sie eine der häufigsten und gefürchtetsten Krankheiten. Syphilis wird über direkte sexuelle Kontakte inklusive Oralverkehr übertragen (übrigens auch in der Gegenwart noch), ein wesentlicher Grund, mit solchen Aktivitäten in einer fremden Umgebung zurückhaltend zu sein. Die Krankheit lässt sich wiederum mit Antibiotika behandeln.

Cholera wird in Europa erst im 19. Jahrhundert zu einem

großen Problem. Sie wird über Trinkwasser aus verunreinigten Quellen oder unsaubere Lebensmittel übertragen. Wenn Sie die Ratschläge im Abschnitt «Hygiene» beachten, sind Sie auf der sicheren Seite. Behandelt wird Cholera auch in der Gegenwart vor allem mit dem im Abschnitt «Wenn Sie helfen wollen» geschilderten einfachen Verfahren gegen Wasserverlust.

Bei der **Kinderlähmung** nimmt die Anzahl der Fälle im 17. und 18. Jahrhundert allmählich zu. Zu großen Epidemien kommt es dann im späten 19. Jahrhundert. Für Sie als Zeitreisende stellt das kein Problem dar, denn gegen Kinderlähmung kann man schon seit den 1950er Jahren impfen.

Tuberkulose ist zwar sehr alt, wie Knochenfunde zeigen, tritt in Europa aber ebenfalls erst ab dem 17. Jahrhundert häufiger auf. Am höchsten ist die Ansteckungsgefahr im 19. Jahrhundert. In der Gegenwart nimmt die Behandlung mit Antibiotika mindestens ein halbes Jahr in Anspruch.

Auch die **Grippe** muss man als Krankheit ernst nehmen. Das vergessen wir in der Gegenwart leicht, weil die letzte Pandemie schon eine Weile zurückliegt. Aber die Spanische Grippe fordert zwischen 1918 und 1920 weltweit fünfundzwanzig bis fünfzig Millionen Todesopfer, und auch vorher und nachher kommt es immer wieder zu solchen Grippewellen. Der Erreger verändert sich ständig. Wenn Sie unbedingt die Zeit einer Grippepandemie bereisen möchten, benötigen Sie daher die zeitspezifische Impfung gegen genau den Erreger, der die Pandemie ausgelöst hat.

In den 1950er und 1960er Jahren gibt es die letzten Pockenepidemien in Europa. Kinderlähmung und Keuchhusten, gegen die Sie als Zeitreisende geimpft sind, kommen häufig vor. Wenn Sie innerhalb Europas nicht weiter zurückkreisen als bis ins Jahr 1975, haben Sie es im Großen und Ganzen mit denselben Krankheitserregern wie in der Gegenwart zu tun. HIV ist sogar seltener, existiert aber bereits – geschützter Sex empfiehlt sich genau wie in der Gegenwart.

Die Wahrscheinlichkeit tödlicher Epidemien nimmt also im Verlauf der Menschheitsgeschichte zu, jedenfalls bis zur Einführung von Hygiene und flächendeckenden Impfungen. Aber es wird nicht alles immer nur schlechter. Manchmal verschwinden Krankheiten auch von ganz alleine wieder, so wie der **«Englische Schweiß»**, dessen Symptome zu keiner heute bekannten Krankheit passen. Er bricht zwischen 1485 und 1551 in fünf Wellen aus – wie der Name schon sagt, vor allem in England. Nur die vierte Epidemie ab Mai 1528 erfasst größere Teile Europas. Meiden Sie die entsprechenden Reisezeiten und -orte.

Seuchen wie der Englische Schweiß sind heute entweder ausgestorben oder haben sich in etwas deutlich Harmloseres verwandelt. Denn eigentlich hilft es den Krankheitserregern als Lebewesen nicht weiter, über Nacht ein ganzes Dorf auszulöschen. Wenn die Erkrankten keine Zeit haben, eine Infektion in die benachbarten Siedlungen zu tragen, geht der Erreger mitsamt den Opfern zugrunde, und die Krankheit verschwindet. Die meisten Keime passen sich deshalb im Lauf der Zeit an die Organismen an, die sie befallen. Die Krankheit verläuft dann langsamer und weniger tödlich. Manche Erreger ignorieren diese Strategie allerdings. Die Pest und die Pocken fordern auch nach Jahrhunderten noch hohe Opferzahlen.

Der Englische Schweiß ist immerhin jung genug, um gut dokumentiert zu sein. Mit Sicherheit gibt es weiter zurückliegende Epidemien, die keine Spur in der Geschichtsschreibung hinterlassen haben. Gerade in entlegeneren Ecken der

Vergangenheit können Sie daher auf Krankheiten treffen, von denen die Zeitreisemedizin der Gegenwart noch gar nichts ahnt. Die Vorbeugungsmethode «während der Epidemie woanders sein» greift dann nicht. Viele Probleme lassen sich aber mit allgemeinen Hygienemaßnahmen (siehe Abschnitt «Hygiene») trotzdem vermeiden.

Impfungen

 Pest, Pocken sowie Gelb-, Fleck- und andere Arten von Fieber sind äußerst ansteckend und verlaufen auch bei gesunden Erwachsenen oft tödlich, manchmal innerhalb weniger Stunden. In der Gegenwart haben die wenigsten von uns Erfahrung mit solchen Krankheiten. Das führt dazu, dass die Infektionsgefahr in der Vergangenheit häufig unterschätzt wird. Aus diesem Grund schreiben sowohl Reiseunternehmen als auch Krankenversicherungen eine umfassende zeitreisemedizinische Betreuung vor. Insbesondere wird man Sie gegen alle möglichen Krankheiten impfen.

Es ist ein verbreiteter Irrglaube, dass wir alle von Überlebenden der großen Seuchenzüge abstammen und deshalb resistent gegen die Krankheiten der Vergangenheit sind. Grundsätzlich ist die Idee nicht ganz verkehrt. Immerhin ist es möglich, Pflanzen und Tiere zu züchten, die gegen bestimmte Krankheiten resistent sind – oder, wie es oft versehentlich passiert, für bestimmte Krankheiten besonders anfällig sind. Resistenzen stecken also in irgendeiner Form in den Genen. Es gibt auch beim Menschen Anzeichen dafür, dass die Folgen von Pest und Lepra sich an den Genen der Nachfahren von

Überlebenden ablesen lassen. Eine so ererbte Veranlagung kann die Wahrscheinlichkeit einer Infektion in sehr speziellen Situationen mindern. Solche Gene bleiben aber nicht zwangsläufig für immer erhalten, insbesondere nicht, wenn die dazugehörige Krankheit aus der Welt verschwindet. Sie als Individuum sollten sich bei der Urlaubsplanung auf keinen Fall auf so eine verringerte Infektionswahrscheinlichkeit verlassen.

Sobald man sich eine Krankheit einmal zugezogen hat, ist das Immunsystem zuständig. Wenn es den Erregern schon einmal begegnet ist und Antikörper gebildet hat, erkrankt man häufig kein zweites Mal – das ist der Grund, warum man etwa die Windpocken nur ein einziges Mal im Leben bekommt. Aber auch hier sollten Sie sich nicht zu sicher fühlen, denn wie schon erwähnt verändern sich Krankheitserreger im Lauf der Zeit. Antikörper gegen die ältere Version einer Krankheit nutzen nicht viel gegen eine neuere Version. Die Antikörper passen dann einfach nicht zu den Erregern. Weil das menschliche Immunsystem aber – anders als Virenschutzsoftware im Computer – kein Archiv aller vorangegangenen Krankheitsversionen pflegt, gilt dasselbe leider auch umgekehrt: Wer gegen die neuere Version einer Krankheit immun ist, hat keinen Schutz gegen ihre Varianten aus der Vergangenheit.

Wie oft man neu impfen muss, hängt vom Erreger ab. Gegen die Grippe wird jährlich neu geimpft, weil sich das Grippevirus besonders schnell verändert. Bakterien – also zum Beispiel die Erreger von Pest, Tuberkulose oder Cholera – verändern sich langsamer als Viren. Aber nicht langsam genug: Wenn Sie mehrere hundert Jahre in die Vergangenheit zurückkreisen, dann nützen ihnen sämtliche Antikörper der Gegenwart wenig.

Deshalb ist es wichtig, sich nicht einfach auf vorhandene Impfungen zu verlassen. Suchen Sie rechtzeitig ein zeitreisemedizinisches Zentrum auf. Fragen Sie konkret nach den Immunisierungen und Vorbeugungsmaßnahmen, die für die geplante Reisezeit nötig sind. Falls Sie ungewöhnliche Reisepläne haben, kann es sein, dass keine zeitspezifischen Impfstoffe zur Verfügung stehen. In jedem Fall müssen Sie sich vorher mit Ihrer Reisekrankenversicherung absprechen. Reisezeiten, für die in der Gegenwart keine Impfungen existieren, sind oft vom Versicherungsschutz ausgenommen.

Das Kolumbus-Problem

 Einige Krankheiten der Vergangenheit lassen sich zwar in der Gegenwart gut – oder zumindest deutlich besser – behandeln. Vorbeugung ist trotzdem besser, als Krankheiten mitzubringen. Viele Vergangenheitskrankheiten unterliegen in der Gegenwart der Meldepflicht, und mit dem Mitbringen von Wanzen, Läusen oder Flöhen machen Sie sich zumindest unbeliebt. Bei seriösen Anbietern ist daher eine gründliche medizinische Untersuchung bei der Rückkehr im Preis inbegriffen und nicht optional. Eventuell muss eine Quarantäneperiode nach dem Urlaubsende eingehalten werden. Das ist unangenehm, aber nicht so unangenehm wie die Vorwürfe, denen man sich aussetzt, wenn man versehentlich die Nachbarschaft, die Stadt oder den Kontinent durch eine mitgebrachte Infektion entvölkert.

Eine Krankheit aus der Vergangenheit in die Gegenwart zu transportieren ist unschön. Aber immerhin wird diese

Gegenwart überwiegend von gesunden, medizinisch versorgten Menschen bewohnt. Krankheiten, die Zeitreisende aus der Gegenwart in die Vergangenheit mitbringen, treffen dort womöglich auf Menschen, die durch Hunger oder andere Krankheiten geschwächt sind und keinen Zugang zu wirksamen Behandlungen haben.

Wenn Krankheitserreger auf eine Bevölkerung treffen, deren Immunsysteme noch nie mit ihnen zu tun hatten, führt das zu Epidemien mit hoher Sterblichkeit. Auf diese Art wird Christoph Kolumbus unabsichtlich zum Massenmörder. Vor seiner Ankunft im Jahr 1492 leben in Nord- und Südamerika insgesamt etwa sechzig Millionen Menschen (in Europa sind es zur selben Zeit siebzig bis achtundachtzig Millionen). Die Bevölkerung auf dem amerikanischen Kontinent hatte seit einigen Jahrtausenden keinen Kontakt zu der in anderen Teilen der Erde. Alle in der Zwischenzeit in Asien und Europa entstandenen Krankheiten sind für die amerikanischen Immunsysteme neu. Beulenpest, Cholera, Diphtherie, Fleckfieber, Grippe, Keuchhusten, Malaria, Masern, Scharlach, Syphilis, Tuberkulose, Typhus, aber vor allem die Pocken raffen in kurzer Zeit etwa neunzig Prozent der Bevölkerung dahin. Der amerikanische Kontinent wird so stark entvölkert, dass manche Forscher die gleichzeitig stattfindende weltweite Abkühlung darauf zurückführen: Ehemals landwirtschaftlich genutzte Gebiete werden wieder zu Wald, der Kohlendioxid aus der Atmosphäre bindet.

Deshalb dürfen Sie auf keinen Fall krank eine Zeitreise antreten. Selbst wenn Sie sich gesund und munter fühlen, können Sie Krankheitserreger in sich tragen. Ein historisches Beispiel dafür ist die irisch-amerikanische Köchin Mary Mallon, die eine symptomlose Typhusinfektion mit sich herumträgt und im frühen 20. Jahrhundert über fünfzig Personen in den von ihr bekochten Haushalten infiziert. Weil sie sich selbst nicht krank fühlt, hält sie die Diagnose für falsch und weigert sich hartnäckig, ihren Beruf als Köchin aufzugeben. Es kann also vorkommen, dass Sie nach der zeitreisemedizinischen Untersuchung gegen dabei entdeckte Krankheiten behandelt werden müssen, obwohl Sie nie Symptome bemerkt haben – oder dass Sie für bestimmte Zeiten und Regionen gar keine Reisegenehmigung bekommen. Bitte nehmen Sie solche Entscheidungen hin. Sie retten damit Millionen Menschenleben.

Arztbesuche

 Vielleicht ziehen Sie sich trotz aller Vorsichtsmaßnahmen eine Krankheit oder Verletzung zu. Vielleicht rollt Ihnen eine Kutsche über den Fuß. Dann müssen Sie eine Entscheidung treffen: Zum Arzt oder nicht?

Je nach Reisezeit kann ein Arztbesuch in der Vergangenheit mehr schaden, als er nützt. Meiden Sie insbesondere die europäischen Krankenhäuser, wie sie ab 1700 allmählich entstehen. In den ersten zweihundert Jahren ihrer Existenz dienen sie vor allem der Versorgung der Armen – wer es sich leisten kann, ruft den Arzt zum Hausbesuch. Ab dem 19. Jahrhundert kommen auch Wohlhabende auf die vorerst noch ziemlich schlechte Idee, sich im Krankenhaus behandeln zu lassen oder dort Kinder zur Welt zu bringen. In einer Zeit, in der das Krankenhaus bereits existiert, die Krankenhaushygiene aber noch nicht erfunden ist oder nur halbherzig durchgesetzt wird, sollten Sie solche Orte nur im äußersten Notfall aufsuchen.

Vor der Entstehung des modernen Krankenhauses ist ein Arztbesuch weniger riskant, aber nur bedingt hilfreich. Es sei denn natürlich, man möchte mit exotischen Tinkturen und Salben behandelt werden, sagen wir mit dem Extrakt, der aus einer gerösteten Katze tropft, in die vorher Igelfett, Salbei, Bärenfett, Harz, Wachs und noch ein paar andere Dinge gesteckt wurden. Oder Medikamente aus pulverisierten Mumien und Königskot schlucken. Ein Bad in einer Suppe aus Holzwürmern nehmen. Sich mit einem Igelmotiv-Amulett gegen Kahlköpfigkeit behandeln lassen. Manche mögen das ja, und sei es nur aus touristischer Neugier.

Andererseits ist nicht jedes Medikament Unfug, nur weil es vor tausend Jahren erfunden wurde und unerwartete Zutaten enthält. Eine Forschergruppe um die Mikrobiologin Freya Harrison kocht im Jahr 2015 ein Rezept aus dem 9. Jahrhundert gegen das Gerstenkorn nach, eine Staphylokokkeninfektion am Augenlid. Die Tinktur enthält unter anderem Knoblauch, Wein und Rindergalle und erweist sich als wirksam gegen antibiotikaresistente Staphylokokken, die in Krankenhäusern der Gegenwart ein großes Problem darstellen. Vielleicht werden künftige Forscher noch Überraschendes über Suppe aus Holzwürmern oder Amulette mit Igelmotiven herausfinden.

Die Heilkundigen einiger vergangener Hochkulturen sind gut ausgebildete Fachleute, und je nach Reisezeit und Art des Gesundheitsproblems werden sie einen unter Umständen nicht schlechter versorgen, als das ihre Kolleginnen und Kollegen in der Gegenwart tun. Wie immer kommt es auf die Details an. So wie es in der Gegenwart hochspezialisierte Krankenhäuser, aber auch alle Arten von Wunderheilern gibt, ist auch in der Vergangenheit das Spektrum groß. Man sollte sich daher so wenig über die Medizin der Vergangenheit mit ihren Krötenpulvern lustig machen wie über die der Gegenwart, in der Homöopathie von der Krankenkasse bezahlt wird. Insbesondere wenn Sie eine Krankheit in der Gegenwart bereits seit Jahren erfolglos von Praxis zu Praxis tragen, können Sie ruhig Ihr Glück mit der Vergangenheitsmedizin versuchen.

Wichtig ist aber, dass Sie sich selbst und Mitreisende gegen eine unnötige und womöglich schädliche medizinische Behandlung verteidigen, wenn diese Behandlung irreparable Folgen hätte. Das betrifft vor allem Amputationen nach Unfällen. In der Vergangenheit sind sie oft das einzige Mittel, das Übergreifen einer Wundinfektion auf den ganzen Körper zu vermeiden. Von der ursprünglichen Verletzung bis zum Auftreten lebensbedrohlicher Probleme vergehen jedoch Tage bis Wochen. Wenn Sie innerhalb dieses Zeitraums die Rückreise antreten, werden Sie wahrscheinlich alle Ihre Körperteile behalten.

Meiden sollten Sie außerdem alle Behandlungsmethoden, bei denen Keime direkt in Ihre Blutbahn gelangen. Dazu gehört die in vielen Zeiten gebräuchliche Behandlung mit Blutegeln, weil Krankheitserreger im Verdauungstrakt des Egels monatelang infektiös bleiben können. Egeltherapie wird zwar auch in der Gegenwart noch praktiziert, dabei kommen aber Egel zum Einsatz, die vorher nicht an Menschen gesaugt haben. Dasselbe gilt für das ebenfalls beliebte Schröpfen, also das Blutabsaugen mit Hilfe kleiner Gläser, wenn dafür vorher die Haut eingeritzt wird, sowie für den Aderlass. Wenn Sie diese Einschränkungen beachten, kann Ihnen nicht allzu viel passieren. Selbst die giftigsten Therapien der Vergangenheit, zum

Beispiel Quecksilberbehandlungen, entfalten ihre schädliche Wirkung vor allem langfristig und bringen Sie nicht gleich ins Grab.

In den meisten Fällen empfiehlt es sich, mit einem Arztbesuch bis zur Rückkehr zu warten. Eine wichtige Ausnahme von dieser Regel sind Kopfverletzungen, die zu steigendem Druck im Gehirn führen. Solche Kopfverletzungen können innerhalb weniger Stunden fatale Folgen haben. Es gibt in erstaunlich vielen Zeiten und Kulturen Behandlungsmethoden, die das Zeitfenster bis zum Erreichen eines vertrauenswürdigen Krankenhauses vergrößern können. Versuchen Sie daher unbedingt, einen Arzt hinzuzuziehen, wenn eine mitreisende Person eine Kopfverletzung erleidet und danach unterschiedlich große Pupillen hat. Selbst aus Zeiten mit ansonsten eher rudimentärer Gesundheitsversorgung sind Schädel mit verheilten kreisrunden Öffnungen überliefert. Eine solche Trepanation ist eine so einfache Operation, dass sie häufig gar nicht aus medizinischer Notwendigkeit, sondern aus spirituellen Gründen durchgeführt wird. Mischen Sie sich dabei nicht in die Tätigkeit der Heilkundigen ein, etwa um das Abkochen von Instrumenten zu verlangen. Ihre Aussichten auf Erfolg sind kaum größer, als wenn Sie in einem Gegenwartskrankenhaus vor der Operation ein Ziegenopfer oder etwas ähnlich Absurdes wünschen. Die Infektion durch unsterile Instrumente ist in dieser Situation ein nachrangiges Problem, das bis zur Rückkehr in die Gegenwart warten kann.

Bei den meisten anderen medizinischen Notfällen ist das kritische Zeitfenster größer oder die Folgen sind weniger fatal, sodass Sie die Rückreise antreten und sich zu Hause behandeln lassen können. Wunden müssen – anders, als man es im Film manchmal sieht – nicht sofort genäht werden. Wenn

Schmutz in die Wunde gelangt ist, richtet das Nähen mehr Schaden an, als es nützt, und man lässt sie besser offen verheilen. Zur Herstellung einer schöneren Narbe, wenn Sie auf so etwas Wert legen, können Sie die Wunde später öffnen und neu vernähen lassen.

Auch bei einer Blinddarmentzündung geht es nicht um Stunden, sondern um Tage. Außerdem ist es wahrscheinlich sowieso nicht der Blinddarm: Bauchschmerzen oder Koliken sind auch in Gegenwartsurlauben eine häufige Reaktion auf ungewohntes Essen. Eine Blinddarmentzündung fernab von Krankenhäusern ist zwar gefährlich, aber auch selten. Auf Expeditionen in der Gegenwart machen sie nur 0,7 Prozent aller gesundheitlichen Probleme aus. Ein Zahnarztbesuch wegen eines akuten Problems wird in den meisten Fällen dazu führen, dass man Ihnen einen Zahn zieht, der in der Gegenwart zu retten gewesen wäre. Wenn Sie Pech haben, geschieht das ohne Betäubung. Lassen Sie deshalb Ihre Zähne vor dem Urlaub sanieren.

Der Inhalt Ihrer Reiseapotheke sollte im Prinzip derselbe sein wie in der Gegenwart. Sie können unbesorgt ein Breitbandantibiotikum einpacken, Sie werden damit – anders als oft behauptet – keine Probleme in der bereisten Zeit verursachen. Durch Ihre paar Tabletten wird es nicht dazu kommen, dass antibiotikaresistente Keime schon im 15. anstatt im 20. Jahrhundert entstehen und in der Folge die Menschheit ausstirbt. Im Körper der behandelten Person bleiben vielleicht ein paar antibiotikaresistente Keime zurück. Diese Keime genießen aber in den übrigen Menschen der Vergangenheit keinen evolutionären Vorteil und werden sich deshalb nicht durchsetzen. Der resistente Erreger ist womöglich sogar schwächer als seine nichtresistenten Verwandten, weil er zu sehr damit beschäftigt war, Antibiotikaresistenz zu entwickeln. Antibiotika helfen allerdings nicht gegen alle Probleme, sondern nur gegen Infektionskrankheiten, die von Bakterien ausgelöst werden – also zum Beispiel bei Fleckfieber. Bei Pocken, Gelbfieber und Malaria bleiben sie wirkungslos.

Bücher über Wildnismedizin, die Sie vielleicht schon besitzen, sind keine guten Ratgeber für Zeitreisen, weil sie viele Instrumente und Chemikalien voraussetzen, die Ihnen in der Vergangenheit nicht zur Verfügung stehen. Die Anschaffung eines Ratgebers speziell zur Zeitreisemedizin lohnt sich.

Egal, was kommt: Versuchen Sie nach Möglichkeit, nicht in der Vergangenheit zu versterben. Ihr Körper enthält moderne Zahnplomben und womöglich Herzschrittmacher, Gelenkprothesen, Schrauben, Schienen oder andere Implantate. Wenn Sie nicht gerade in einen aktiven Vulkankrater fallen, werden diese Überbleibsel später Verwirrung stiften.

Wenn Sie helfen wollen

 Sie selbst sind durch Impfungen oder Prophylaxemedikamente geschützt oder können sich nach Ihrer Rückkehr in die Gegenwart behandeln lassen. Aber vielleicht möchten Sie ja nicht tatenlos zusehen, wenn um Sie herum gelitten wird.

Vorab ein Wort der Warnung: Zeitreisende fühlen sich häufig veranlasst, Kranken der Vergangenheit zu helfen. Das ist löblich, aber wenn Sie keine medizinische Ausbildung haben, verfallen Sie bitte nicht auf die Idee, Sie könnten nur aufgrund Ihrer Herkunft aus der Zukunft Patienten behandeln. Vage Erinnerungen an medizinische Techniken der Gegenwart werden in der Vergangenheit mehr schaden als nutzen. Zum Beispiel sollten Sie nicht versuchen, abgestorbenes Gewebe in chronischen Wunden von eingesetzten Maden entfernen zu lassen, wie es in der Gegenwart erfolgreich praktiziert wird. Was auf den ersten Blick so einfach und zeitreisekompatibel wirkt, funktioniert nur mit sterilen Maden. Sterile Maden sind leicht heranzuzüchten – in der Gegenwart. Unsterile Maden werden Infektionen verursachen, die gefährlicher sein können als das ursprüngliche Problem.

Gegen die meisten Gesundheitsprobleme der Vergangenheit können Sie mit Bordmitteln nichts tun, und das eigenhändige Herstellen von Antibiotika ist, wie Sie aus dem Kapitel «Zwei einfache Erfindungen» wissen, keine Option. Drei Ausnahmen gibt es: Durchfallerkrankungen, Pocken und Syphilis.

Bei **Durchfall** ist die eigentliche Infektion durch Krankheitserreger, die Magen oder Darm befallen, oft ganz gut überlebbar. Die echte Gefahr besteht im Wasserverlust. Merken Sie sich daher das Rezept für die in den 1940er Jahren entwickelte und bis heute eingesetzte «WHO-Trinklösung»: sechs gestrichene Teelöffel Zucker und einen halben Teelöffel Salz auf einen Liter Wasser, oder in Abwesenheit von Teelöffeln: eine Handvoll Zucker und eine Prise Salz. Das Salz braucht der Körper als Ersatz für die verlorenen Elektrolyte, der Zucker unterstützt die Aufnahme im Darm. Wenn es Ihnen gelingt, Erkrankten pro Tag drei Liter dieser Lösung einzuflößen, wird deren Weiterleben um etwa dreiundneunzig Prozent wahrscheinlicher. Falls Zucker nicht zur Hand oder nur am Königshof zu haben ist, ersetzen Sie ihn durch Honig, und falls es kein sauberes Wasser gibt, nehmen Sie irgendwelches. Die vielleicht im Wasser enthaltenen Keime sind in so einer Situation zweitrangig. Versuchen Sie die einheimische Bevölkerung vom Nutzen dieses Rezepts zu überzeugen, wenn die herrschenden Preise für Salz und Honig oder Zucker das nicht zu abwegig machen.

Bei den **Pocken** gibt es drei Möglichkeiten zur Immunisierung, die sich alle relativ einfach durchführen lassen.

Die chinesische Methode: Besorgen Sie sich Schorf von einigen Pocken, am besten von einem Patienten, der keine schweren Symptome zeigt. Blasen Sie den zu immunisierenden Personen den pulverisierten Schorf in die Nase. So wird es in China etwa ab dem Jahr 1000 gemacht. Zu den Risiken und Nebenwirkungen im nächsten Punkt.

Die indische Methode: Besorgen Sie sich eine stecknadelkopfgroße Menge Pockenschorf und bringen Sie diesen Schorf durch einen leichten Schnitt in der Haut ein. Verwenden Sie Schorf von Kindern, um die behandelte Person nicht versehentlich mit Syphilis anzustecken. Der Schorf braucht dabei nicht frisch zu sein, das Virus hält sich getrocknet unter den richtigen Bedingungen jahrelang.

Diese Praxis ist in Indien, dem Osmanischen Reich und Ostafrika ungefähr seit dem 15. Jahrhundert bekannt. Den Weg nach Europa findet sie erst um 1720, als Lady Mary Wortley Montagu, die Frau des britischen Botschafters in Konstantinopel, sie nach England bringt. Ungefähr zur gleichen Zeit erklärt der aus Afrika verschleppte Sklave Onesimus dasselbe Verfahren seinem Besitzer in Boston. Sowohl in England als auch in Amerika ist man skeptisch, dass so eine Erfindung aus dem barbarischen Ausland funktionieren kann – und in der Bibel steht schließlich auch nichts von Impfungen. Aber nach einigem Hin und Her setzt sich die Pockenimmunisierung durch. Eine Pockeninfektion, die man sich auf diese Art zuzieht, verläuft meist milder und harmloser, weil sich die Krankheit unter der Haut nur langsam ausbreiten kann, was dem Immunsystem mehr Zeit zum Reagieren verschafft. Immerhin achtundneunzig bis neunundneunzig Prozent der Behandelten überleben diesen Vorgang. Der Nachteil der chinesischen und der indischen Methode: So behandelte Personen können immer noch ihre Mitmenschen anstecken, und zwar mit den ganz normalen, gefährlichen Pocken. Die Krankheit verläuft nur bei den Behandelten selbst mild. Es ist daher wichtig, die geimpften Menschen bis zum Abklingen des Ausschlags von der Außenwelt zu isolieren.

Die englische Methode: Verfahren Sie wie bei der indischen Methode, aber mit dem Schorf von Pocken, die Sie an Kuheutern oder an den Händen von Melkerinnen finden. Der englische Arzt Edward Jenner beweist im späten 18. Jahrhundert, dass eine Infektion mit Kuhpocken vor den echten Pocken schützt. Weil die Kuhpocken harmloser sind, ist diese Impfung weniger riskant. Die so nützlichen Kuhpocken sind allerdings schwer zu finden. Da sie eigentlich eine Pferdekrankheit sind, die nur gelegentlich auf Kühe überspringt, muss man nach Menschen suchen, die sowohl mit Pferden als auch mit Kühen arbeiten. Kühe werden häufig von Frauen gemolken, die Pflege von Pferden ist dagegen oft Männersache. An den meisten Orten können Sie sich daher nicht auf die Hilfe der Kühe verlassen.

Entscheidend ist bei allen drei Verfahren, dass sie rechtzeitig eingesetzt werden, also vor einer Pockeninfektion. Beim Versuch, eine solche Immunisierung einzuführen, werden Sie genau wie die ersten Verfechter dieser Techniken auf überraschende Widerstände stoßen. Vielleicht hilft Ihnen eine Erfahrung weiter, die die oben erwähnte Lady Montagu macht, als sie den Engländern die Immunisierung nahezubringen versucht: Am leichtesten lassen sich Menschen überzeugen, die bereits einen nahen Verwandten an die Pocken verloren haben und in deren Haushalt kleine Kinder leben, die sie schützen wollen.

Die **Syphilis** ist eine gefürchtete, entstellende und in vielen Fällen tödlich verlaufende Krankheit. Sie lässt sich mit einem unangenehmen, aber überraschend einfachen Verfahren heilen: durch eine Infektion mit Malaria. Malaria führt zu hohem Fieber, das der Syphiliserreger, das Bakterium *Treponema pallidum*, nicht überlebt. So behandelte Patienten haben keine Syphilis mehr, dafür aber Malaria, eine vergleichsweise unproblematische und viel weniger tödliche Krankheit. Der österreichische Psychiater Julius Wagner-Jauregg erhält für die Entwicklung dieser Therapie 1927 den Nobelpreis für Medizin. Das Verfahren funktioniert aber im Prinzip auch in allen anderen Zeiten. Alles, was man dazu braucht, ist eine an Malaria erkrankte Person und eine Spritze. Man entnimmt der Spenderperson fünf bis zehn Milliliter Blut und verabreicht es der Empfängerperson intramuskulär oder intravenös. Falls es bereits Chinarinde aus Südamerika zu kaufen gibt, lässt sich später sogar die so erzeugte Malaria wieder bekämpfen. Dazu verrührt man etwa zehn Gramm pulverisierte Rinde zum Beispiel mit Wein. Das überzeugend scheußlich schmeckende Getränk wird bei Bedarf mehrmals täglich verabreicht, bis das Fieber verschwindet.

Das alles setzt allerdings medizinische Kenntnisse voraus. Insbesondere darf die Spenderperson nur eine der milderen Formen der Malaria haben und keinesfalls die ihrerseits hochgefährliche *Malaria tropica*. Deshalb sollten Sie hier auf keinen Fall selbst herumpfuschen, sondern lediglich versuchen, das Verfahren den Heilkundigen der bereisten Zeit nahezubringen. Die Nachfrage nach einer Therapie ist einerseits sehr groß, die Chancen sollten also besser stehen als bei vielen anderen Innovationen. Andererseits wird auch Wagner-Jauregg mit seiner guten Idee jahrzehntelang nicht ernst genommen.

Genau wie bei der Pockenimmunisierung müssen Sie verhindern, dass so Behandelte die Malaria auf dem normalen Infektionsweg, also durch Mücken, an andere weitergeben. Malaria kann zwar nur von einer bestimmten Mückenart übertragen werden, aber wenn für Sie eine Mücke wie die andere aussieht, setzen Sie besser auf Mückennetze.

Am nützlichsten würden Sie sich bei der Bekämpfung von Infektionskrankheiten in der Vergangenheit machen, wenn es Ihnen gelänge, häufiges Händewaschen mit Seife durchzusetzen (siehe Abschnitt «Hygiene»). Das erweist sich aber schon in der gut informierten Gegenwart als schwierig. Zudem ist der Zusammenhang zwischen verbesserter Hygiene und gesenktem Infektionsrisiko keineswegs leicht zu erkennen. In der Vergangenheit werden Sie sich mit solchen Versuchen wahrscheinlich nur den Urlaub verderben.

Hygiene

 Die erfolgreichsten Vorbeugungsmaßnahmen sind einfach, und Sie kennen sie bereits, wenn Sie schon einmal in der Gegenwart in ein Land verreist sind, dessen Keime Ihrem Immunsystem unvertraut sind: Händewaschen, Trinkwasser abkochen, Obst und Gemüse schälen, Essen gründlich erhitzen, unter

einem Mückennetz schlafen, Körper und Kleidung mit Insektiziden behandeln, große Menschenansammlungen meiden, möglichst keine Körperflüssigkeiten mit Einheimischen austauschen. Aber es ist nicht so leicht, sie gewissenhaft und konsequent durchzuhalten: Freundliche Menschen bieten Essen oder einen Schluck aus einem gemeinsam genutzten Trinkgefäß an, und es wäre unhöflich abzulehnen. Interessante Ereignisse gehen häufig mit großen Menschenansammlungen einher.

Gewöhnen Sie sich am besten schon vor der Reise an, grundsätzlich nicht mit den Händen in Augen, Nase oder Mund zu fassen. Das verringert nicht nur in der Vergangenheit die Wahrscheinlichkeit von Infektionen, es hilft auch in der Gegenwart, zum Beispiel bei der nächsten Grippeepidemie. Außerdem ist es höflich.

Das Händewaschen insbesondere vor und nach Mahlzeiten gehört in vielen Zeiten und Gegenden zum guten Ton. Allerdings geht es dabei bis zur Entdeckung der Krankheitserreger im 19. Jahrhundert eher um religiöse und soziale Rituale, und das Ziel ist lediglich ein optisch sauberer Eindruck der Hände. Daran hat sich bis in die Gegenwart nicht viel geändert. Immer wieder ergeben Studien, dass große Teile der Bevölkerung auch in Industrieländern sich die Hände zu selten, zu kurz oder ohne Seife waschen. Nur die wenigsten reinigen ihre Hände nach der empfohlenen Methode: mindestens zwanzig Sekunden lang mit Wasser und Seife, auch in den Fingerzwischenräumen. Selbst ärztliches Fachpersonal vernachlässigt die Handhygiene. Für einen herablassenden Blick auf die unreinliche Vergangenheit ist es also noch zu früh.

Seife oder seifenähnliche Substanzen gibt es seit mindestens fünftausend Jahren. Bringen Sie trotzdem Seife von zu

Hause mit. Sie hinterlässt keine archäologischen Spuren und eignet sich gut als kleines Gastgeschenk. Versuchen Sie dabei nicht, die Beschenkten mit besonders bunten oder durchsichtigen Seifenstücken zu beeindrucken. Wie immer sind diejenigen Varianten am beliebtesten, die dem Vertrauten ähnlich sehen und nur ein bisschen teurer duften oder aussehen. Aber Vorsicht: Vermeiden Sie den Eindruck, dass Sie die bereiste Gegend für seifenlos und unzivilisiert oder Ihre Gastgeber für ungewaschen halten. Alle Menschen zu allen Zeiten halten sich für sauber – nur ihre Ansichten darüber, was Sauberkeit ausmacht, unterscheiden sich. Das ist in der Vergangenheit nicht anders als in der Gegenwart.

Toilettenfragen

 In der Gegenwart beschäftigen sich viele Archäologiefachleute mit dem, was sich in den Latrinen der Vergangenheit finden lässt: Parasiten und ihre Eier, die DNA der verzehrten Tiere und Pflanzen, Samen und Kerne und die Überreste von Reinigungsmaterial. Was für die Archäologie ein produktiver Forschungszweig ist, stellt Zeitreisende vor Probleme, denn selbst biologisch abbaubare Abfälle können unter den richtigen beziehungsweise falschen Umständen jahrtausendelang identifizierbar bleiben. Um nicht die archäologischen Befunde in der Zukunft anderer Vergangenheiten durcheinanderzubringen, dürfen Sie deshalb weder Toilettenpapier noch Tampons in den Latrinen der Vergangenheit hinterlassen, von plastikhaltigen Hygieneartikeln wie Slipeinlagen ganz zu schweigen.

Das bedeutet, dass man sich auch beim Toilettengang an die jeweiligen Gepflogenheiten anpassen muss. Toilettenpapier wird erst 1880 erfunden und ist vor 1900 in den westlichen Ländern kaum verbreitet. In vielen europäischen Gegenden wischt man sich noch bis weit ins 20. Jahrhundert mit der in Stücke geschnittenen Tageszeitung ab. Vor 1880 ist das Spektrum noch größer. Je nach Reisezeit und -ort können Schwämme an Stöcken zum Einsatz kommen (etwa in römischen Latrinen), die linke Hand, große Pflanzenblätter, Moos, Kieselsteine oder Stöcke.

Nur wenn Sie aus einer Kultur der Gegenwart kommen, in der man sich nach dem Stuhlgang mit Wasser und der linken Hand reinigt, brauchen Sie sich in der Vergangenheit nicht umzustellen, denn Wasser hinterlässt keine archäologischen Spuren. Allerdings müssen Sie dann wiederum auf gründliche Reinigung der Hände achten, was am Fehlen von Seife oder Waschgelegenheiten scheitern kann. Bringen Sie ausreichende Mengen Handdesinfektionsmittel mit (und das Gefäß wieder mit nach Hause), das ist auch für viele andere Anlässe eine gute Idee.

In manchen Kulturen, etwa im alten Rom, wird die Fähigkeit zur Benutzung öffentlicher Latrinen erwartet, und öffentlich bedeutet hier, dass man die anderen Anwesenden bei ihren Verrichtungen sehen kann. Zum Erscheinungszeitpunkt dieses Buchs ist ungeklärt, ob auch Frauen diese öffentlichen Latrinen aufsuchen, und wenn nein, welche Alternativen es gibt. Frauen stehen außerdem vor dem Problem der Menstruationshygiene. Welche Lösungen es dafür in den diversen Vergangenheiten der Menschheit gibt, ist ein sowohl unterdokumentiertes als auch untererforschtes Thema. Es so zu machen wie alle anderen ist nicht immer eine Option. Selbst wenn die lokalen Gebräuche bekannt sind, werden nicht alle Zeitreisenden bereit sein, sich ihnen anzupassen. In Europa ist in vielen Regionen noch bis weit ins 20. Jahrhundert das Tragen eines speziellen Menstruationsgürtels mit Stoffbinden üblich. Diese Binden müssen irgendwo gewaschen und getrocknet werden, insgesamt eine unkomfortable und unpraktische Angelegenheit.

Menstruationscups aus Silikon oder anderen Kunststoffen kann man ausleeren und mehrere Jahre lang wiederverwenden. Sie sind auch in der Gegenwart üblich, etwa für Reisegegenden ohne Infrastruktur. Allerdings erfordert ihr Gebrauch etwas Übung, und Sie sollten sich nicht erst nach Ihrer Ankunft im alten Rom zum ersten Mal damit auseinandersetzen. Wiederverwendbare Tampons aus Stoff, wie sie zumindest aus dem 19. Jahrhundert dokumentiert sind, lassen sich selbst herstellen, und Schwämmchen an einer Schnur gibt es in der Gegenwart sogar zu kaufen. Beides wird, falls man darauf angesprochen werden sollte – Privatsphäre ist in den meisten Zeiten ein rares Gut – leichter zu erklären sein als ein Gummiartikel.

Wenn Sie sich den lokalen Gepflogenheiten auf keinen Fall anpassen möchten, müssen Sie Ihre gesamten Abfälle wieder nach Hause bringen, genau wie bei Everest-Expeditionen oder Bootsfahrten durch den Grand Canyon. Überlegen Sie sich rechtzeitig eine Erklärung für diesen ungewöhnlichen Teil Ihres Reisegepäcks.

Mitnehmen und Mitbringen

 Die Wahl Ihrer Ausrüstung hängt stark davon ab, was Sie vorhaben und wohin Sie verreisen. Die einzige allgemein gültige Regel lautet so ähnlich wie die für Nationalparks und Naturschutzgebiete in der Gegenwart: Nehmen Sie alles wieder mit nach Hause. Die Spuren, die Sie hinterlassen, sollten sich nicht von denen der Einheimischen der jeweiligen Zeit unterscheiden. Einige Reiseunternehmer nehmen diese Regel sehr ernst und werden Sie nur mit historischen Kleidungsstücken in die Vergangenheit entlassen, sonst nichts. Nicht alle interessieren sich für eine solche puristische Form des Zeitreisens. Zumindest möchten Sie vermutlich eine Kamera mitnehmen, um Urlaubsfotos zu machen. Wer in prähistorische Zeiten verreist, wird sich mit Camping-Artikeln ausrüsten müssen: Zelt, Schlafsack, Kocher, Wasserfilter, Fertignahrung, das gesamte Sortiment. Einfacher haben Sie es, wenn Sie Zeiten aufsuchen, in denen zivilisatorische Errungenschaften wie Gasthäuser oder Herbergen existieren (siehe dazu auch «Fortbewegung und Unterkunft»). Hier können Sie durchaus minimalistisch unterwegs sein und sich alles vor Ort organisieren.

Menschen im Urlaub sammeln gern, zum Beispiel Steine oder Muscheln oder Ansichtskarten oder Kunstwerke, anfassbare Dinge, die an die flüchtigen Momente des Urlaubs erinnern. Die Vergangenheit ist voll mit den allerherrlichsten Andenken, die man in der Gegenwart entweder gar nicht oder nur sehr schwierig bekommt. Die Versuchung ist groß, an jeder Ecke ein Stück Geschichte einzupacken. Manche Gegenstände aus der Vergangenheit sind in der Gegenwart viel wert. Eine Speerspitze der Clovis-Menschen, das Originalmanuskript eines verlorengegangenen Buchs, zum Beispiel Herman Melvilles «Isle of the Cross», oder ein Aschenbecher aus den 1950er Jahren: alles Dinge, für die man in der Gegenwart ohne Probleme Interessenten finden wird. Man könnte schnell reich werden, so denken geschäftstüchtige Zeitreisende.

Das Mitbringen von Souvenirs verkompliziert sich erheblich, wenn man in Rechnung stellt, dass Sie als Zeitreisende in einer Parallelwelt unterwegs sind. Wenn Sie dort, sagen wir, einen antiken Klorollenhalter entwenden, dann gibt es in diesem Strang der Geschichte einen Klorollenhalter weniger. (Das Beispiel ist fiktiv, tatsächlich gibt es Toilettenpapier auf Rollen erst ab dem späten 19. Jahrhundert zu kaufen.) Stattdessen bringen Sie den Klorollenhalter in die Gegenwart mit, in die Version der Geschichte, aus der Sie kommen. In dieser Parallelwelt existiert derselbe Gegenstand dann gleich zweimal: einmal an seinem angestammten Ort, sofern er bis in die Gegenwart überdauert hat, und einmal als Mitbringsel. Wenn jetzt jemand in der Gegenwart die alte Version findet, ist die Verwirrung groß. Darum wird generell davon abgeraten, in der Vergangenheit Gegenstände zu entwenden, man hinterlässt nur Kummer, oder eben ein Klo ohne Klorollenhalter.

Und noch eine Schwierigkeit: Es mag verlockend sein, für wenig Geld ein Bild von van Gogh zu kaufen und als Souvenir oder Investition aus dem Urlaub mitzubringen. Ein solcher van Gogh wird allerdings – genau wie jede andere «Antiquität» – brandneu und damit für Betrachter aus der Gegenwart nicht besonders authentisch aussehen. Das sollte aber nicht der Hauptgrund für Sie sein, die Finger von solchen Souvenirs zu lassen. Wahrscheinlich finden Sie es auch nicht richtig,

wenn in Museen Kunstwerke oder religiöse Gegenstände ausgestellt werden, die eine Expedition einst im Ursprungsland
einfach so eingesackt hat. Betrachten Sie den Strang der Zeit,
in dem Sie sich aufhalten, wie ein anderes Land, und lassen
Sie dieses Land nicht ohne sein einziges Exemplar von van
Goghs «Sternennacht» zurück.

Was Sie dagegen bedenkenlos mitbringen können, sind
Erinnerungen und Fotos. Diese Fotos können für die Gegenwart sogar äußerst hilfreich sein. Wenn Sie sich weiterhin für
van Gogh interessieren, versuchen Sie, in die Nähe eines seiner eben erst gemalten Bilder zu gelangen und davon ein Foto
zu machen. Es ist bekannt, dass sich die von ihm verwendeten
Farben in der Zwischenzeit verändert haben. Daher können
Sie mit solchen Fotos der Fachwelt eine Freude machen. Am
zuverlässigsten funktioniert das, wenn Sie jemanden bitten,
unauffällig eine Standard-Farbkarte neben das Gemälde zu
halten. Einige von van Goghs wenigen Ausstellungen finden in
Restaurants statt; man wird Ihnen dabei also nicht so genau
auf die Finger gucken wie in heutigen Museen.

Die Größe vieler Van-Gogh-Bilder ist bekannt, aber für
die meisten anderen Fotomotive der Vergangenheit gilt das
nicht. Bei kleineren Gemälden oder Gegenständen kann Ihre
Farbkarte gleichzeitig als Größenmaßstab dienen. Für das
Fotografieren großer Saurier oder Bauwerke empfiehlt sich
die Mitnahme eines Fotomaßstab-Sets aus dem Archäologie-
bedarf, das Sie für etwa siebzig Euro im Fachhandel bekommen.

Damit Ihre Fotos aus der Vergangenheit in der Gegenwart
ihren vollen Nutzen entfalten, sollten Sie dafür sorgen, dass
Ort und Zeit Ihrer Aufnahme aufgezeichnet werden (lesen Sie
dazu auch im Kapitel «Im Reich der Dinosaurier»). Erst durch

diese Metadaten werden aus Schnappschüssen wertvolle Daten. Ihre Kamera wird wahrscheinlich standardmäßig jedes Bild mit GPS-Koordinaten versehen. Das ist in der Gegenwart sehr praktisch, funktioniert aber in der Vergangenheit nicht. Zum einen gibt es vor dem Ende des 20. Jahrhunderts keine GPS-Satelliten, mit deren Hilfe die Kamera ihren Standort bestimmen könnte. Zum anderen wären diese Angaben, selbst wenn man sie hätte, nur indirekt hilfreich, weil sich der jeweilige Kontinent seit dem Aufnahmezeitpunkt womöglich anderswo hinbewegt hat.

Nützlicher wäre eine Ortsangabe relativ zum Kontinent, aber das ist in den meisten Fällen schwer zu bewerkstelligen. In der Gegenwart würde man vielleicht einen Vermessungspunkt oder einen geodätischen Referenzpunkt aus Metall oder Stein anbringen, aber diese Mühe lohnt sich kaum für ein Urlaubsbild. Außerdem bringen erdgeschichtliche Vorgänge (Vergletscherung, Subduktion, Erosion) zwischen dem Aufnahmezeitpunkt des Fotos und der Gegenwart häufig die ganze Gegend in solche Unordnung, dass man nichts mehr wiederfindet.

In der jüngeren Vergangenheit können Sie versuchen, Bauwerke mit aufs Bild zu nehmen, die es weiterhin gibt, den Kölner Dom oder das Kolosseum oder etwas Ähnliches. Wenn Sie nichts Passendes finden, dann machen Sie wenigstens Fotos in alle vier Himmelsrichtungen, damit man später eine Chance hat, Ihren Standort abzuschätzen.

Reiselektüre für Zeitreisende

Der Raumfahrer Ijon Tichy hinterlässt uns zum Glück umfangreiche Berichte von seinen Reisen durch Raum und Zeit, die Stanisław Lem sorgsam aufzeichnet. Sonst wüssten wir heute praktisch gar nichts über die Absurdität des Universums. Wir empfehlen insbesondere die Berichte über die Reisen achtzehn und zwanzig, in denen es darum geht, die Geschichte der Menschheit, der Erde, ja, des ganzen Kosmos durch gezielte Eingriffe im Rahmen von Zeitreisen zu verbessern. Tichy ist ein Pionier der Zeitreise und insbesondere der Weltverbesserung durch Zeitreisen. Schon frühzeitig ist ihm klar, dass die Vergangenheit eine Art Porzellanladen darstellt, in dem Zeitreisende sich wie Elefanten verhalten. Seine elaborierten Erzählungen beruhen natürlich aus heutiger Sicht auf irrigen Annahmen – eine Zeitmaschine sieht gar nicht aus wie ein Hexenbesen. Trotzdem enthalten sie viel Wissenswertes und Nützliches.

Ian Mortimer – Im Mittelalter: Handbuch für Zeitreisende

Ein Spezialreiseführer für England im 14. Jahrhundert, geschrieben von einem Historiker. Dieses Buch richtet sich speziell an Zeitreisende, obwohl es zu einer Zeit geschrieben wurde, in der das Zeitreisen noch nicht erfunden war. Es ist randvoll mit praktischen Hinweisen und Erwägungen. Wer wissen möchte, wie man sich kleidet, wie man zahlt, wie man sich benehmen soll, wie die Leute reden und womit man rechnen muss, wenn man im späten Mittelalter seinen Urlaub in Städten oder Dörfern Englands verbringt, dem sei dieses detailreiche, umfassende und unterhaltsame Buch ans Herz gelegt. Mortimer hat ähnliche Werke über andere Zeiten in England geschrieben, insbesondere das späte 16. und das 17. Jahrhundert.

Fernand Braudel – Sozialgeschichte des 15.–18. Jahrhunderts: Der Alltag

Sechshundertfünfzig Seiten voller Hintergrundinformationen, die Zeitreisende im Europa der Frühen Neuzeit gut gebrauchen können: Nahrungsmittel, Getränke, Wohnung, Kleidung, Mode, Technik, Transportwesen, Geld, das Leben in den Städten – der französische Historiker Braudel hat aus Statistiken und Originalquellen eine Fülle von Details zusammengetragen. Der Schwerpunkt liegt auf Frankreich, aber auch über den Rest Europas findet sich hier viel Praktisches. Das Buch ist in den 1970er Jahren entstanden und nicht in allen Punkten auf dem neuesten

Stand der Forschung, aber zum Ausgleich so lesefreund-
lich, dass Sie versucht sein werden, Zeitreise Zeitreise sein
zu lassen und stattdessen mit dem Buch im Bett liegen zu
bleiben.

Lindsey Fitzharris –
Der Horror der frühen Medizin

Wer es für eine einfache Aufgabe hält, Gegenwartswis-
sen über Hygiene in die Vergangenheit zu transportieren,
sollte vor dem Urlaub dieses Buch lesen. Joseph Lister
experimentiert ab 1865 mit dem Einsatz von Phenol zur
Desinfektion von Operationswunden und -instrumenten.
Er hat eine Professor für Chirurgie an der Universität
Glasgow, arbeitet am größten Krankenhaus der Stadt und
ist der Schwiegersohn von James Syme, den seine Kollegen «den Napoleon der Chirurgie» nennen. Damit ist er in
einer wesentlich günstigeren Position als alle Zeitreisenden. Obwohl Lister die Sterblichkeitsrate seiner Patienten
dramatisch senken kann, glaubt man in der Chirurgie weiterhin an schlechte Luft oder die spontane Entstehung von
Keimen als Ursache von Infektionen. Lister wird von Kollegen verspottet und in der Fachpresse kritisiert. Es dauert viele Jahre, bis sich seine Erkenntnisse durchsetzen.
Erwarten Sie also keine schnellen Fortschritte während
Ihres Urlaubs im 19. Jahrhundert.

Diego de Landa – Bericht aus Yucatán

Über die Maya (siehe Kapitel «Auf fremden Pfaden») wissen wir so wenig, dass sogar ein Buch aus dem 16. Jahrhundert für Zeitreisende nützlich sein könnte. Noch besser wäre es natürlich, die Originalschriften der Maya zu lesen, aber leider sind davon nur sehr wenige erhalten – unter anderem weil Diego de Landa, der spanische Bischof von Yucatán, sich gründlich um ihre Zerstörung kümmerte. So müssen Zeitreisende notgedrungen mit Aussagen aus zweiter, dritter oder vierter Hand leben und sich dabei ständig vor Augen halten, dass diese Quellen aus der Perspektive derer geschrieben sind, die die Maya-Kultur auch nicht verstanden haben. Wenn Sie de Landas Berichte aus Yucatán gelesen haben, wissen Sie zumindest ein wenig mehr über das Land, die Traditionen, die Tierwelt, die Speisen und Getränke, auch wenn Sie sicher sein können, dass einiges davon grundfalsch ist.

Leonhard Horowski – Das Europa der Könige

Wer glaubt, Europa sei von 1600 bis 1800 schon irgendwie so gewesen wie heute, der liegt zum einen falsch und wird zum anderen bei der Lektüre dieses Buchs viel lernen. «Das Europa der Könige» beschreibt die oberen Etagen der Gesellschaft in einer langen Serie aus überaus detaillierten Skizzen, die sich jeweils um einen Ort, eine Zeit und ein Ereignis drehen. Jede der abgeschlossenen Geschichten ist eine Zeitreise für sich, ein opulenter, verschlungener, gewaltiger Urlaub. Am Ende des Buches angekommen, werden Sie feststellen, dass es tausend Seiten lang ist und Sie seit Tagen nicht geschlafen haben. Warnung: Wer Abschweifungen hasst, wird mit diesem herrlichen Buch eventuell Probleme bekommen.

Elizabeth Drayson – The Moor's Last Stand

Im Kapitel «Ein unvergessliches Wochenende» raten wir zu einem Ausflug ins Granada zur Zeit der Nasriden. Diese großartige Zeit endet mit der Herrschaft von Boabdil, die wiederum endet, als die Spanier im Jahr 1492 die Stadt erobern. Wer sich für die Nasriden und die Umstände ihres Untergangs interessiert, dem sei Elizabeth Draysons hervorragendes Buch empfohlen, das es leider bisher nicht in deutscher Übersetzung gibt. Das Buch fängt an mit dem Einzug der Mauren nach Spanien und endet mit der Vertreibung der Nasriden. Dazwischen wird man gründlich und unterhaltsam informiert, über die ruhelosen Intrigen der Herrscher, die Schlachten, Morde, Entführungen, die großen Verwicklungen der Geschichte und das Leben der normalen Menschen, die den ganzen Kram ausbaden müssen. Die ideale Reiselektüre für Ihren Aufenthalt in Granada.

Holger Thomas Gräf und Ralf Pröve – Wege ins Ungewisse: Reisen in der Frühen Neuzeit, 1500–1800

Ein ausgezeichneter Überblick über die verschiedenen Aspekte des Reisens in einigen europäischen Vergangenheiten. Die Autoren behandeln alle für den Tourismus wichtigen Themen: Vorbereitung und Ausrüstung, Verkehrswege, Verkehrsmittel, Unterkunft und Verpflegung, Personal, Hindernisse und Gefahren. Obwohl Zeitreisende gar nicht die Zielgruppe sind, ist das Buch ein hilfreicher Ratgeber für die Auswahl und Vermeidung von Reisezielen. Viele nützliche Zitate aus Original-Reiseberichten.

Octavia E. Butler – Vom gleichen Blut

Zeitreisende in der Literatur sind sehr oft weiße Männer. Das hat mehr mit den Autoren der Gegenwart zu tun als mit den Verhältnissen der Vergangenheit oder der Zukunft. Manchmal liegen die Ursachen aber auch in der bereisten Zeit, wie in diesem Roman. Die Autorin Dana Franklin erleidet darin auf technisch nicht näher beschriebene Weise unverlangte Zeitreisen in die Vergangenheit, die sie auf eine Plantage in Maryland im frühen 19. Jahrhundert versetzen. Dana Franklin ist schwarz, und das bringt ganz spezifische Probleme mit sich.

David Deutsch – The Fabric of Reality

David Deutsch ist ein englischer theoretischer Physiker, der im späten 20. und frühen 21. Jahrhundert viel für die Entwicklung und Akzeptanz der Vielwelten-Interpretation der Quantenmechanik getan hat. In diesem lesenswerten Rundumschlag, leider nicht auf Deutsch erschienen, erklärt Deutsch die gesamte Welt mit Hilfe von vier fundamentalen Theorien, die alle miteinander verzahnt sind. Eine dieser vier ist die Quantenmechanik mit ihren Paralleluniversen. Kapitel zwölf handelt von Zeitreisen, die Deutsch für schwierig, aber möglich hält.

Mary Beard – Frauen und Macht. Ein Manifest

Es gibt natürlich viele Gründe, keine Manifeste zu lesen. Aber in diesem Fall könnte man eine Ausnahme machen. Erstens ist das Buch nicht lang, lediglich ein bisschen mehr als hundert Seiten. Zweitens ist Mary Beards Manifest im Gegensatz zu anderen unterhaltsam, lehrreich und dabei überhaupt nicht wichtigtuerisch. Und zum Dritten geht es um ein Thema, das für beinahe jedes Kapitel in diesem Buch relevant ist: warum nämlich die Stimmen von Frauen in der Geschichte und der Gegenwart so schwer zu finden sind. «Das ist eine hervorragende Idee, Miss Triggs. Vielleicht sollte einer der anwesenden Männer sie vorschlagen.» Das Problem, das diesem aus einem Cartoon von Riana Duncan stammenden Scherz zugrunde liegt, verfolgt Beard durch die Menschheitsgeschichte, von der Antike bis hinein in die Gegenwart.

Johann Gottfried Seume – Spaziergang nach Syrakus

Seume wandert in den Jahren 1801 und 1802 von Grimma bei Dresden nach Syrakus in Sizilien. Seine Beschreibung dieser Reise ist voll mit nützlichen Hinweisen, wie man eine Unterkunft findet, wie man sich dort am besten benimmt, wie man möglichst selten ausgeraubt wird und in welchen Gegenden Italiens Menschenknochen und «bis auf die Zähne abgedorrte Köpfe» hingerichteter Räuber den Weg säumen.

Ryan North – How to Invent Everything: A Survival Guide for the Stranded Time Traveler

Was tun, wenn die Zeitmaschine kaputtgeht? Eine praktische Ergänzung zum vorliegenden Reiseführer und darüber hinaus sehr lustig. Norths Standardwerk, das bisher nicht auf Deutsch erschienen ist, lässt sich insbesondere in den ersten zweihunderttausend Jahren der Menschheit einsetzen: Wie entwickelt man Sprache, brauchbare Mathematik, Maßeinheiten, Landwirtschaft, Medizin, Computer? Auf über siebenhundert Seiten enthält das Buch eine Fülle von konkreten Anleitungen. Allerdings wird die Existenz von Frauen nur im Kapitel über Sex erwähnt, frauenspezifische Zeitreiseprobleme bleiben daher unbehandelt. Auch Ratschläge zur Entwicklung von Politik, Justiz, Religion oder Formen des Zusammenlebens fehlen. Weil die Anleitungen zum Erfinden von Technik wesentliche Probleme verschweigen, kann der Eindruck entste-

hen, die Menschen der Vergangenheit seien ein wenig doof
und begriffsstutzig gewesen.

James Burke – The Pinball Effect

Alternative Geschichtsschreibung war schon ein großes
Thema, als es noch gar keine Zeitreisen gab, und das Buch
von Burke aus dem Jahr 1996 passt sehr gut zu diesem
Trend. Burke beschreibt Geschichte wie eine Flipperku-
gel, die durch die Maschine rast und dabei zufällig immer
wieder andere Hindernisse trifft. Seine Erzählungen
springen durch die Jahrhunderte und verbinden scheinbar nicht zusammengehörende Ereignisse. Burke lesen
ist ein wenig wie einem klugen, betrunkenen Menschen
zuhören: faszinierend, verwirrend, und hinterher hat man
Kopfschmerzen und viele Fragen. Verwenden Sie das Buch
nicht zur Urlaubsplanung, ohne vorher alle Details noch
einmal gründlich zu überprüfen.

Nachwort: Nichts als die Wahrheit

Die Wahrheit ist: Sie brauchen gar keinen Reiseführer für die Vergangenheit, und zwar aus einem einfachen Grund. Es ist derzeit leider unmöglich, in die Vergangenheit zu reisen. In diesem Buch stellen wir uns eine Welt vor, in der Sie Zeitreisen unternehmen können, und in so einer Welt benötigen Sie natürlich auch einen Reiseführer.

Das Buch funktioniert nur, weil wir eine ganze Reihe von Annahmen machen. Keine davon widerspricht dem aktuellen Stand der Wissenschaft. Wir bewegen uns im Rahmen dessen, was heute über das Universum, die Zeit und die Geschichte bekannt ist. Innerhalb dieses Rahmens entscheiden wir uns für eine Variante der Wirklichkeit, die einerseits die Existenz dieses Buches überhaupt erst möglich macht und andererseits interessante oder unterhaltsame Folgen hat. Die richtige Welt könnte ganz anders aussehen. Aber falls die Welt so sein sollte, wie wir sie uns vorstellen, dann wird Ihnen dieses Buch in der Zukunft, wenn Zeitreisen möglich geworden sind, gute Dienste leisten.

Das sind die wesentlichen Annahmen in unserem Buch:

Zeitreisen sind möglich und bereits erfunden.

Im Erscheinungsjahr dieses Buchs wissen wir lediglich, dass es Zeitreisen eventuell geben könnte. Ob es wirklich geht, und vor allem, wie es gehen könnte, darüber streiten sich alle. Mehr über diese Diskussionen können Sie im Kapitel «Eine kurze Geschichte der Zeitreise» nachlesen. Wenn man vorhat, ein Buch zu schreiben, das von Zeitreisen handelt, muss man sich über gegenwärtige Bedenken hinwegsetzen und die Existenz von Zeitreisen einfach voraussetzen. Wir sind immerhin nicht die Ersten, die solche leichtfertigen Annahmen machen.

Zeitreisen sind nicht nur möglich, sondern auch nicht besonders schwierig.

Viele Wissenschaftler sagen heute, dass Urlaub in der Vergangenheit, falls er eines Tages erfunden wird, äußerst aufwendig sein muss. Erst muss ein Schwarzes Loch an eine bestimmte Stelle geschoben werden, dann muss die Zeit sich auf eine bestimmte Art krümmen, und schließlich muss es auch in der Vergangenheit, in die man fährt, eine Zeitmaschine geben. Das klingt alles so, als könnten Zeitreisen allenfalls ein Spaß für eine privilegierte Elite sein, vielleicht so wie Reisen zum Mond heute (mehr über diese Einschränkungen lesen Sie im Kapitel «Neun Mythen über Zeitreisen»). In so einer Zukunft bräuchte man jedenfalls keinen Reiseführer. Wir stellen uns stattdessen eine «Transitzone» vor, durch die man sich bewegt.

Diese Zone umgibt die normale Welt mit ihrer normalen Zeit. Die Zeitmaschine befördert Sie auf einer bestimmten Bahn durch die Transitzone, so wie ein Flugzeug auf einer bestimmten Route durch die Luft fliegt. Ob es so etwas geben kann, ist umstritten, aber es ist zumindest nicht ganz auszuschließen.

Wir leben in einer von vielen Parallelwelten.

In ihrer ausführlicheren Form lautet diese Annahme: Die Vielwelten-Theorie der Quantenmechanik ist korrekt oder zumindest weniger unplausibel als ihre Alternativen. In Wirklichkeit wird heftig debattiert, ob es Parallelwelten gibt, und wenn ja, wie man damit umgeht. Auch dazu steht mehr im Kapitel «Eine kurze Geschichte der Zeitreise».

Aber wir haben keine Wahl. Wenn es nur eine einzige Welt gäbe, das heißt, nur eine Version von Ihnen und von allem anderen, dann entstünden sofort katastrophale Probleme für dieses Buch. Alles, was Zeitreisende in der Vergangenheit anstellen, würde sich nur auf diese eine Welt auswirken. Das heißt: Schon nach den ersten paar Zeitreisen gäbe es keine verlässliche Version der Geschichte mehr, und alle Ratschläge für Reisen in die Vergangenheit wären für die Katz. Außerdem wäre diese Welt überlaufen von Zeitreisenden. In einem Universum mit vielen parallelen Welten entsteht der Konflikt nicht. Sie reisen durch eine Parallelwelt, und die alte Welt, aus der Sie gekommen sind, bleibt unverändert erhalten.

Jede Zeitreise erzeugt eine neue Parallelwelt.

Wenn Sie während Ihrer Zeitreise etwas verändern, entsteht ein neuer Strang der Zeit. Genau genommen behaupten wir, dass schon bei Ihrer Ankunft in der Vergangenheit eine neue Version der Zeit entsteht, eine, in der Sie als Zeitreisende landen. Diese Annahme macht Ihre Zeitreise deutlich interessanter, weil Sie etwas in der Welt verändern können (wenn auch nur in der Version der Welt, in der Sie unterwegs sind).

Aber natürlich könnte es auch ganz anders sein. Manche Quantenphysiker würden sagen, dass diese Parallelwelten, in denen Sie Urlaub machen, schon alle existieren. Mit Ihren Entscheidungen bewegen Sie sich lediglich von einer Version der Welt in die andere. Alles ist schon da. Nichts verändert sich, außer Ihrer Erfahrung. Wir haben uns für eine andere Variante entschieden, weil sie Ihnen weit mehr ermöglicht, als nur zwischen konkurrierenden Versionen der Welt hin- und herzuspringen. Sie können durch Ihre Handlungen neue Universen erzeugen, bessere, aber auch schlechtere.

Die Stellen, an denen Zeitreisende in der Vergangenheit aussteigen und einsteigen, sind für die Einheimischen unsichtbar.

Wir stellen uns vor, dass Sie an einer bestimmten Stelle landen, die für die Einheimischen, die Menschen der Vergangenheit, völlig unverdächtig aussieht. Ein Stück Wiese, ein Felsen, eine Lichtung im Wald. Von einer ähnlichen

Stelle aus reisen Sie wieder zurück. Nur in der Gegenwart gibt es eine Art Zeitreise-Bahnhof, von dem aus Sie in die Vergangenheit transportiert werden. Möglich ist das ohne weiteres: Wir können schließlich mit Hubschraubern auch an allen möglichen Stellen landen, ohne vorher einen Flughafen zu bauen. Astronauten sind zum Mond geflogen, wo es auch keinen Flughafen gibt. Außerdem: Die Technik der Zukunft beruht oft auf Kräften und Feldern, die für die Vergangenheit unsichtbar sind. Zum Beispiel senden wir Bilder und Filme in Form von unsichtbarer elektromagnetischer Strahlung von einem Ort zum anderen. Warum sollte eine zukünftige Technik nicht in der Lage sein, präzise einen Punkt im Raum-Zeit-Kontinuum anzusteuern, ohne vorher dort eine Landebahn zu bauen? Anhänger der Allgemeinen Relativitätstheorie würden einwenden, dass man für Reisen in die Vergangenheit eine zweite Zeitmaschine am anderen Ende braucht. Aber absolut notwendig erscheint das nach heutigem Kenntnisstand nicht. Wenn man nur in eine Vergangenheit verreisen könnte, in der es schon Bahnhöfe für Zeitreisende gibt, dann wäre es nur möglich, in ganz wenige Zeiten zu reisen, die noch dazu aus unserer Sicht allesamt in der Zukunft liegen.

Selbst in einer Welt, in der es Zeitreisen gibt, ist die Vergangenheit nicht völlig erforscht.

Wenn es Zeitmaschinen gibt, so könnte man argumentieren, dann würden doch Historiker und Archäologinnen als Erste oder zumindest als Zweite davon Gebrauch machen, um alle offenen Fragen zu klären. Erst danach würde man

Urlaubsgäste in die Vergangenheit entlassen. Aber große Teile dieses Buches funktionieren natürlich nicht, wenn die gesamte Vergangenheit schon völlig erforscht ist. Schließlich besteht ein Teil des Reizes beim Zeitreisen darin, dass man nicht alles vorher weiß. Zudem ist es sehr mühsam, ein Buch zu schreiben, das auf hypothetischen Geschichtsbüchern beruht, die noch nicht existieren. Deshalb gehen wir davon aus, dass Fachleute auf irgendeine Weise bisher davon abgehalten worden sind, Zeitmaschinen zu verwenden. Vielleicht haben sie Probleme mit der Verwendung von moderner Technik. Vielleicht verlassen sie die Universitäten und gründen ihre eigenen Zeitreiseunternehmen. Beides ist nicht unbedingt auszuschließen.

Man kann nicht beliebig zwischen Parallelwelten hin- und herspringen.

An einen Punkt in der Vergangenheit zurückzureisen ist ein relativ unkomplizierter Vorgang – jedenfalls in einer Welt, in der es Zeitmaschinen gibt. Zwei Wochen in der dort abzweigenden Parallelwelt verbringen und dann wieder zum klar definierten Abreisepunkt in der Gegenwart zurückspringen, auch das wirkt noch überschaubar. Aber was passiert, wenn Sie versucht haben, Hitler zu einer erfolgreichen Karriere als Künstler zu verhelfen, wie im Kapitel «Neun Mythen über Zeitreisen» beschrieben, und jetzt gern wüssten, was später aus ihm geworden ist? Sie müssten zu einem Zeitpunkt reisen, den es in der Vergangenheit unserer Welt überhaupt nicht gibt. Er existiert nur irgendwo anders, nebenan, in der Parallelwelt, in der Ihr

Urlaub einst stattfand. Wenn unser fiktives Zeitreiseunternehmen so etwas ermöglichen würde, wären die Konsequenzen unendlich verworren. Deshalb haben wir es im Buch vermieden, diesen Punkt anzusprechen. Vielleicht merkt es ja niemand.

Dieser Reiseführer stammt aus einer Zukunft oder einer Version der Gegenwart, in der manche Dinge anders sind.

Im Kapitel «Eine kurze Geschichte der Zeitreise» heißt es: «Heute liegt der Kollaps der Wellenfunktion auf dem Schrotthaufen der Wissenschaftsgeschichte, zusammen mit Phlogiston, Äther und Marskanälen.» Tatsächlich steht der Kollaps der Wellenfunktion immer noch in Lehrbüchern, im Unterschied zu den drei anderen Phänomenen. Im selben Kapitel behaupten wir, dass Wurmlöcher in der Zukunft «Polzunov-Tunnel» heißen werden, was zumindest sehr unwahrscheinlich ist. Außerdem steht dort: «Novikov ist uns heute eher bekannt, weil er im Jahr 1964 vorschlägt, dass es neben Schwarzen Löchern auch Weiße Löcher geben könnte. Dieser Theorie ist mehr Erfolg beschieden. Weiße Löcher sind heute kaum noch aus unserem Alltag wegzudenken.» Novikov gibt es, und er hat diesen Vorschlag tatsächlich gemacht. Bisher sind Weiße Löcher aus unserem Alltag aber noch problemlos wegdenkbar. Leider ist außerdem nicht wahr, dass die ethischen Implikationen der Vielwelten-Theorie in der Philosophie des 21. Jahrhunderts zu großen Debatten Anlass geben. Sollten sie aber.

Dank

Die Idee zu diesem Buch stammt von Matthias Rampke, einem Physiker. Aleks Scholz ist ihm noch nie begegnet. Kathrin Passig hat ihn zuletzt vor über zehn Jahren gesehen und erinnert sich, dass er damals angab, die Buchidee geträumt zu haben. Der später per E-Mail dazu befragte Rampke will davon allerdings nichts mehr wissen. Die Situation ist in mehr als einer Hinsicht verdächtig. Eventuell war eine Zeitmaschine im Spiel.

Ohne den Verlag, Rowohlt Berlin, hätte es dieses Buch natürlich nie gegeben. Insbesondere danken wir Gunnar Schmidt, Ulrich Wank, unserem Lektor Frank Pöhlmann für seine kundige und genaue Durchsicht und Sebastian Ritscher von der Agentur Mohrbooks für die Vermittlung.

Viele Abschnitte in diesem Buch wurden von Fachleuten gegengelesen, und weitere Freiwillige beantworteten Fragen im persönlichen Gespräch oder per E-Mail. Wir danken insbesondere Leonhard Horowski (Historiker), Donna Yates (Archäologin und Kriminologin), Anne Becker (Ärztin), Chris Hooley (theoretischer Physiker), Jane Greaves (Astrophysikerin), Markus Pössel (Astrophysiker), Thony Christie («The Renaissance Mathematicus»). Volker Scholz ist es zu verdanken, dass im veröffentlichten Buch deutlich weniger Schachtelsätze vorkommen als in den ersten Fassungen. Weiterhin danken wir HistorikerInnen und

WissenschaftsjournalistInnen auf Twitter, die zwar nichts von dem Buch wissen, aber indirekt durch ihre Öffentlichkeitsarbeit geholfen haben, zum Beispiel Rebekah Higgitt, Vanessa Heggie, Charlotte Lydia Riley, Jo Edge, Lindsey Fitzharris, Angela Saini, Carsten Timmermann, James Sumner und Philip Ball.

Für die sicherlich zahlreichen Fehler, die das Buch trotzdem enthält, sind wir selbst verantwortlich. Irgendwo existiert vermutlich eine Parallelwelt, in der dieses Buch fehlerfrei ist. Mit etwas Glück leben Sie in ihr.